国家出版基金项目
NATIONAL PUBLICATION FOUNDATION

石鸥 主编

百年中国

教科书图文史

1840—1949

方成智 吴晗清 黄燕宁 编著

化学

SPM 南方传媒

全国优秀出版社
全国百佳图书出版单位　广东教育出版社

·广州·

图书在版编目（CIP）数据

百年中国教科书图文史：1840—1949. 化学 / 石鸥主编 ；方成智，吴晗清编著. -- 广州：广东教育出版社，2024. 10. -- ISBN 978-7-5548-6547-7

Ⅰ. G423.3-092

中国国家版本馆CIP数据核字第2024PL9787号

百年中国教科书图文史　1840—1949　化学
BAINIAN ZHONGGUO JIAOKESHU TUWENSHI　1840—1949　HUAXUE

出　版　人：朱文清

丛书策划：李朝明　卞晓琰

项目负责人：林检妹　黄　倩

责任编辑：杨敏珊　罗石峰　林桥基　林鸿锦

责任校对：裴　芳

责任技编：杨启承

装帧设计：邓君豪

出版发行：广东教育出版社

　　　　　（广州市环市东路472号12—15楼　邮政编码：510075）

销售热线：020-87615809

网　　　址：http://www.gjs.cn

邮　　　箱：gjs-quality@nfcb.com.cn

发　　　行：广东新华发行集团股份有限公司

印　　　刷：广州市岭美文化科技有限公司

　　　　　（广州市荔湾区花地大道南海南工商贸易区A幢）

规　　　格：889 mm×1194 mm　1/16

印　　　张：14

字　　　数：280千

版　　　次：2024年10月第1版

　　　　　2024年10月第1次印刷

定　　　价：148.00元

如发现因印装质量问题影响阅读，请与本社联系调换（电话：020-87613102）

导　论

小课本，大启蒙，大学问，大政治。

需要构建中国特色的课本的学问——教科书学。

教科书学只能建立在多领域、多维度研究成果基础上，尤其是建立在教科书文本丰富、教科书发展史得到基本梳理、教科书理论研究成果突出、教科书使用研究取得明显进展等基础上。

很显然，教科书发展史的研究是重要维度。教科书发展史就是教师教什么、学生学什么的历史，就是教育教学内容的历史，就是一代又一代的先辈对后辈的期望的历史。这种历史的研究，要依赖过往人们的教育活动所保留下来的实物或遗存来进行。本套教科书图文史就是注重遗存的教科书实物的体现——聚焦于1840—1949年我国教科书文本实物。

一

19世纪中叶以来，中华大地风起云涌，巨大裂变在社会的各个领域发生。1862年京师同文馆的成立与大量洋务学堂的创办，标志着我国古代教育的开始退出和新式教育逐渐兴起。新式教育能否成功，很大程度上取决于能否提供适应时代的新式教科书。一代开眼看世界的知识分子行动起来，新式教科书如雨后春笋般涌现，新知识、新思想、新观念如开闸之水，轰然涌入占老的中国。中国传统的知识系统为西方以近代学科为分类标准构建起来的新知识系统所冲击，中华民族壮丽的启蒙大幕徐徐拉开，中国近现代教科书事业也走上了一条可圈可点之路。

教科书是时代的镜子。1840—1949年中国近现代教科书发展历程，折射出中国艰难曲折的变革之路、复兴之路。教科书的发展史，就是中华文明的进步史，是中国社会的变迁史，是中华民族的心灵史。

（一）西学教科书的引进时期

大约处于19世纪中至19世纪末这一时期。科举时代，没有近代意义的新式教育和新式学堂，只有启蒙教育和科举预备教育，学生初学"三百千千"，进而学"四书五经"，我们称之为"教材"，但不是现代意义上的教科书。现代意义的教科书是从19世纪后期开始，伴随着新式学堂而逐渐发展起来的。当时大量西学教科书被教会学校和洋务学堂引进，拉开了中国现代教科书发展的帷幕。这一过程表现出如下基本特征：

第一，现代教科书处于萌芽阶段。作为教科书，这些西式教材的基本要素不全，没有分年级编写，基本上还没有使用"教科书"一词，多用"读本""须知""入门""课本"等来命名。不仅"教科书"文本还未出现，即便现代意义的"科学"也没有找到恰当的名称，所以当时出现了不少类似于"格致""格物""火学""汽学""名学""计学"等教材。这些教材整体上处于前教科书阶段，或现代意义的教科书的萌芽阶段。

第二，教科书多从西学编译而来，且多出现在科学技术领域。这些西式教材主题多为洋务运动中最急迫需要的知识类型，如工兵、制造、天文、算学等，同时也适应了当时洋务学堂的教学需要。教材的编译和出版多与教会的印刷机构以及洋务运动的教育与出版机构相关，如墨海书馆、美华书局、京师同文馆、江南制造局翻译馆等。西式教材的编译者主要由中国学者和欧美传教士共同组成。

第三，教科书与一般科技类西学书籍没有明显界限，广泛流布于社会和学堂。19世纪中晚期的中国，从国外译介的西学著作和教材几乎是相同的，没有本质区别。它们既是开明知识分子了解西学的门径，也被充作教会学校和早期新式学堂的教学用书，甚至中国一些地方的书院也多以它们为教材。

（二）自编教科书的兴起与蓬勃发展时期

这一阶段起始于19世纪末南洋公学自编教科书，止于清朝终结。这是教科书的引进与自编自创结合、引进逐渐为自编自创所取代的阶段，是教科书涉及学科基本齐全的阶段，也是教科书要素日益完整的阶段。这一时期产生的教科书，我们一般称为"新式教科书"，以区别于前一阶段的以翻译为主的"西式"或"西学"教科书。有学者认为，"西学"与"新学"二词意义相仿，但新学在1894年后方见盛行。西学更重在引进之学[1]，新学则已经有国人自动、主动建设，用本国语言消化的味道了[2]。这很能够说明近代西式和新式教科书的微妙区别。这一时期的标志性事件是我国第一个近代学制的颁布，延续1300多年的科举制度的废除，以及第一套现代意义的教科书产生。这一时期教科书发展的主要特征是：

第一，学堂自编教科书不断涌现。伴随着科举制的取消，新式学堂迅猛出现，对新式教科书的需求激增，以南洋公学、上海澄衷蒙学堂、无锡三等公学堂等为代表的学堂自主编写的教科书影响大、使用范围广，逐渐打破了编译的西学教科书垄断的格局。

第二，我国最早的现代意义的教科书产生。适应1904年《奏定学堂章程》的正式实施，中国第

[1] 王尔敏. 中国近代思想史论[M]. 北京：社会科学文献出版社，2003：18.

[2] 孙青. 晚清之"两政"东渐及本土回应[M]. 上海：上海书店出版社，2009：12.

一套现代意义的教科书——《最新教科书》（商务印书馆1904年版）出版发行，紧接着由清学部编撰的第一套国定本教科书也开始陆续出版发行。这些教科书首先是以"教科书"命名，其次要素基本齐全，分册、分年级、分学科编写，有配套教授书发行，已经是很完整的现代意义的教科书了。[1]

第三，教科书编写主体发生变化。这一阶段的教科书作者大多是中国学人，以留日学生群体为主，部分教科书原型也来自日本教科书。以商务印书馆和文明书局等为代表的中国本土民间书坊开始加入教科书编写与出版队伍。

（三）教科书的兴盛与规范化时期

时间大致定位在中华民国成立到壬戌学制颁布及其相应的教科书编写出版使用[2]。中华民国的建立，把教科书推向了重要的发展阶段。清末到民国早期，各种思潮纷至沓来，形成了中国历史上教科书受各种新思潮、新主义影响，发展最开放、最活跃的时期之一。新教育思潮下多样化的教科书不断涌现，为民国共和思想的传播和民国教育的发展作出了重要贡献。这一阶段的主要特点有：

第一，清末旧教科书全部退出，民国新政体要求下的新教科书迅速登场。为适应1922年新学制需要，成套而完整的教科书逐渐实现对学校教学的全覆盖，零散的、单本单科的、小型出版机构的教科书逐渐被挤出学校、挤出市场，新教科书编写与出版机构以商务印书馆、中华书局以及后起的世界书局为突出代表。

第二，教科书编写主体再次发生变化。1922年新学制的出台，以适应该学制的教科书的编写出版，把留欧美学生推上了教育的前台。留欧美学生逐渐取代留日学生成为教科书的主要编撰队伍，大批崭露头角的学者参与到教科书的编写中。

第三，以白话文编写的教科书逐渐取代文言文教科书，横排教科书逐渐取代竖排教科书，教科书外在形式基本定型。从表面来看，白话文只是一种语言形式，它与教育内容的新旧无必然的关系。但白话文具有平民性和大众性，对国民文化的普及，对塑造国民全新的世界观、价值观都意义重大，可以说，白话文是传播新文化、新思想的有效载体。民初白话文的使用，使得现代教科书以摧枯拉朽之势普及。同理，没有海量的教科书，任胡适等知识分子如何呼号呐喊，白话文的普及都可能非常缓慢。

（四）多种政治制度并存下的教科书发展时期

这一阶段大致从1927年开始，一直持续到1949年。前期是教科书稳定、制度化并略显沉闷时期；中后期是教科书全面服务抗战、服务尖锐的阶级对抗的时期，是一个统整和分化并行的时期。

---

[1] 在我们看来，现代意义的教科书要符合如下基本条件：分册、分开级编写，按学科编写，有配套的教授书或教授法。
[2] 因为根据新学制编写的教科书全面投入使用总会滞后于新学制实施几年，所以此阶段约到1927年前后。

抗日战争的爆发致使中国政治格局发生新的变化，由土地革命战争时期中国共产党领导的革命根据地和国民党统治区域，到解放战争时期逐渐分割成解放区、国统区、沦陷区的不同政治气候，形成了不同政治语境下的教科书新格局。

第一，国民党的党化教育、三民主义教育在教科书中强势出现。国统区教科书的编写与出版逐渐往国定本集中，教科书逐渐进入相对平稳甚至沉闷的发展时期，日益规范化、标准化，但也少了开放的生气，少了创新的锐气，教科书发展的兴盛时期结束了。

第二，中国共产党领导的抗日根据地及解放区的教科书呈现出服务抗战、服务党的宣传的鲜明特征。它们为共产党的事业发展和壮大作出了重要贡献，为新中国教科书建设铺垫了基石。

第三，抗战时期，沦陷区教科书的奴化教育色彩浓厚，尤以伪满洲国的教科书为甚。

总体而言，抗战期间的地缘政治导致教科书分化发展，教科书的社会动员与政治宣传功能发挥到极致。

二

尼采说过：重要的不是怀念过去，而是认识到它潜在的力量。而要认识教科书的潜在力量，恰恰又需要认清楚教科书的过去或过去的教科书。这是我们编撰这套教科书图文史的初衷之一。

首先，早期教科书对于我国现代科学具有重要的启迪、导引甚至定型价值。著名学者托马斯·库恩（Thomas kuhn）认为"任何一门科学中第一个范式兴起的附带现象，就是对于教科书的依赖"[1]。中国一些学科的早期发展与定型，几乎都离不开早期教科书。比如，有研究认为张相文《初等地理教科书》和《中等本国地理教科书》的出版，标志着中国民族的新地理学的产生[2][3]。台湾学者王汎森认为，在近代中国建立新知的过程中，新教科书的编撰具有关键的作用，很多学科的第一代或前几代教科书，定义了我们后来对许多事物的看法，史学就是其中的一个[4]。傅斯年在20世纪30年代写了《闲谈历史教科书》一文，称编历史教科书"大体上等于修史"，可见其对教科书的"充分看重"[5]。

其次，早期教科书是传播新思想、新伦理的最适切的工具，是新教育得以成功的最重要的保障。在漫长的传统教育里，"三百千千""四书五经"等都是不可撼动的经典教材，但是当新学校创办、新课程实施以后，这种不分科、不分年级，不顾教与学，只重灌输的旧教材日益暴露出它的不适应性。旧教材是可以"修之于己"，但不易"传之于人"的文本。旧学堂先生大多是凭经验和

[1] 托马斯·库恩. 科学革命的结构[M]. 金吾伦，胡新和，译. 北京：北京大学出版社，2003：85.
[2] 杨吾扬. 地理学思想史纲要[M]. 开封：河南大学地理系，1984：98.
[3] 林崇德，姜璐，王德胜. 中国成人教育百科全书：地理·环境[M]. 海南：南海出版公司，1994：192.
[4] 王汎森. 执拗的低音：一些历史思考方式的反思[M]. 北京：生活·读书·新知三联书店，2014：33.
[5] 傅斯年. 傅斯年集[M]. 广州：花城出版社，2010：401.

理解来教的，学童大多是凭禀赋和努力来学的，大多的结局是"人人能读经而能经学者无几，人人能识字而能小学者无几，人人能作文而能词章学者无几"[1]。所以，在西学知识大量涌入中国、新式教科书逐渐进入新学堂的时代，理论上旧教材就已经失去了作为新学堂教材继续存在的基础。尤其是废科举、兴学堂之际，旧教材被取代已经是大势所趋。传统旧教材不敌按照现代教育学理论构建的、关注教也关注学的新教科书。当时的士人事实上已经意识到旧教材与新教科书之间的巨大差距，甚至认为，即便教旧内容，也应该用新形式。许之衡1905年就指出，经学乃孔子之教科书，今人能够完全理解者极少，这因为旧教材与今天的新教科书不同，"使易以今日教科书之体例，则六经可读，而国学永不废"[2]。这实际上等于已经承认旧教材不如新教科书效果好。张之洞更是明确表示，中学之"存"不能不靠西学之"讲"。[3]可见，现代意义的教科书闪亮登场完全是时代所需，是应运而生，而且一出现，就以摧枯拉朽之势取代了旧教材，新式教科书地位得以确立。到《最新教科书》出现时，教材的性质发生了巨大的变化，在文本意义上真正实现了教与学的统一，以"教科书"命名的现代新式教科书全面登场，完成了由纯粹的教本、读本向教学结合文本的转型。

再次，早期教科书为我国的现代化进程培养与输送了大批新式人才。到第二次鸦片战争之后，洋务派及当时的先进知识分子基本上已经认识到中国落后于西方，主要是人才的培养落后，是科学技术落后。因此，中国要改变落后挨打的局面，就必须发展新式教育，大力培养人才。而新式教育的成功，依赖于新式教科书。19世纪末20世纪初，中国历史的进程到了一个极具转折意义的时刻，新式学堂如雨后春笋般涌现，一批最不能遗忘的教科书诞生了，演绎了一幕思想大启蒙、科学大传播的历史教育剧，它们为启民智、新民德，培养大批现代社会的呐喊者和建设者，作出了重要的知识贡献和人才储备。

章开沅先生曾经为戊戌变法的失败找原因："百日维新是幸逢其时而不得其人。"[4]这是非常有道理的。不过，戊戌变法的失败也许还与新教育即开而未开，新教科书即出而未出，即将找到但还没有大规模实践传播改革思想的媒介或工具有关。在这一意义上，确实是"不得其人"。即便在士大夫精英中，有新思想、新知识者也寥寥无几，更不要说普通民众了。这个时候，任变法者颁布的维新诏令雪花般飞舞，也只能看作主观愿望，一厢情愿。社会还没有准备好，心态、舆论、思想、观念都还没有准备好迎接这场变法。所以，不管是谁，都无法完成这场不能完成的变法，它失败得如此迅速也就在情理之中了。谭嗣同曾经自责性急而导致事情不成。其实，性急也就意味着时候还不到，之所以时候不到，是因为新思想之星火还未成燎原之势，人才还没有储备到基本够用。

几年后情况变了。维新变法以后十余年，几乎是新思想、新观念如火如荼的燎原时期，其中新教育、新式教科书教材起了重要作用，它把新思想、新观念传播到千家万户，由此推动了近代中国

[1] 罗志田. 裂变中的传承：20世纪前期的中国文化与学术[M]. 北京：中华书局，2003：143.
[2] 许之衡. 读国粹学报感言[J]. 国粹学报，1905（6）：4.
[3] 罗志田. 裂变中的传承：20世纪前期的中国文化与学术[M]. 北京：中华书局，2003：143.
[4] 章开沅. 改革也需要策略[J]. 开放时代，1998（3）：12-13.

启蒙高潮的形成。严格地说，辛亥革命的成功一定程度上与当时的变革舆论的传播和革命思想的宣传有密切关系。当时初步的民主自由的思想、宪政共和的观念随着海量新式教科书铺天盖地而来。以《最新教科书》为例，1904年一经出版便势不可挡，在那毫无现代化营销渠道的时候，"未及数月，行销10余万册"[1]。1907年有传教士惊叹，商务印书馆"所编印的优良教科书，散布全国"[2]。民智为之而开，民德为之而新，武昌的枪炮声尚未完全平息，许多地方已经插上了革命的旗帜。读书声辅佐枪炮声，革命的成功乃成必然。没有教科书的普及，就不会有民众思想与观点的前期储备，就不会有辛亥革命的一呼百应。某种意义上，教科书的出现比康有为等人深邃的著作，对普通民众的影响更大。

最后，早期教科书是中国课程与教学论的重要研究领域，它对今天的教科书建设仍具有难得的参考价值。早期教科书的内容结构与形式呈现，选文的经典性与时代性、稳定性与变迁性，作业设计与活动安排等，都是今天课程教学论需要研究的，都是教科书编写值得参考的。课程教学历史不是一个个文本，可离了文本，历史难以企及。今天看来，几乎教科书的所有要素、结构与类型，都发生并完成在19世纪后期至20世纪20年代，以后只是在这些基础上的漫长提质过程。我们完全可以从今天的教科书中看到百年前教科书的样子。遗憾的是，总体上我们对这一时期的教科书研究还不够，这是一个学术开拓空间非常广阔的研究领域。教科书是一个跨学科、综合性的资料库和研究域，种类繁多的教科书，对政治、经济、文化、教育有全方位的反映和描述，是研究该时期社会思潮、观念认识、语言形态、乡风民俗、价值观、人生观等领域的鲜活而宝贵的历史材料。大部分学科可以从中获取本学科需要的早期研究史料及发展素材。这是一个没有断裂的、连续的而又变化的学科发展史的活资料库。难怪不同学科的科学史专家对现代科学引入、发展与定型的研究几乎都要盯着早期教科书。[3]

三

几乎没有教科书可以溢出教科书史的范畴，也几乎没有一个教科书文本能够挣脱教科书史的发展谱系而天然地、孤立地获得价值。教科书一定是继承的，也是创新的；一定是独立的文本，也是系列文本。站在教科书的历史延长线上，摆在我们面前可资借鉴的精神遗产既广阔又复杂。系统梳

[1] 王建军. 中国近代教科书发展研究[M]. 广州：广东教育出版社，1996：111.

[2] 林治平. 近代中国与基督教论文集[C]. 台北：宇宙光出版社，1981：219.

[3] 比如郭双林著《西潮激荡下的晚清地理学》（北京大学出版社2000年版）、邹振环《晚清西方地理学在中国：以1815至1911年西方地理学译著的传播与影响为中心》（上海古籍出版社2000年版）、杨丽娟《地质学在中国的传播与发展：以地质学教科书为中心（1853—1937）》（浙江古籍出版社2022年版）、张仲民等《近代中国的知识生产与文化政治：以教科书为中心》（复旦大学出版社2014年版）等，甚至本杰明·艾尔曼《中国近代科学的文化史》（上海古籍出版社2009年版）等，都把早期教科书与早期科学的发展紧密关联起来。

理其实很难，厘清它们的背景与意义更难。本套书涉及的教科书覆盖1840—1949年晚清民国中小学主要学科。而在清中晚期，学堂课程并未定型，很多学科边界也不明晰，教科书本身也未定型，诸如格致教科书、博物教科书、蒙学课本、蒙学读本等均属于这种情况，均有综合类教材的色彩。一些教科书按今天的课程命名不好归类，一些教科书更是随着课程的选取而昙花一现，这都给我们今天的梳理带来了困难。所以，有些早期教科书也许出现在不同分卷上，比如格致教科书，有可能出现在物理卷，也可能出现在化学卷、生物卷。同理，也有些早期教科书因为分类不明晰，所以各卷都可能忽视、遗漏了它。也有些教科书实在不好命名，比如早期的修身、后来的公民一段时期也出现过"党义""三民主义"等等，都和今日之课程名称不能完全对应。

　　教科书发展史的梳理需要依赖过去师生用过的文本，这是历史上的课堂教学活动仅存下来的几种遗存之一。本套书的一个特点就是看重教科书实物，这遵循了我们的研究原则：不见课本不动笔，不见课本慎动笔。我们很难想象离开教科书实物的教科书脉络的梳理。无文本，不研究，慎研究。就好像中国的小说史、诗歌史、电影史研究，甚至任何文本研究，离开文本，一切都是浮云。特别是教科书，它和其他任何文本不一样，因为其他文本都有独一无二的名称，独一无二的作家，一提起某某人的某某书，大家就有明确的指向性，绝不会混淆犯晕，研究者和读者可以在同一文本上展开对话。比如曹雪芹的《红楼梦》，茅盾的《子夜》。唯有教科书是名称高度雷同的文本，我们说"历史"，说"数学"，几十年上百年一直这么说，成百上千的、完全不一样的文本都是这个名称，因此让研究者和读者很难迅速在同一文本上展开对话的命名，如果不展示文本的实物图像，很容易让人云里雾里一时半会进不了主题。如何让读者明白我们是在讨论这本《历史》，而不是那本《历史》？

　　由此，本套书特别关注图文结合，简称"图文史"。适时展示教科书实物照片，让读者能够比较清晰地知道我们在讨论哪一种教科书。而且，以图证史、以图佐文也是我们的重要追求（沿袭了《新中国中小学教科书图文史》的风格）。南宋史学家郑樵曾在《通志·图谱略》中谈到图文结合的价值是"左图右史""索象于图，索理于书"。足见图像对学理呈现的重要性。确实，有时图像比文字包含更多的东西。英国著名史学家彼得·伯克（Peter Burke）在《作为证据的图像：十七世纪欧洲》（*Images as Evidence in Seventeenth-Century Europe*）一文中提出，图像是相当重要的历史证据，要把图像视为"遗迹"或"记录"，纳入史料范围来处理。他著有《图像证史》（北京大学出版社2008年版）一书，专门研究怎么让图像说话。在他看来，现在的学界已经出现了一个"图像学转向"（Pictorial Turn）。

　　本套书以时间为经，以学科为纬，以文领图，以图辅文，由语文（国语、语文）、数学（含珠算）、外语（英语、日语、法语）、科学、物理（含格致等）、化学、生物、德育（修身、公民、政治）、历史、地理（含地文学、地质学等）、音乐、体育、美术共13册组成。这套书与《新中国中小学教科书图文史》（广东教育出版社2015年版）衔接贯通，比较系统地呈现出一个多世纪以来中国近现代中小学教科书的发展历史，也算了却我们一个心愿。

这套书的编写非常艰难。一是作者的组织不易。从事教育史、学科史研究的学者相对较多，即便是学科课程史也有不少研究者，但长期研究教材史（像内蒙古师范大学的代钦教授之于数学教材史、上海师范大学的胡知凡教授之于美术教材史）的学者还是相当少的，长期研究教材史而又有暇能够参与本套书编写的人更少，能够集中一段精力主动参与本项目的研究者更是少之又少。二是虽然我们最后组织了一个小集体，但这些作者多是高校的忙人，有的还是大学的校级领导，尽管他们已经尽力了，但让他们完全静下心来如期而高质量地完成任务还是很难。三是项目进行期间遭遇三年新冠疫情，而要较好地完成这套书，需要翻阅大量教科书文本实物，疫情使得我们几乎没有办法走进首都师范大学教科书博物馆，更不要说将书中文本与实物一一对应，而有些文本的照片及其清晰度又几乎是必不可少的。这一切因素都直接影响了本套书的进展，也影响了书中一些照片的品质，加之受限于作者和主编的水平导致各卷质量多少有些不均衡，难免遗憾。还有方方面面不必一一言说的困难。说实在的，我这个主编有时候很有挫败感，也很难受。不仅我难受，有些作者也被我逼得很难受，逼得他们害怕收到我的微信，逼得他们害怕回复我的要求。对不起这些作者！感谢之余，希望得到他们的谅解。

主编难，作者难，责任编辑也很难。

难为广东教育出版社的卞晓琰、林检妹、黄倩及其团队成员了。他们要面对作者，面对主编，面对多级领导，面对一而再再而三进行的审读与检查，面对有时候模糊不清的照片和让人提不起神的文字。他们要一一解决，一一突破。他们做到了，只是多耗了一杯又一杯的猫屎咖啡，多熬了一个又一个的漫漫长夜。面对他们的执着与认真，我们还能松懈、还敢松懈吗？我们的水平不易提高，态度还是可以端正的。感谢他们！

感谢广东教育出版社社领导多年来的支持与看重。曾经有学界朋友对我说：你们的成果要是在北京的国家级出版社出版就好了！我笑笑。我以前说过：我看重认真做我们的书的人和出版社。今天我还是这么说，我依然把郑重对待一个学者的学术成果作为选择出版社最重要的标准，这就是我们选择广东教育出版社的原因。感谢他们！感谢广东教育出版社几任社领导及其具体操持者对我们作品的看重！

感谢时任教育部教材局局长、现在是我的同事的田慧生教授长期对我们的关心！感谢首都师范大学孟繁华教授对我们研究成果的支持！感谢首都师范大学教育学部、教育学院及首都师范大学教科书博物馆提供的各种帮助与便利！感谢我的同事和我们可爱的博士、硕士团队！感谢给我们直接、间接引用了其研究成果或给我们以启发的所有专家学者！感谢在心，感激在心，感恩在心。

2024年7月20日于北京学堂书斋

（石鸥，首都师范大学教育学部教授、博士生导师）

目　录

1912 1927

第一章

近代化学教科书的滥觞（1840—1896 年）

1840

　　1840年鸦片战争，英帝国主义的炮舰打开了闭关自守的清朝国门。随后，西方帝国主义列强陆续强迫清政府签署了一系列不平等条约，从政治、经济、文化各个领域对我国进行了肆无忌惮的侵略。在教育领域，西方传教士在我国开办了不少教会学校。与此同时，为抵御外侮，师夷长技以制夷，我国的仁人志士发起洋务运动，开办了一系列新式学堂。可以说，洋务学堂和教会学校从不同的方面推动了中国教育的发展，促使中国的教育由传统向现代转型。西方传教士创办的教会学校和洋务派兴办的新式学堂都编辑了相当数量的教科书。虽说从现在看来，这些书籍体例芜杂，良莠不齐，而且很多教科书没有严格的学科划分意识，如当时的化学、物理大多包含在格致之中。但是，这些教科书传播了近代的科学知识，拓展了人们的视野，使国人的眼光不再局限于《三字经》《百家姓》《千字文》和"四书五经"的框架，而是放眼于先进的科学技术。同时，正是由于人们在教科书编辑、印刷、使用方面的经验积累，才使学校教科书的发展在晚清最后十余年间大放光彩。因此，近代化学教科书历史的梳理，必须从教会学校、洋务学堂开始。

第一节
化学学科的诞生及传入中国

　　自有人类社会以来，化学的产生和发展便与人类最基本的生产、生活息息相关。可以说，在人类学会使用火，掌握了火这个变革物质的强大自然力时，人类就开始了最早的化学实践活动。从钻燧取火、用火烧煮食物、烧制陶器和玻璃、冶炼青铜器和铁器，到纸、本草药物的发明使用，再到火药的应用等等，可以说都是化学技术的应用。正是这些应用，使得人类得以生存，同时也极大地促进了当时社会生产力的发展，促使人类社会不断进步。

一、化学学科的形成

　　时至今日，化学作为一门基础学科，在科学技术和社会生活的方方面面正发挥着越来越大的作用，化学发展的历史也一直伴随着整个社会的不断发展和进步。化学的发展主要经历了以下几个时期：

（一）化学的萌芽时期

　　化学的历史源远流长。在原始社会，人类最早有所认识并有意识地控制和利用的就是火，人类进行的第一个化学反应也是火的使用。以生活年代距今70万~23万年前的北京猿人为例，用火已经成为十分普遍的活动。在北京周口店龙骨山北坡猿人的洞穴中，有考古工作者发现了厚厚的灰层，其中有被烧过的兽骨和石块，还有木炭，这便是北京猿人使用火的实证。经考古人员考察，发现灰烬并不是散落在整个地面上，而是在不同的地方一堆堆地分布着，更加说明了这并不是野火的迹象，而是北京猿人从野火中引来火种，有意识用火的结果。自人类掌握火之后，随着对火的使用越来越广泛，人们最终在实践中，发现了摩擦可以起火，进而发现了钻木取火的方法。古书中也曾有过"钻木取火"的记述，例如《韩非子·五蠹》里介绍说："民食果蓏蚌蛤，腥臊恶臭而伤害腹胃，民多疾病。有圣人作，钻燧取火以化腥臊……"随后火便逐渐成为人类改造自然的强大手段，从远古到公元前1500年，人类学会了用黏土烧制陶器、瓷器，由矿石烧出金属，从谷物中酿造出酒，给丝麻等织物染上颜色……这些都是在实践经验的直接启发下经过长期探索而得来的。可见，古代化学的产生与发展跟人类最基本的生活与生产联系在一起，是各种化学工艺知识的积累，但那时还没有形成化学知识，只是化学的萌芽时期。

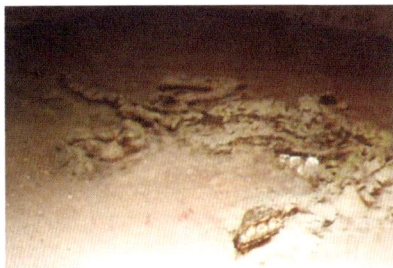

1-1-1	1-1-2

图1-1-1　陕西蓝田人用火遗迹
图1-1-2　北京猿人用火示意图（用火取暖和烧熟食物）

1-1-3	1-1-4

图1-1-3　新石器时代的陶器
图1-1-4　商朝的原始瓷器

（二）炼丹和医药化学时期

约从公元前1500年到公元1650年，炼丹术、炼金术对化学的发展起主导作用。为求得长生不老的仙丹或象征富贵的黄金，炼丹家和炼金术士们开始了最早的化学实验，而后记载、总结炼丹术、炼金术的书籍也相继出现。炼丹术起源于中国，司马迁在《史记·封禅书》中生动记载了汉武帝时期炼丹家李少君、栾大等人的事迹。据史料记载，炼丹术在中国具有上千年的历史，它基本上是为封建统治阶级达到长生不老的目的而发展起来的。自宋代开始，炼丹术开始逐步走下坡路，炼丹家都以失败而告终，但他们在炼制长生不老药的过程中实现了物质间用人工方法进行的相互转变。炼丹家利用当时积累起来的化学知识来炼"仙丹"，同时也利用社会上提供的化学原料及设备做了很多化学实验，完成了许多化学转变，观察了许多物质发生化学变化的条件和现象，为化学的发展积累了丰富的实践经验。因此，炼丹术可以从侧面反映出当时化学发展的水平。

1-1-5　1-1-6

图1-1-5　1983年广州南越王墓发现紫水晶、硫黄、雄黄、赭石、绿松石等炼丹的主要原料
图1-1-6　古代炼丹炉

　　"化学"英语单词chemistry源于alchemy，即炼金术。随着炼丹术、炼金术的衰落，越来越多的人更多地看到它们荒唐的一面，但其中的化学方法转而在医药和冶金方面得到正当发挥，中、外药物学和冶金学的发展为化学成为一门科学准备了丰富的素材。

（三）燃素化学时期

　　1650—1775年是燃素化学时期，起初随着冶金工业和实验室经验的积累，人们开始总结感性知识，进行化学变化的理论实验研究，使化学成为自然科学的一个分支。这一阶段开始的标志是英国资产阶级早期活动家、化学家罗伯特·波义耳对一系列新的实践经验进行了总结，并对元素作出科学的定义。波义耳的名著《怀疑的化学家》出版于1661年，阐述了有关化学元素的相关论述，还着重发表了波义耳对燃烧现象的见解，即运用微粒说解释了化学现象，提出火不能作为定性分析的一种重要手段，使化学走上了科学的道路。波义耳曾反复强调："化学，为了完成

【波义耳简介】

　　罗伯特·波义耳（1627—1691年），英国物理学家、化学家，近代化学的奠基人。《怀疑的化学家》是波义耳于1661年出版的著作，该书对化学的发展产生了重大的影响，也正因如此，化学史界普遍认为1661年才是近代化学的开始年份。马克思、恩格斯也认同这一观点，他们称"波义耳把化学确立为科学"。

其光荣而又庄严的使命，必须抛弃古代传统的思辨方法，而像物理学那样，立足于严密的实验基础之上。"波义耳正是这样身体力行的。他把科学实验的思想带进化学，解决了当时化学在理论上所面临的一系列问题，为化学的健康发展铺平了道路，如果把伽利略的《关于托勒密和哥白尼两大世界体系的对话》作为经典物理学的开始，那么也可以把波义耳的《怀疑的化学家》作为近代化学的开始。

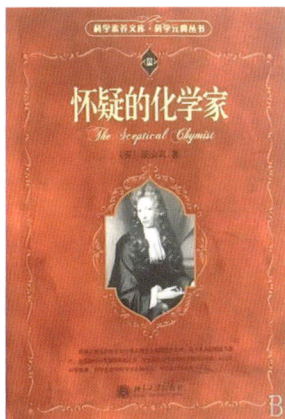

1-1-7　1-1-8

图1-1-7　近代化学的奠基人：波义耳
图1-1-8　波义耳的代表作——《怀疑的化学家》

继之，化学又借燃素说从炼金术中解放出来。在化学史上，人们普遍认为，17世纪末德国化学家贝歇尔和他的学生德国化学家施塔尔共同创立了燃素说。贝歇尔在他1669年出版的著作《土质物理学》一书中，对燃烧的作用有过很多论述，他认为燃烧是一种分解作用，物质燃烧后留下的灰烬都是成分更为简单的物质。施塔尔总结了燃烧中的各种现象以及化学家们对燃烧现象作出的各种解释，并于1703年系统地阐述、发展了燃素学说。燃素说认为，火是由无数细小且活泼的微粒构成的物质实体，由这种微粒构成的火的元素就是"燃素"，而可燃物能够燃烧就是因为它含有燃素，燃烧过程即是可燃物释放燃素的过程，而且物体中所含燃素越多，燃烧起来就越旺盛。尽管在现

波义耳博学多才，研究兴趣非常广泛。他研究的领域不仅涉及气体物理学、气象学、热学、光学、电磁学、无机化学、分析化学、化学工艺、物质结构理论等科学领域，还涉及哲学、神学等各个方面。当然，众所周知，波义耳最主要的成就还是在化学方面。

1662年，波义耳根据实验结果提出："在密闭容器中的定量气体，在恒温下，理想气体的压强和体积成反比关系。"该结论被称为波义耳定律。波义耳定律是第一个描述气体运动的数量公式，为气体的量化研究和化学分析奠定了基础。这是人类历史上第一个被发现的"定律"，该定律也是人们学习化学的基础。

【贝歇尔简介】

约翰·雅希姆·贝歇尔（1635—1682年），德国冶金化学家。他致力于冶金研究，提出燃烧是一种分解作用，动物、植物和矿物等燃烧之后，留下的灰烬都是成分更简单的物质，并将物体燃烧过程中放出的物质称为"燃素"。贝歇尔创立了燃素说的雏形，尽管他的学说后来被抛弃，但是他的思想依旧引导人们走上了新科学之路，推动了现代热力学的发展。

代化学中这个理论是错误的，但不可否认的是，在那个年代，这些说法足以对当时出现的大多数的化学现象作出解释，使得这些现象统一在一个概念之下。

在燃素说流行的一百多年间，燃素说在化学界占据着统治地位，化学家们为了解释各种燃烧现象，给出了多种阐述。燃素说不仅对燃烧现象进行了解释，认为一切与燃烧有关的化学变化都可以归结为物体吸收燃素与释放燃素的过程，此外，还解释了金属溶解于酸以及金属置换反应。这些观点奠定了近代化学思维的基础，不仅从科学实践上，还从思想上为近代化学的发展作出了充足的准备，因此这一时期被称作近代化学的孕育时期。

【施塔尔简介】

格奥尔格·恩斯特·施塔尔（1659—1734年），德国化学家和著名医生。施塔尔是贝歇尔的学生，也是燃素说的集大成者。他创造性地继承和发展了贝歇尔关于燃素的理论，在改编贝歇尔著作的同时提出了很多自己的观点。例如，他在《化学基础》一书中修正、更改、完善了贝歇尔的许多观点，他明确地提出了"燃素"的概念，并在现实中用该概念解释大量的化学现象和反应，使化学"借燃素说从炼金术中解放出来"。除此之外，他还发现了钾盐和钠盐结晶形状不同，把碱分为天然（碳酸钠）和人造（碳酸钾）两种。[1] 虽然后来随着科学的进步，通过实验证明了燃素说是不科学的，但是施塔尔对化学发展作出的贡献不可磨灭，他仍然被认为是当时顶尖的化学家。

1-1-9	1-1-10

图1-1-9　燃素说创立者：贝歇尔
图1-1-10　燃素说创立者：施塔尔

（四）定量化学时期

1775—1900年是定量化学时期，是近代化学发展的时期。在1775年前后，法国化学家拉瓦锡找到了燃素说错误的根源，将天平作为研究化学的工具，用定量化学实验阐

【拉瓦锡简介】

安托万-洛朗·德·拉瓦锡（1743—1794年），法国著名化学家、生物学家，"现代化学之父"，法兰西科学院院士。拉瓦锡在化学上的贡献是多方面的，其杰出成就的取得很大程度上源于他将科学从定性研究转向定量研究，而且他的各项成就在化学

---

[1] 杨明生. 拉瓦锡：燃素说的掘墓人[J]. 中学生理科月刊，1995（18）：14.

述了燃烧的氧化学说，从而将燃素说彻底推翻，开创了定量化学时期，使化学沿着正确的轨道发展。1789年，拉瓦锡发表了著作《化学基本论述》，详尽地论述了推翻燃素说的各种实验依据和以氧为中心的新燃烧学说，以及阐述了元素的近代概念，化学反应的质量守恒定律等化学基本问题。

发展历史中都可以称得上是重大事件且意义深远。最早拉瓦锡因推翻了燃素说，并发现氧气在燃烧中的作用而闻名遐迩。接着他先后认识并命名了氧气和氢气，并反对燃素理论。拉瓦锡还帮助构建了度量体系，编写了第一份广泛的元素清单，并帮助改革化学术语。他预言了硅的存在，也是第一个确立硅的存在的人，同时确立硫只包含一种元素，而不是一种化合物；也证明了水不是一种元素，而是化合物。除此之外，他发现虽然物质可能改变其形式或形状，但其质量始终保持不变，并证实了质量守恒定律，其代表作是1789年出版的《化学基本论述》。[1]

图1-1-11　拉瓦锡
图1-1-12　拉瓦锡著，《化学基本论述》

18世纪中叶以后的工业革命不仅使得纺织、冶金、造船、机械等工业领域迅速发展，同时也推动了化学科学的成长，使化学以前所未有的速度迅速发展。19世纪初，英国化学家道尔顿提出近代原子论，主张用原子的化合来解释说明各种化学现象和各种化学定律间的内在联系，当时这一理

【道尔顿简介】

约翰·道尔顿（1766—1844年），英国化学家、物理学家，近代原子理论的提出者。这一理论是继拉瓦锡氧化学说之后理论化学的又一重大进步，他揭示出了一切化学现象的本质都是原子运动，明确了化学的研究对象，对化学真正成为一门学科具有重要意义。道尔顿一生发表论文一百余篇，主要著作有《化学哲学的新体系》两册。恩格斯认为，化学新时代始于原子论，所以道尔顿可被称为"近代化学之父"。

【阿伏伽德罗简介】

阿莫迪欧·阿伏伽德罗（1776—1856年），意大利物理学家、化学家，出身于都灵的显赫家族。阿伏伽德罗在化学界的重大贡献，是他在1811年提出了一种分子假说："同体积的气体，在相同的温度和压力时，含有相同数目的分子。"这一假说就是今日的阿伏伽德罗定律。阿伏伽德罗还反对当时流行的气体分子由单原子构成的观点，认为氮气、氧气、氢

[1] 佟多人，林永忱. 现代化学之父：拉瓦锡[M]. 长春：吉林人民出版社，2011.

第一节　化学学科的诞生及传入中国

论的提出为化学的发展作出了重大贡献，同时也标志着近代化学发展时期的开始。接着意大利物理学家、化学家阿伏伽德罗在道尔顿原子论的基础之上提出了分子学说。自从用原子-分子论研究化学以来，化学才真正被确立为一门科学。此外，俄国化学家门捷列夫发现元素周期律，并编制出元素周期表；德国化学家李比希和维勒发展了有机化学结构理论，等等，这些促使化学成为一门系统的科学，也为现代化学的发展奠定了坚实的基础。

气都是由两个原子组成的气体分子，并提出分子概念及原子、分子的区别等重要化学问题。阿伏伽德罗定律对化学科学的发展，特别是相对原子质量的测定工作，起了重大的推动作用。[1]

【门捷列夫简介】

德米特里·伊万诺维奇·门捷列夫（1834—1907年），俄国科学家，发现化学元素的周期性（第一位真正发现元素周期律的是英国化学家纽兰兹，门捷列夫后来经过总结改进，得出现在使用的元素周期律），依照相对原子质量，制作出世界上第一张元素周期表，并据此预见了一些尚未发现的元素。他的著作《化学原理》是伴随着元素周期律而诞生的，在19世纪后期和20世纪初期，这本书被国际化学界公认为标准著作，前后共出版了8版，影响了一代又一代的化学家。联合国大会宣布2019年为国际化学元素周期表年，旨在纪念俄国化学家门捷列夫在150年前发表元素周期表这一科学发展史上的重大成就。[2]

| 1-1-13 | 1-1-14 | 1-1-15 |

图1-1-13　原子论奠基人：道尔顿
图1-1-14　分子说创立者：阿伏伽德罗
图1-1-15　元素周期律发现者：门捷列夫

（五）科学相互渗透时期（现代化学时期）

20世纪初，物理学的长足发展，各种物理测试手段的涌现，促进了溶液理论、物质结构、催化

---

[1] 胡乔木. 中国大百科全书[M]. 北京：中国大百科全书出版社，1993.

[2] 白春礼. 探究物质世界奥秘的一把金钥匙：纪念元素周期表发表150周年[EB/OL]. （2019-12-30）[2021-07-21]. https://mp.weixin.qq.com/s/evjRqn7 Sn-8Dq9deaziU-Q.

剂等领域的研究。尤其是量子理论的发展，使化学和物理学有了更多共同的语言，解决了化学上许多未解决的问题，物理化学、结构化学等学科理论得以逐步完善。同时，化学又向生物学和地质学等学科渗透，使过去很难解决的蛋白质、酶等结构问题得到了深入研究，生物化学等也得到快速的发展。

自从化学成为一门独立的学科后，化学家们已创造出许多自然界不存在的新物质。到了21世纪初，人类发现和合成的物质已超过3000万种，使人类得以享用更先进的科技成果，极大地丰富了人类的物质生活。

近年来，绿色化学的提出，是化学科学高度发展的产物。绿色化学在保证和提高人类生活质量、保护自然环境以及增强化学工业的竞争力方面均起着重要的作用，同时使得更多的化学生产工艺和产品向着环境友好的方向发展，越来越多的人了解绿色化学、接受绿色化学、愿意为绿色化学的发展作出力所能及的贡献。

诚然，科学的发展是没有止境的，因而化学的发展也决不会停滞不前，化学必将使世界变得更加绚丽多彩。

二、化学逐步传入中国

明朝后期到近代西方学术思想向中国传播的历史过程被称作"西学东渐"。若按照时代划分，广义而言，西学东渐可以泛指从古到今的各种西方事物传入中国；狭义而言，西学东渐是指在明末清初以及清末民初两个时期西方的学术思想传入中国。化学作为自然科学的一个重要分支，相对于其他学科而言，在西方也是发展较迟的一门学科，西方化学知识传入中国也比天文学和数学迟，具体可分为以下两个时期：

（一）明朝末年至鸦片战争之前，西方旧化学在中国的传播

鸦片战争之前，中国处于封建社会时期，英国等资本主义列强加紧了对中国经济、文化和教育的侵略，一方面要求中国政府开放通商口岸，在中国东南沿海地区测绘地形、搜集情报、输入大量鸦片等；另一方面在中国设立学校，传播西方文化，展开对

【熊三拔简介】

熊三拔（1575—1620年），字有纲，意大利人，擅长西方水利科学研究。1606年来华，与利玛窦亦师亦友，受其器重，协助其管理事务。1610年与庞迪我协助明廷修改历法，测量京城地理，并著书介绍简平仪用法，根据天文学原理说明立表测日影以定时之法。1616年被逐，与庞迪我等被迫前往澳门，后客死澳门。著有《泰西水法》《表度说》《简平仪说》。[1]

[1] 倪波路，徐承熙，利奇. 我先祖的故事：利玛窦、徐光启和熊三拔[M]. 杭州：浙江大学出版社，2010.

中国文化的全面进攻。中国的化学科学是在引进和传播西方化学科学的基础上形成的，由于中国当时受到封建社会的特殊制约，化学科学在中国的发展速度相对较慢，落后于当时的多个国家。西方化学知识逐步传入中国具体表现在如下几个方面：

第一，化学物品的传入。这一时期，在西方列强的商船和炮艇上，已经用到许多化学物品，例如用于灭火器的硫酸、用于焊接的盐酸、鉴别金属用的硝酸以及氢氧吹管等。[1]而随同舰船的医生所应用的许多化学药物则更为常见，当时已经通用的碘酒、泻盐、硼酸等业已被带进"夷馆"，并在广东一带有了一些传播和应用。[2]由此，中国当时的少数知识分子也开始接触并认识了从西方而来的化学物品。

第二，化学书籍的翻译、化学工艺的传入。1612年，意大利传教士熊三拔与中国学者徐光启合译的《泰西水法》中除了叙述水利和医学知识外，也介绍了西方的四元素说。1633年刊行的意大利传教士高一志的《空际格致》一书，讲解了希腊的四元素学说，涉及对化学知识的叙述。1643年，德国学者汤若望与中国学者杨元华等合译出版了《坤舆格致》一书，该书的原作为德国矿物学名著《论金属》（又名《矿冶全书》，1556年出版），由德国医师兼矿物学家阿格里科拉所著，全书共分12卷，涉及矿业和相关冶金工序的每个

【徐光启简介】

徐光启（1562—1633年），字子先，号玄扈，明代著名科学家、政治家。官至崇祯朝礼部尚书兼文渊阁大学士、内阁次辅。徐光启毕生致力于数学、天文、历法、水利等方面的研究，勤奋著述，尤精晓农学，著有《农政全书》等，译有《几何原本》《泰西水法》等书。同时他还是一位沟通中西文化的先行者，主持西书七千部翻译运动，为17世纪中西文化交流作出了重要贡献。

【高一志简介】

高一志（1566或1568—1640年），意大利人。初到中国时取名王丰肃，字一元，又字泰稳。1605年来华，1616年被逐出境，后于1624年底返回中国，后改名为高一志。1640年4月9日卒于山西绛州。[3]

【汤若望简介】

汤若望（1591—1666年），字道未，德国人。他的原名为约翰·亚当·沙尔·冯·贝尔，1621年来到中国后，把德文姓名"亚当"改为发音相似的"汤"，"约翰"改名"若望"，取中文名汤若望。汤若望一生致力于中西文化交流，他在中国一共生活了47年，经历了明、清两个朝代。他知识渊博、才华出众、信仰虔诚、贡献突出，他的努力和成就奠定了他在中西文化交流史上的重要地位，是继利玛窦来华之后最重要的传教士之一。汤若望在明清朝廷历法修订以及火炮制造等方面多有贡献，中国今天的农历是汤若望在明朝前沿用的农历基础上加以修改而成的"现代农历"。他还著有《主制群徵》《主教缘起》等宗教著述。他以孜孜不倦的努力，在西学东渐之中成就了一番不可磨灭的成绩。

[1] 杨根. 徐寿和中国近代化学史[M]. 北京：科学技术文献出版社，1986：174.
[2] 张家治，张培富，李三虎，等. 化学教育史[M]. 南宁：广西教育出版社，1996：405.
[3] 荣振华. 在华耶稣会士列传及书目补编：上[M]. 耿昇，译. 北京：中华书局，1995.

阶段。原作在9~12卷中集中了丰富的化学知识，其中对金、银、铜、铁、锡、铅、汞、锑、铋等金属的制备、提纯、分离过程作了清晰的描述。[1]而译本《坤舆格致》则更多地介绍了工艺技术方面的知识，其中有许多关于采矿冶金、制造强水等化学工艺和方法，可以说这是中国最早翻译的比较系统的化学知识的书籍，但由于明朝末期社会动乱，该书稿未及时刊行，之后下落不明。明崇祯年间杰出学者方以智的著作《物理小识》，搜集、整理、总结了我国古代已有的科学成就，同时批判地吸收了当时由西方传来的科学知识，其中也提到过强酸。

【阿格里科拉简介】

格奥尔格·阿格里科拉（1494—1555年），德国科学家，被誉为"矿物学之父"。阿格里科拉博学多才，在医学、化学、语言学等多个学科领域都有建树。从意大利回国后，他的兴趣转向矿物学，他详细地考察了采矿、冶金及与此有关的化学问题，先后写下了许多著作，其中最著名的有《矿石的性质》和《坤舆格致》。他是历史上第一位冶金科学家。他的书体裁新颖，内容充实，用语简洁生动，并附有精美插图，是当时矿冶技术家必备的手册，也是16世纪化学文献的代表作之一。另外，阿格里科拉的管理才能也非常出色，他先后担任过萨克森茨维考市立中学的校长、开姆尼茨市的市长。

【方以智简介】

方以智（1611—1671年），字密之，号曼公，又号鹿起，别号"龙眠愚者"，出家后改名大智，字无可，别号弘智，人称"药地和尚"。今安徽桐城人。明代著名思想家、哲学家、科学家。与陈贞慧、冒襄、侯方域等主盟"复社"，为明末四公子之一。家学渊源，博采众长，主张中西合璧，儒、释、道三教归一。一生著述400余万言，多有散佚，存世作品数十种，内容广博，涉及文、史、哲、地、医药、物理，被人称之为"百科全书派"思想家。方以智是明清之际的一位有进步社会思想和唯物主义观点的哲学家。所著《东西均》中概括事物的矛盾和矛盾运动，体现出唯物主义和朴素的辩证法观点。方以智对中国传统自然科学和由利玛窦、徐光启传入的西方科学作了记述、考辨，把整个科学技术按其对象，区分为"质测"（自然科学）、"宰理"（社会科学）和"道几"（哲学）三大类。他还立志邀集专家编译综合百科全书，但这个宏愿未得实现。[2]

1-1-16

图1-1-16　熊三拔

1-1-17

图1-1-17　徐光启

[1]《化学发展简史》编写组.化学发展简史[M].北京：科学出版社，1980：69.

[2] 罗炽.方以智评传[M].南京：南京大学出版社，2009.

第一节　化学学科的诞生及传入中国

图1-1-18　高一志

图1-1-19　汤若望

图1-1-20　阿格里科拉

图1-1-21　方以智

第三，火药制备、火器制造的介绍。明朝末年汤若望口述、焦勖笔译的《火攻挈要》著作中就有关于火药及火器的制造方法的介绍。

自利玛窦来华到康熙禁教、耶稣会解散的近二百年间，共有西方学术著作437种传入中国，其中，宗教书籍251种，占57%；自然科学书籍131种，占30%；人文科学书籍55种，占13%。[1]

总的说来，西方化学知识传入中国始于17世纪，但在明末清初时期影响极小，而且传入的是西方的旧化学知识。这些化学知识主要由医生、商人等传入，涉及冶金、火药和有机药物等比较陈旧、零散的内容，并且以实用性的化学知识为主。这些实用性知识在当时的生产、军事和医药等方面虽然发挥了不同程度的作用，但实用性化学知识并不能构成近代化学

【焦勖简介】

焦勖，今安徽人，生卒年月不详，明代后期著名火器研制家。他主要活动于明末动乱之时，目睹朝政腐败，武备松弛，人民遭受战乱之苦，于是"日究心于将略，博访奇人，就教于西师，更潜度彼己之情形，事机之利弊，时势之变更"（《火攻挈要·自序》）。他反复研究西方先进的火炮制造技术，以为救时之用。他将汤若望口授的欧洲火器科学技术，辑录成《火攻挈要》一书，加上附录《火攻秘要》一卷，合称《则克录》，于1643年刊印发行，对明末清初的火器制造产生了重要的影响。[2]

【马礼逊简介】

罗伯特·马礼逊（1782—1834年），英国人。他1807年来华，在华25年，在文化交流方面做了一些开创性的工作，例如，他首次将《圣经》全文翻译成中文并予以出版，还编纂了中国历史上第一部英汉字典——《华英字典》，在澳门开办了第一个中西医合作的诊所，等等。

---

[1] 熊月之. 西学东渐与晚清社会[M]. 上海：上海人民出版社，1994：39.

[2] 熊武一，周家法. 军事大辞海：下[M]. 北京：长城出版社，2000：2941.

科学的内容，只是为近代化学科学传入中国作了一些准备。

18世纪末至19世纪初，基督教新教开始向中国布道。1807年，来自英国的马礼逊抵达广州，拉开了基督教新教来华的历史序幕。中国人了解独立的化学学科，可能以马礼逊学堂的设立为始。该学堂是为纪念马礼逊而设立的，也是中国近代的第一所教会学校。该学堂于1839年在澳门开办，1842年迁至香港后曾一度开设过化学课，尽管化学课的内容极其肤浅。[1]

【马礼逊学堂简介】

马礼逊学堂，中国近代第一所传播西学的学校。由英国人温施娣和美国传教士布朗于1839年在澳门开办，地点设在澳门半岛沙梨头附近，由布朗主持校务。1839年11月4日正式开学，1842年11月1日由澳门迁至香港，1849年停办。学堂最初只招收到6名学生，我国最早的留学生容闳和第一个西医黄宽就在其中。马礼逊学堂是中国第一所西式学校，学制为3~4年。课程设置中西兼顾，西学为主，西学课程全部采用英文课本，英语教学。课程主要包括英语、汉语、算术、代数、几何、物理、化学、生理卫生、地理、音乐、美术等。

1-1-22

图1-1-22 马礼逊

1-1-23

图1-1-23 马礼逊学堂

（二）鸦片战争以后，西方新化学（即科学的化学）传入中国

19世纪40年代以后，化学发展的速度加快。到19世纪与20世纪之交，由于放射性元素的发现和物理学上的巨大成就，化学突破了"原子论"的观点而进入原子结构时代，使化学取得了飞跃的进展。西方化学知识在中国传播的途径不少，但"最重要的，主要在书刊和教育，只有这些，才能达到系统的、起显著作用的传播目的"。[2]

【合信简介】

合信（1816—1873年），英国人。曾获医学硕士学位，是皇家外科学会的会员。1839年来华，在澳门任医师。1843年在香港医院任院长，后在广州西关外金利埠开设惠爱医馆。据说，医馆就医者甚众，"几乎其门如市，户限为穿，于是合信氏之名，遂遍粤东人士之口"，还称其"为人谦逊和蔼，谨默肫笃，有古君子风"。[2]合信是最早在中国翻译西医西药书籍的人，

[1] 白寿彝，王桧林，郭大钧，等. 中国通史第十一卷：近代前编[M]. 上海：上海人民出版社，1999：342.
[2] 曹元宇. 中国化学史话[M]. 南京：江苏科学技术出版社，1979：304-305.
[3] 王韬. 弢园文录外编[M]. 上海：中华书局，1959：339-340.

第一节 化学学科的诞生及传入中国

此外，英国传教士麦都思、美魏茶、慕维廉、艾约瑟等于1843年在上海设立印刷所——墨海书馆。该书馆在19世纪50年代编译出版了几部重要的科学书籍，使上海成为第二次西学东渐的重镇。

鸦片战争后，西方大量的近代化学书籍传入中国，同时西方化学的传播从实用知识进入理论知识阶段。据现有史料来看，近代化学知识的传入，当以19世纪50年代英国人合信所著的《博物新编》为最早，这是我国第一部介绍西方近代化学知识的书籍，它也因此成为中国传播近代化学理论知识的开端。

1-1-24

图1-1-24　合信

1850年出版的《全体新论》是他向中国介绍的第一本较为系统的西方医学著作。1857年，他又转任上海仁济医院医师。1859年退休回英国，1873年病逝。他一生将不少外国的生物学、解剖学、内外科理论、妇婴卫生等自然科学著作译介到中国来，其中最出名的莫过于《博物新编》，该书于1855年由墨海书馆出版。[1]

【墨海书馆简介】

墨海书馆是1843年由麦都思、美魏茶、慕维廉、艾约瑟等在上海创建的书馆，于1863年停业。书馆主要从事翻译和出版西方科技书籍，传播西学。墨海书馆是上海最早的一个现代出版社，是上海最早采用西式汉文铅印活字印刷术的印刷机构，也是外国学士在华最早使用铅印设备的翻译出版机构。墨海书馆在很长一段时间内是上海的编译出版中心，培养了一批通晓西学的学者，如王韬、李善兰、蒋敦复等，他们和艾约瑟、伟烈亚力等撰写、翻译了许多介绍西方政治、科学、宗教的书籍。墨海书馆开办时间不过20年，出版的科技书刊大约有20部（种），但所译之书，无论是数学、物理学、天文学、植物学、医学、化学、光学、电学和生物学，几乎部部（种种）都有开拓之功。例如，1853年出版伟烈亚力的《数学启蒙》二卷，介绍西方流行的算术、代数知识；1855年，刊行合信的《博物新编》，介绍西方气象学、物理学、化学、天文学、动物学知识，等等。

墨海书馆的创办，有力地推动了中国近代化的进程。第一，墨海书馆通过翻译出版西方众多的科学技术著作，加强了中国民众对西学的了解。第二，墨海书馆将近代的出版技术引入了中国，推进了中国传统出版设备和技术改良，促进了中国出版业的近代化。第三，墨海书馆培养了一批学贯中西的人才，通过翻译西方著作，知晓西方科学技术，许多人日后成为近代中国杰出的科学家。第四，墨海书馆翻译出版的西方著作让中国人了解到西方的先进知识，许多知识分子开始接受并学习西学，推动近代中国社会的发展。

[1] 邹振环. 合信及其编译的《博物新编》[J]. 上海科技翻译，1989（1）：45.

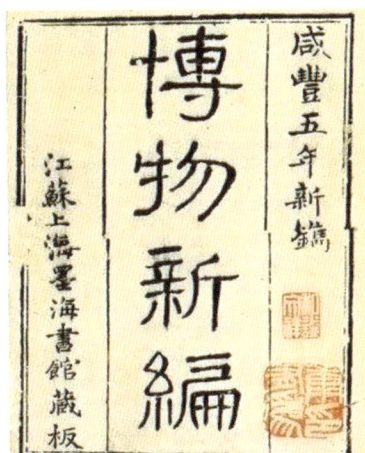

图1-1-25　合信著，《博物新编》，墨海书馆1855年版

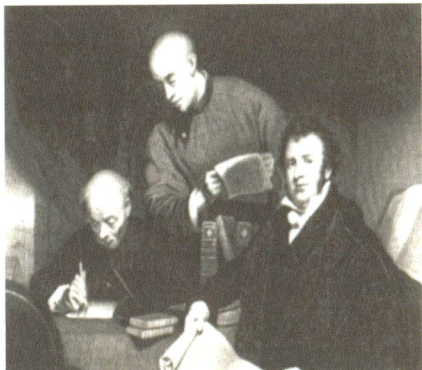

1-1-26　1-1-27　1-1-28

图1-1-26　麦都思
图1-1-27　麦都思、理雅格与中国雇员王韬在墨海书馆
图1-1-28　墨海书馆

　　《博物新编》内容庞杂，包括气象、物理、化学、天文、动物等各种西方近代科学知识，共分三篇。第一篇讲气象、物理和化学等知识，第二篇讲天文知识，第三篇讲动物知识，并附有木刻图。其第一篇的《风论》和《水质论》介绍了化学内容，其中《风论》介绍了"养气（又名生气）""轻气（又名水母气）""淡气""炭气"以及"磺强水（又名火磺油）""硝强水（又名火硝油）""盐强水"等性质和制造方法，另外还有数种化学实验方法的图说，《水质论》介绍了元质（即元素）的概念等知识。《博物新编》中所用的化学名词和现代通用的化学名词尚有一定差别。例如，现代化学中"氧气"一词，在《博物新编》中被称为"养气"或"生气"；"氢气"一词，在书中被称为"轻气"或"水母气"；"氮气"一词，在书中被称为"淡气"；"一氧化碳"一词，在书中被称为"炭气"；"硫酸"一词，在书中被称为"磺强水"或"火磺油"；"硝酸"一词，在书中被称为"硝强水"或"火硝油"；"盐酸"一词，在书中被称为"盐强水"；等等。

　　《博物新编》由墨海书馆于1855年出版。曹元宇在《中国化学史话》一书中指出，它比同文馆出版的《格致入门》要早13年，比江南制造局出版的《化学鉴原》等书要早近20年。[1]据目前所知，它是西方传入中国最早的一部介绍化学等科学的书。

鸦片战争后，帝国主义的坚船利炮打破了清朝封建帝国闭关锁国的落后状态，有人开始提倡西学。如冯桂芬1861年在《采西学议》中说："如算学、重学、视学、光学、化学等，皆得格物至理，與地书备列百国山川厄塞、风土物产，多中人所不及，……今欲采西学，宜于广东、上海设一翻译公所……"1865年，清政府在上海创立了江南机器制造总局（简称"江南制造局"），并于1868年附设了"翻译馆"，由徐寿和傅兰雅等中外学者翻译出版了一批化学书籍，推动了近代化学理论和基础知识在中国的传播。

徐寿从合信的《博物新编》中学到了不少化学知识，并做了一些化学实验。他于1867年进入江南制造局，自制强水，改进船炮、枪弹等等。徐寿曾编译过的书籍共13种，大多数都是化学著作，其中《化学鉴原》影响较广，该书概述了一些化学基本原理和重要元素的性质，对当时西方近代化学知识在中国的传播起了很大的作用。除译书外，徐寿还创办了"格致书院"，建立了化学实验室，并通过举办科学讲座和演示化学实验，为当时中国科技的发展作出很大贡献。

【伟烈亚力简介】

伟烈亚力（1815—1887年），英国汉学家。1847年来华传播西学，同时也向西方介绍中国文化，努力推动中西文化交流，为此作出了很大的贡献。1877年返回伦敦定居，一生中出版了多本著作，其中有关中国的著作有《满蒙语文典》《汉籍解题》《匈奴中国交涉史》等。伟烈亚力归国前将所收藏的中西文书籍悉捐亚洲文会中国北部支会图书馆。在西学东渐和东学西渐两个方面都作出了非凡的成就，是公认的汉学家。

伟烈亚力先后任职墨海书馆、江南制造局翻译馆、格致书院，主要从事翻译和管理工作。伟烈亚力与中国学者李善兰、华蘅芳、徐寿、徐建寅等人积极合作，翻译了大量西方科学著作。

伟烈亚力热衷于中国文化，收罗大量中文古典文献，有近两万种。1867年他在上海出版的《汉籍解题》（或译为《中国文献纪略》），介绍了两千多部包括古典文学、数学、医学和科学技术等方面的中国古典文献，至今仍无人企及。

1-1-29

图1-1-29　伟烈亚力

美国学者里尔登·安德森在其1991年出版的著作《变化的研究：化学在中国，1840—1949年》

[1] 郭保章，梁英豪，徐振亚. 中国化学教育史话[M]. 南昌：江西教育出版社，1993：3.

的前言中谈道："19世纪中期，当西方人士将化学科学介绍到中国时，他们称之为'化学'，即'变化的研究'。"据考证，中文"化学"一词见于正式出版物，是英国伟烈亚力主编、墨海书馆出版的月刊《六合丛谈》创刊号。该期刊出版于1875年，虽然其中很少有专门介绍化学知识的文章，但多处论及化学。比如，伟烈亚力在其"小引"（相当于发刊词）中写道：

> 比来西人之学此者，精益求精，超前轶古，启明哲未言之奥，辟造化未泄之精。请略举其纲：一为化学，言物各有质，自有变化，精诚之上，条分缕析，知有六十四元（64种元素），此物未成之质也；一为差地之学，地中泥沙与石，各有层，累积无数年岁而成，细为推究，皆分先后，人类未生之际，鸿濛甫辟之时，观此朗如明鉴，此物已成之质也……

伟烈亚力在此首先谈到"化学"，并将之与地质学、动植物学等并列，作为西方近代科学新发展的代表。

从此，"化学"学科逐渐为中国人所了解。"化学"一词后来还从我国传入日本，并在日本使用至今。[1]

[1] 周益明，姚天扬，朱仁. 中国化学史概论[M]. 南京：南京大学出版社，2004：21.

第一节 化学学科的诞生及传入中国

第二节
西方化学教科书的引进

鸦片战争之后，中国开始沦为半殖民地半封建社会。第二次鸦片战争中国再遭失败，国家陷入一片黑暗，统治者压制人民，西方列强变本加厉，加强了对中国的侵略，清政府不堪一击。面对前所未有的动荡变局，为抵御外侮，抵抗强敌，挽救民族危机，实现民族独立，清政府一些有识之士发起了以"中学为体，西学为用"为宗旨，以"自强""求富"为目的的洋务运动，开办一系列新式学堂，开始重视西方书籍的翻译工作，力图"师夷长技以制夷"，学习西方先进科学技术知识以救国。洋务运动主旨是以"强兵"为目的的近代国防、工业、交通、教育和科研的建设。正是在这种背景下，一大批与化学密切相关的军工企业（如江南制造局、福建船政局等）陆续建立。同时，有志之士认识到大量民用品（如肥皂、火柴、食品等）的制作都离不开化学知识，化学知识的传授已然刻不容缓。西方化学教科书就是在这样的背景下被引进中国的。

美国学者托马斯·库恩曾指出："任何一门科学中第一个范式兴起的附带现象，就是对于教科书的依赖。"[1]教科书是课程的重要组成部分和课程实施的载体，是学校教学中最重要、最基本的教学材料。"任何了解教育制度如何运作的人，都不可能低估教科书的重要性。"[2]教科书在学校教育中的作用无可替代，在中国"中小学的课堂文化几乎就是教科书的文化"。

化学教科书随着化学教育的发展、化学课程的设置而发展。自洋务学堂创办、开设化学课程以来，化学课最初多由外籍人讲授，所用化学教科书亦系西方原文版本，一般由西方人口译、中国人笔译。洋务运动时期编译的化学教科书见表1-2-1。

表1-2-1　洋务运动时期化学教科书一览表 [3]

书名	原著者	口译者	笔述者	版本	初版年	卷数
《化学指南》	—	毕利干	联振	同文馆本	1873	10
《化学阐原》	—	毕利干	承霖、王钟祥	同文馆本	1882	15
《化学入门》	—	丁韪良	—	格物入门本	1868	1

[1] 库恩. 科学革命的结构[M]. 金吾伦，胡新和，译. 北京：北京大学出版社，2003：85.

[2] 黄政杰. 教材教学法的问题与趋势[M]. 台北：台北师大书苑，1996：109.

[3] 杨根. 徐寿和中国近代化学史[M]. 北京：科学技术文献出版社，1986：239-240.

（续表）

书名	原著者	口译者	笔述者	版本	初版年	卷数
《化学启蒙》	—	艾约瑟	—	西学启蒙本	—	1
《化学初阶》	韦尔司	嘉约翰	何嘹然	博济医局本	1870	4
《化学鉴原》	韦尔司	傅兰雅	徐寿	制造局本	1871	6
《化学分原》	蒲陆山	傅兰雅	徐建寅	制造局本	1872	8
《化学鉴原续编》	蒲陆山	傅兰雅	徐寿	制造局本	1875	24
《化学鉴原补编》	蒲陆山	傅兰雅	徐寿	制造局本	1882	6
《化学考质》	富里西尼乌司	傅兰雅	徐寿、徐建寅	制造局本	1883	8
《化学求数》	富里西尼乌司	傅兰雅	徐寿	制造局本	1883	15
《制火药法》	利佳孙、华斯得	傅兰雅	丁树棠	制造局本	1871	1
《爆药记要》	美国水雷局	舒高第	赵元益	制造局本	1880	1
《西药大成》	来拉、海得兰	傅兰雅	赵元益	制造局本	1870	4
《冶金录》	阿发满	傅兰雅	赵元益	制造局本	1873	2
《回热炉法》	各尔曼	傅兰雅	徐寿	制造局本	1877	1
《造硫强水法》	士密德	傅兰雅	徐寿	制造局本	1877	1
《色相留真》	—	傅兰雅	徐寿	制造局本	1877	1
《水衣全论》	大斐斯	傅兰雅	徐寿	制造局本	1877	1
《造铁全法》	非尔奔	傅兰雅	徐寿	制造局本	1877	4
《照相略法》	—	傅兰雅	徐寿	制造局本	1881	1
《电气镀金略法》	华特	傅兰雅	周郇雨	制造局本	1881	1
《化学卫生论》	真司腾	傅兰雅	栾学谦	广学会本	1879	4

一、京师同文馆出版的化学教科书

京师同文馆（下称同文馆）成立于1862年，是洋务派"师夷长技以制夷"的产物，是中国近代第一所新式学堂，也是中国将化学列入学校教育的第一所官办学校，开启了近代中国创办新式学校的先河。当时中国的历史任务是实现民族独立自主，因此为挽救清政府统治，挽救民族危机，京师同文馆成立之初其目的主要是为洋务交涉培养翻译人才。后来，清朝有识之士和洋务运动代表人物认识到当时西方国家富强的根本在于先进的科学技术，因此，我们不能仅从器物层面向西方学习，更应学习西方先进科学技术与知识，遂在同文馆逐渐增设了天文、算法、化学、物理、生物、地理、解剖、政治学、国际公法等课程，开始致力于科学教育。同文馆开设化学等自然科学课程的目的在于通过学习西方发达国家先进的科学技术，培养中国自己的科技人才，力图摆脱中国落后挨打的局面，实现自强救国的愿望。

为解决教材紧缺问题以及对部分执掌朝政的封建士大夫进行西学知识启蒙，同文馆师生率先开展了西学翻译。在其存续的四十年的时间里，同文馆共翻译了近三十部国际法学、经济学、化学、天文学、历史学、医学、语言学、商贸等领域的西学书籍，和江南制造局翻译馆、广学会一起成为清末著名的三大译书中心。[1]起初，同文馆开设的化学课程内容程度很浅，主要以实用化学知识为主，多涉及化学实验和化工技术，而少有化学理论部分。这些可以从当时的化学考试题目中得以验证。例如，1872年的岁考（年终考试）化学试题共有7道，第1题为用汉字写出氯酸钾的化学式，第2~7题为次硝强水其代字（化学式）若何？天气助火，何故？水系何物相合之质？做轻磺气（硫化氢），其法若何？磺强水其性情何如？以何法能多炼磺强水？[2]上述试题表明当时开办的化学课程所考查的化学知识内容较为基础，这也与当时西方化学知识开始传入我国，我国闭塞初开的国情及人们接受新知识的能力不强有关。

同文馆所开设化学课程的安排与规程，可在1876年公布的八年课程表（见表1-2-2）中窥见一二，课程表规定在八年

【京师同文馆简介】

京师同文馆成立于1862年，是由清政府兴办的近代中国第一所新式外语学校，设立初衷为培养翻译人才，以便在与外国人处理外交事务时"不受人欺蒙"，后在洋务派爱国人士"师夷长技以制夷"的指引下，将各类西学逐步纳入学习内容，发展成为兼具天文、算学、格物入门、化学、医学、西洋史地、英文、法文、德文、日文、俄文、生理学等教学内容的洋务学堂。京师同文馆安排统一的课程设置和管理章程，最早采用班级授课制进行教学，被后人视为中国近代新式学校的开端。其重视实践取向的课程体系，使中国学生开始正式接受西方语言、人文社会科学知识。正是从同文馆开始，中国教育逐渐迈进近现代教育。不可否认，同文馆的开办是中国近代教育发展的肇端。开始时，学生入同文馆学习的资格要求很高，须得有科名方可入同文馆学习。但当时的中国人多对西学持反对态度，儒学束缚了大众的思想，很多富裕家庭不愿意让子女学习西学，后来在馆的学生中大多家庭贫困，他们因学堂免费提供饭菜和衣物而愿意在此学习。同文馆考试严格，有月考、季考、岁考、大考等，有笔试、口试等考试形式，且学生淘汰率很高。

该馆附设印书处、翻译处，曾先后编译、出版多种自然科学及国际法、经济学等书籍。此外还设有化学实验室、博物馆、天文台等。1902年1月，京师同文馆并入1898年创建的京师大学堂。

制课程（进行全外文或汉外文间杂教学）中的第七年或者在五年制课程（进行汉文译本的教学）中的第三年开设化学课程（见表1-2-3）。为促进化学知识在我国的传播及应用，同文馆在1876年还建成化学实验室，开始重视化学实验教学。1897年曾扩充实验室空间，囿于时代限制和科学技术的发展，当时学生所学主要是一些最基础的化学实验技能。

[1] 张美平. 京师同文馆西学翻译的利弊得失[J]. 翻译论坛，2016（2）：86-91.

[2] 朱有瓛. 中国近代学制史料：第一辑　上册[M]. 上海：华东师范大学出版社，1983：84-85.

表 1-2-2　京师同文馆八年课程表（1876 年）[1]71-72

时间	课程内容	备注
首年	认字写字、浅解辞句、讲解浅书	由洋文而及诸学共须八年。馆中肄习洋文四种，即英、法、俄、德四国文字也。
二年	讲解浅书、练习文法、翻译条子	
三年	讲各国地图、读各国史略、翻译选编	
四年	数理启蒙、代数学、翻译公文	
五年	讲求格物、几何原本、平三角、弧三角、练习译书	
六年	讲求机器、微分积分、航海测算、练习译书	
七年	讲求化学、天文测算、万国公法、练习译书	
八年	天文测算、地理金石、富国策、练习译书	

表 1-2-3　京师同文馆五年课程表（1876 年）[1]72-73

时间	课程内容	备注
首年	数理启蒙、九章算法、代数学	其年齿稍长，无暇肄及洋文，仅籍译本而求诸学者，共须五年。
二年	学四元解、几何原本、平三角、弧三角	
三年	格物入门、兼讲化学、重学测算	
四年	微分积分、航海测算、天文测算、讲求机器	
五年	万国公法、富国策、天文测算、地理金石	

当时同文馆所用的教材是师生合译的。同文馆共出版27种书籍，其中自然科学和应用科技相关的共15种，有关化学的有4种，这4种是化学教学用的主要教材（见表1-2-4）。[2]

表 1-2-4　京师同文馆编译化学教材一览表 [3]

年代	作者	书名	刊行地	译自原著名称
1868年	丁韪良	《化学入门》	北京	不详
1873年	毕利干等	《化学指南》	同文馆	《化学基础教程》（马拉古蒂，巴黎出版，1853）
1882年	毕利干等	《化学阐原》	同文馆	《定性分析化学导论》（富里西尼乌司，法文版）
1890年以后	施德明	《分化津梁》	同文馆	不详

[1] 朱有瓛. 中国近代学制史料：第一辑　上册[M]. 上海：华东师范大学出版社，1983.

[2] 郭保章，梁英豪，徐振亚. 中国化学教育史话[M]. 南昌：江西教育出版社，1993：90.

[3] 江家发，陈波. 中国近代化学课程始端："京师同文馆化学科"体系溯探[J]. 化学教育，2008，29（12）：72-74.

1-2-1

图1-2-1　京师同文馆

（一）丁韪良等人翻译的《格物入门》第6卷《化学入门》

同文馆的自然科学课程均聘请外籍教师讲授，所用教科书也由教师自己确定。1865年，经美驻华公使蒲安臣举荐，丁韪良接替傅兰雅成为同文馆第三任英文教习，由此开始了其在同文馆长达30年的教育生涯。[1]丁韪良在同文馆任教期间，与中国学者李广祜和崔士元合作，在1868年翻译出版了《格物入门》。《格物入门》是近代中国第一部系统介绍西方先进自然科学知识的教科书，也是最早向中国有志之士介绍化学知识的著作。《格物入门》于1866年编纂完成，1868年正式问世，其为一部以物理和化学为主要内容的自然科学入门书。《格物入门》共7卷，其中第6卷《化学入门》被视作中国最早翻译的化学知识译著，是第一部把化学当作科学分支的教材，一般被认为是中国最早的化学教科书。[2]

《化学入门》篇幅简短，内容较广，不仅有化学基础知识、基本理论，同时涉及化学在工、农、医学上的应用知识。该书曾经几次修订，内容不断完善。该书涉及的化学知识较为基础，在当时国人对西方自然科学一无所知、初次接触化学知识的情形下，毋庸置疑，其内容更适于国人学习。《化学入门》的内容介绍顺序为化学基本理论→元素和化合物→有机化合物→总论，和现代化学教材的知识介绍顺序是一致的，所以说《化学入门》的结构体系较完整，其编排的内容结构对近代化学教材的编写与发展影响较大。[3]该书分为四章，另配一附论，全书采用问答体，共269问，注重实验教学，附加化学总论和化学杂问，约3.5万字，附有简单的实验装置图。[4]

第一章《论物质之原质》主要讲述化学基本概念和理论，重点阐述了元素概念。对"化学"概念的阐释为"究察万物之体质，调和交感，分之而得其精一之原行，合之而化成庶类，察万物之变化而研究其理，以调摄其微质，故名化学"。化学基本概念主要包括原子、物质组成和分类、物质的物理性质、化学反应类型等，化学基本理论包括道尔顿原子理论、化学变化、化合定律等内容。如书中对"原子"的阐述"原行之质，运行不息合而成形，分之而归原"，表明当时人们已经认识

[1] 张美平. 丁韪良与京师同文馆的翻译教学[J]. 浙江树人大学学报（人文社会科学），2016，16（2）：100-106.

[2] 李海. 化学元素的中文名词是怎样制定的[J]. 化学教学，1989（3）：36-38.

[3] 李桂琴，白乌云. 晚清译著《化学入门》对近代化学的影响研究[J]. 内蒙古石油化工，2013，39（19）：95-98.

[4] 李桂琴. 晚清译著《化学入门》研究[D]. 呼和浩特：内蒙古师范大学，2010.

到原子是化学变化中最小的粒子，原子在不停运动合成物质，自然界的物质是由原子组成的，物质分解后又重新归为原子。此外，书中也涉及对化学反应的理解："交感后其性必与原物迥异，故谓之变化，颜色、嗅味、燥湿、刚柔都产生变化，有毒的可变无毒，无毒的可变有毒，且有产生热、光、电等现象。物质相合生热、生光、生电的原因是物质本身含有三轻（光、热、电）而进行化学反应时体现出来"。可以看出，当时国人以"交感"意通"反应"，指出物质发生交感后生成与原物质不同的物质，新物质在颜色、气味、干湿状态、柔软度、毒性、发光发热等各种性质对比上均不同于原物质。此外，书中也有对质量守恒定律的具体表述："凡物各质相合，其分量有恒限不变者，如水系氧淡二气合成按其轻重则九分之内，淡气得一，氧气的八分两有恒，确乎不变。"由此可见，书中对化学及其研究对象作了具体阐述。书中共提到62种元素，常见的有42种，并首次在中文化学书籍中出现了简单元素表格，将常见的42种元素进行如下划分：1~4号元素为气类，5~10号元素、30号元素、42号元素为杂类，其余元素为金类。书中系统介绍了常见元素的单质及化合物、化合物的命名、元素符号等内容，从而方便当时的学习者区别不同元素，还首次出现了化学方程式的应用。

第二章《论气类》系统介绍了常见气体，以及多种非金属元素和化合物相关知识，包括酸、碱等物质的性质及检验方法。

第三章《论金类》将金属表达为"金、银、铜、锡以外，其质纯一无杂者，四十余种，其掺合而成者，不计其数，按万物原质，金类居多，宜中国论五行，以金冠其首也"。书中对钙、铝、铁、钠等常见金属单质及化合物相关性质作了细致介绍，其他不常见金属则作了粗略介绍。

第四章《论生物之体质》主要介绍了有机化合物相关内容，如糖、蛋白质、草酸、酒精等物质。书中涉及的有机化合物知识并未从结构角度进行展开，没有涉及有机

【丁韪良简介】

丁韪良（1827—1916年），字冠西，美国基督教长老会传教士。丁韪良在中国一共待了62年。他熟谙汉语，善操方言，是当时在华外国人中当之无愧的"中国通"，同时也是一位充满争议的历史人物。对丁韪良的评价，国内有褒有贬，对其持否定态度是因其积极推动并迫使中国签订丧权辱国的《天津条约》，并参与了八国联军侵华时对中国的掠夺。虽然他对中国近代教育的发展作出了贡献，但我们应谨记历史，对他的恶行予以揭露批评，同时理性看待丁韪良的所作所为。1850年，丁韪良在长老会神学校毕业后，来中国宁波传教，同时为美国政府提供太平天国情报。1862年回美国，不久再次来华，在北京建立教会。1865年为同文馆教习，1869—1894年为该馆总教习，并曾担任清政府国际法方面的顾问。1898—1900年，任京师大学堂总教习。

丁韪良致力于"双向译介"，既向中国灌输西方知识，也向西方宣传中国。他一生出版中文著作与译作共42部，英文著述8部，公开发表文章153篇。他集传教士、教育家、翻译家、著作家、外交家等身份于一身，推动了中西文化交流，不可否认其在中国教育由传统走向近代的进程中扮演着重要角色。

化合物相关理论，只是给出了生命体中存在的一些有机物质，简要介绍了有机化合物相关的基础知识。可见该书对化学基本知识和原理方面的描述通俗易懂，易于初级理解学习，其被称作最适合近代中国学习化学知识的书，自然当之无愧。

附论《化学总论》还特地对比了化学与古代炼丹术的异同等内容。

《化学入门》是在中国化学教育萌芽时期最早使用的教材，从同文馆开设化学课开始至1902年京师大学堂重办为止一直沿用三十多年，为西方近代化学知识在中国的传播、应用与普及奠定了基础。该书的刊行对以后的化学书籍的翻译产生了很大影响。

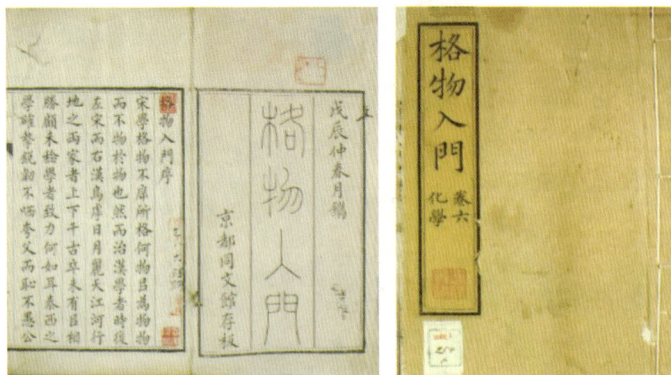

图1-2-2 丁韪良著，《格物入门》，京都同文馆出版，1868年

图1-2-3 丁韪良

《化学入门》图文并茂，结构体系较为完整，符合学生的学习特点，注重化学史、化学实验在化学教育中的作用，为洋务运动之后化学教科书的发展奠定了基础，为当时的中国普及了化学知识，因而该书的出版也受到清政府的高度重视。不少政府高官为其作序，对该书给予非常高的评价。钦差大臣李鸿章的序说道："西人毕生致力于象纬器数之微，志无旁骛。其论形上之理，虽与汉宋诸儒不同，若谓其于形下之理，一无当于圣人之旨，固不可也。"此外，户部右侍郎，同文馆管理事务大臣徐用仪，桐城派著名的代表人物董恂和徐继畬等人也为该书作了序，他们大多受洋务运动的影响。总而言之，《化学入门》一书对晚清科学知识的传播影响较大。

（二）毕利干等人翻译的《化学指南》

1866年，洋务派领袖恭亲王奕䜣委托休假回英的中国海关总税务司赫德在欧洲为同文馆物色科学教师，于是赫德介绍了法国人毕利干。毕利干于1867年3月受聘为同文馆教习，1871年到馆，1893年退休回欧洲，在中国总共任教23年。同文馆第一次开设化学课程就是在1871年。可以说，毕利干是同文馆第一个教授化学的人。毕利干在讲授化学课时非常注重激发学生研究化学的兴趣，同时为便于学生学习，他译出了中文教材。他最先翻译的教材是《化学指南》。

《化学指南》一书供讲授化学之用，为同文馆的化学教科书，由京师同文馆的教习毕利干与同文馆学生联振合作翻译，于1873年出版，该书译自法国马拉古蒂的《化学基础教程》。《化学指南》全书共十卷十六册，采取问答体形式呈现内容，书内配有插图。全书十卷安排如下：第一、二卷主要介绍非金属元素相关内容，第三、四、五卷主要介绍金属元素相关内容，第六至八卷主要介绍有机化学相关知识，第九、十卷给出各种译名对照表。

【毕利干简介】

毕利干（1837—1894年），法国人。1867年受聘为京师同文馆教习，初在京学习汉语，1871年到京师同文馆教授化学，兼授法文。1893年退休回欧洲。他以自己口译、学生笔译的方式出版了三部重要图书：《化学指南》《化学阐原》和《法国律例》。此外，还编有一部《法汉字汇》。

图1-2-4 毕利干口述，联振笔译，《化学指南》，京师同文馆出版，1873年

（三）毕利干等人翻译的《化学阐原》

《化学阐原》由毕利干口述，承霖、王钟祥笔译，1882年刊行。这是继《化学指南》之后，毕利干翻译的又一部化学专著。《化学阐原》译自德国分析化学家富里西尼乌司的《定性分析化学导论》，该书有德文、英文、法文等版本，毕利干所翻译的《化学阐原》的底文取自法文版，主要涉及分析化学的内容。

《化学指南》为分析化学启蒙之作，但该书仅简单介绍了各种化学元素配合的方法，没有理论详解。《化学阐原》弥补了《化学指南》的不足之处，详细论述了分析各元素的方法，是当时中国进一步学习化学知识所必读的

【富里西尼乌司简介】

富里西尼乌司（1818—1897年），德国化学家，分析化学奠基人。1840年进入波恩大学学习，1841年到吉森大学师从著名化学家利比希教授继续学习，1842年获博士学位。出版了两部分析化学图书《定性分析化学导论》和《定量分析化学导论》，使化学分析方法基本上开始形成一套较完整的体系。这是19世纪最有名的两部分析化学图书，内容清晰，颇受欢迎，曾先后出版了十几版，还被译成中文、英文、法文、意大利文、俄文等出版。1862年，富里西尼乌司创办了《分析化学学报》，为分析化学发展奠定了良好

专业性较强的著作。

《化学阐原》全书共分为十五卷十九册，合为六章，主要内容为定性分析。全书条理清晰，每章之下又分节、条、段、法多个层次，后附图表加以说明，层次清楚，逻辑性强，令学习者一目了然。唯一不足的是该书中化学元素仍沿用《化学指南》中毕利干所创造的新名，且新字笔画书写起来较为繁琐，不合汉字书写习惯，译文佶屈聱牙，故流传较少，影响较小[1]，与江南制造局所译各类化学著作相比也有所不及。

基础。当时国际上仅有几种专载全面的各类化学论文的期刊，而《分析化学学报》是最早的专载化学一个分支学科论文的期刊，该刊至今还在定期出版，已出版了300多卷，而且是负有盛名的国际科学刊物。

富里西尼乌司因其成就卓著获得荣誉，他曾担任过全德科学和艺术学会的几任会长，又是德国化学会的荣誉会员。1961年，德国化学会特别设置了富里西尼乌司奖金，每年奖励世界各国对分析化学有特殊贡献的人才。

图1-2-5 毕利干口述，承霖、王钟祥笔译，《化学阐原》，同文馆出版，1882年

总之，京师同文馆的化学教育是开创性的，是我国官办化学教育的肇始，对于化学教育在清末的体制化发展具有一定的示范作用。

二、博济医局出版的《化学初阶》

在西学东渐过程中，基督教传教士们通过多年实践达成一个共识：行医和办学是传教最佳的、最有力的途径。广州的博济医局就是这种指导思想下的产物。博济医局前身为眼科医局，最初由美国的传教士彼得·帕克于1835年创办。通过这一渠道，传教士最先给中国带来了西方医学，由于化学与医学、药学的关系密切，因此也成就了化学在中国的传播。

1853年，美国长老会传教医师嘉约翰来华。1859年，嘉约翰接手博济医局之后，一方面，将医院的规模逐渐扩大；另一方面，开始译书办刊。1866年博济医局开设医学堂，嘉约翰亲任校长，推行"行医""办学"两条腿走路的优化模式。嘉约翰与留英归国的黄宽在博济医学堂收徒授课。黄宽讲授解剖学、生理学和外科学，嘉约翰讲授药学和化学。《化学初阶》便是在这种情形下作为医学堂教材被翻译印行的。《化学初阶》源自《韦尔司化学原理与应用》一书，该书是《韦尔司科学丛书》之中的一种，《韦尔司科学丛书》初版于1858年，是当时美国流行的教科书。《化学初阶》

[1] 白寿彝，王桧林，郭大钧，等.中国通史：近代篇 11卷[M].上海：上海人民出版社，1999：342.

由嘉约翰口述、何嘹然笔译，1870年由博济医局出版。嘉约翰曾指出它是一本适合西医学生学习之用的化学教科书。何嘹然在《化学初阶》序言中写道："己巳（1869年）春，美国嘉医师讲学于广州。余得以日坐春风，备聆诸理。因请略为翻译，俾同学有所持循。先生欣然，特为授馆，自以口译，命余笔传。"[1]《化学初阶》全书四卷分三十五章，卷首有"化学提纲"，是我国最早出版的一部有系统内容的普通化学教科书。

【嘉约翰简介】

嘉约翰（1824—1901年），美国医生、传教士，推动了西医教育在中国的传播。1859年他在广州接手了中国最早的教会医院博济医局，1866年在博济医局开设医学堂，孙中山先生曾就读该校。嘉约翰医术高超，在广州行医半个世纪，一生中共为70多万名患者治疗，做过近5万次手术，培养了150多名西医，编译医学书籍34种，对中国的现代医学及教育贡献巨大，深受人们敬重。

何嘹然，咸丰年间为数不多的中国化学家，尽管在中国近代史上知名度不高，甚至在西学东渐的洪流中也没有显赫名声，但他的经历联结了化学东渐中的合信和嘉约翰这两个重要人物。何嘹然早年曾跟从英国医师合信学习西医，积累了不少关于医药和化学方面的知识和经验，这也正为他后来能够有机会与嘉约翰联袂译述奠定了坚实的基础。刚开始决定翻译《化学初阶》时，当时可供参考的资料及经验非常匮乏，作为笔述人的何嘹然，在许多专业字词的翻译上做了许多开创性的工作。"惟事当经始，命名固已维艰，且书拟便蒙，辞句不得不从乎显浅。"[2]何嘹然在《化学初阶》序言中的这句话，正是他当时在化学概念翻译定名这一问题上不断尝试与摸索的真实写照。

《化学初阶》全书共有四卷，介绍了64种化学元素。前三卷首页都是实验图片。第一卷有83幅图，第二卷有32幅图，第三卷有31幅图。第一卷共十五章，介绍氧、氢、氮、氯、碘、溴等14种非金属元素。第二卷共十九章，介绍了18种金属元素的性质及常见化合物，后附密度表和沸点表格。前两卷主要是无机化学部分，第三卷、第四卷所述内容与徐建寅和傅兰雅翻译的《化学分原》（蒲陆山著）类似，主要论述分析化学相关内容。

总之，《化学初阶》内容大致分两部分：一是近代化学的基本概念和理论；二是具体元素，介绍了64种化学元素。其在化学元素名称翻译上的贡献，得到后来化学界的肯定。但书中化学元素名称翻译多采用意译，新造字笔画较为烦琐，至今也只保留了三个。[3]

[1] 郭保章. 中国化学史[M]. 南昌：江西教育出版社，2006：437.

[2] 韦尔司. 化学初阶[M]. 嘉约翰，口译. 何嘹然，笔述. 广州：博济医局，1870.

[3] 王扬宗. 关于《化学鉴原》和《化学初阶》[J]. 中国科技史料，1990（1）：84-88.

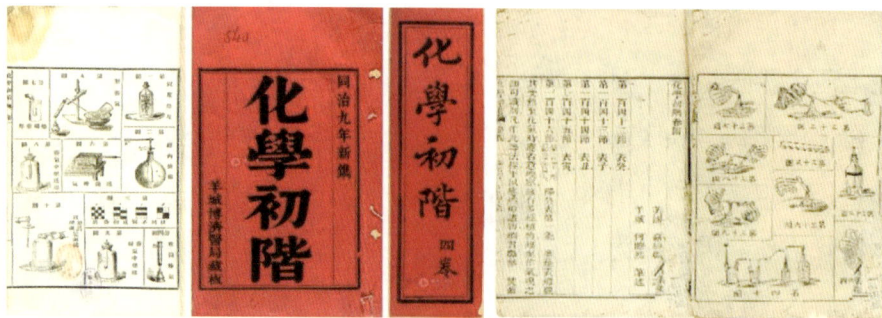

图1-2-6　嘉约翰口述，何暸然笔译，《化学初阶》，博济医局出版，1870年

1-2-7

图1-2-7　嘉约翰

三、江南制造局翻译馆出版的化学教科书

江南制造局翻译馆于1868年创办，属清朝官办翻译出版机构，简称翻译馆，附设于江南制造局。江南制造局由曾国藩、李鸿章奏准创办，最初设址在上海虹口，1867年扩大规模，遂迁至城南高昌庙。经徐寿、华蘅芳等人建议，由两江总督曾国藩奏请，江南制造局成立翻译馆，这是近代中国第一个由政府创办的翻译西书的机构。翻译馆先后聘请中外学者59人参加译书，其中外国学者9人，中国学者50人。英国学者有傅兰雅、伟烈亚力、罗亨利、秀耀春，美国学者有金楷理、林乐知、玛高温、卫理，日本学者有藤田丰八，中国学者有徐寿、华蘅芳、舒高弟、李凤苞、赵元益、徐建寅、郑昌、钟天纬、瞿昂来、贾步纬等人。

当时江南制造局翻译馆通行的译书方法是西译中述，即外国学者口译，中国学者笔述并润色。其翻译原则为：沿用中文已有名称；若无中文名称则创立新名；所创新名汇编成《中西名目字汇》。翻译馆自设印刷机构，印刷方法大多为雕版木刻，后采用活字版。纸张采用连史纸、赛连纸。

根据1909年翻译馆所编《江南制造局译书提要》的统计，该馆先后共译书170多种，1 000余册[1]，是中国近代译书最多、影响最大的翻译机构。其译书的具体内容有兵学、工艺、兵制、医学、矿学、农学、化学、交涉、算学、图学、史志、船政、工程、电学、政治、商学、格致、地学、天学、学务、声学、光学等方面。其翻译的化学书籍对我国近代化学的形成和发展起到促进作用。此外，江南制造局还开办机械学堂，建设了中国最早的铅室法硫酸厂，研制火药，主要从技术

[1] 乔亚铭，肖小勃. 江南制造局翻译馆译书考略[J]. 图书馆学刊，2015（7）：111-114.

层面为国人学习、应用化学知识提供了可能，为近代化学工业的发展起了巨大奠基作用，作出了开创性贡献。[1]

（一）傅兰雅、徐寿等人翻译的化学教科书

图1-2-8 傅兰雅

【傅兰雅简介】

傅兰雅（1839—1928年），英国人，圣公会教徒，翻译家。1861年来中国，在香港圣保罗书院担任院长一职。1863年，傅兰雅离开圣保罗书院，来到北京担任京师同文馆的英文教习，但其心中一直存在着传播基督教的想法。因此于1864年，他在担任京师同文馆教习的同时进入圣公会传教团进行传教工作。1865年，傅兰雅任上海英华书院首任院长。1868年，傅兰雅来到江南制造局翻译馆任职，其间向中国人介绍、宣传科技知识，承担译书工作。因此被传教士们称为"传科学之教的教士"。[2]

图1-2-9 徐寿

【徐寿简介】

徐寿（1818—1884年），字雪邨，江苏无锡人，中国近代科学技术先驱者、著名化学家、教育家、翻译家，是中国近代化学发展的启蒙者，中国近代造船工业的先驱。

1868年翻译馆在江南制造局内成立，徐寿主持馆务，并开始参加翻译工作。因徐寿不谙外语，因此多由傅兰雅口译，徐寿笔述。翻译内容涉及化学、物理、数学、医学、军事学、工艺学等多方面。从翻译的书籍来看，科技相关书籍最多，其中化学最为系统，有《化学鉴原》（无机化学）、《化学鉴原补编》（无机化学）、《化学鉴原续编》（有机化学）、《化学考质》（定性分析化学）、《化学求数》（定量分析化学）等多种书籍。其翻译的化学书籍从无机化学、有机化学、定性分析化学、定量分析化学等多方面向国人系统介绍了化学相关知识，对近代化学教育和化学发展起到了巨大推动作用。如在合译《化学材料中西名目表》时，针对元素符号，他在《化学鉴原》一卷二十九节"华字命名"中首创化学元素汉译名原则："西国质名字多音繁，翻译华文，不能尽叶。今唯以一字为原质之名。原质连书，即为杂质之名，非特各原质简明而各杂质亦不过数字该之。仍于字旁加指数，以表分剂名而可兼号矣。原质之名，中华古昔已有者仍之，如金、银、铜、铁、锡、汞、硫、

[1] 江家发，雍玉梅，徐龙胜，等.江南制造局在中国近代化学发展中的贡献[J].大学化学，2009，24（4）：66-70.
[2] 王扬宗.傅兰雅与近代中国的科学启蒙[M].北京：科学出版社，2000.

磷、炭是也；白铅一物，亦名倭铅，仍古无今有，名从双字，不宜用于杂质，故译西音作锌。昔人所译而合宜者亦仍之，如养气、淡气、轻气是也；若书杂质，则原质名概从单字，故白金亦昔人所译，今改作铂。此外尚有数十品，皆为从古所未知，或虽有其物，而名仍阙如，而西书赅备无遗，译其意殊难简括，全译其音苦于繁冗。今取罗马文之音首，译一华字，首音不合，则用次音，并加偏旁以别其类，而读仍本音。"其中，"原质"意为单质，"杂质"意为化合物。该节末尾还列出了64种元素的西名与华名的对应关系。《化学鉴原》中的化学元素汉译名原则为：中文中已有的名字，仍然沿用，譬如金、银、铜、铁、锡、求、硫等元素；某些元素无中文名字，则需要创立新名，即选取英文中的音节，在平常的华字外加偏旁构成新字，但仍读本音，譬如锌、钙等元素；养气、轻气、淡气等仍沿用前人所音译得到的名字；对于化合物的命名，就按照化学式进行命名；对于音译较为麻烦的元素，则采用罗马字的音首进行命名，同样可加偏旁构成新字。这一译法影响深远，为当时国人学习化学知识提供了可能，同时为我国化学界沿用至今，并被日本化学界借用。徐寿一生致力于科学事业，是我国近代化学的先驱。徐寿以对中国化学工业的探索和实践，被誉为"中国近代的化学之父"。

1. 《化学鉴原》

《化学鉴原》由傅兰雅和徐寿于1869年合作译成，是中国第一本无机化学教材，也是中国第一本近代化学理论教科书。《化学鉴原》初刊于1871年，由江南制造局刊印。该书与《化学初阶》都是以1858年英国人韦尔司著的《韦尔司化学原理与应用》为英文底本，但《化学鉴原》比《化学初阶》略为详细些。《韦尔司化学原理与应用》一书主要介绍了西方化学科学的最新成就，内容有三部分：化学原理、无机化学、有机化学。徐寿和傅兰雅首先合译了其中无机化学部分的内容，并将译本取名为《化学鉴原》。

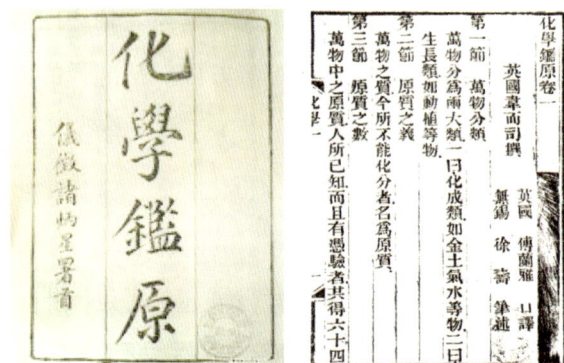

图1-2-10　韦尔司著，傅兰雅、徐寿译，《化学鉴原》，江南制造局出版，1871年

《化学鉴原》全书共六卷四册，主要介绍近代化学的学科体系、具体的元素知识、64种化学元素的系统命名及其重要化合物的发现史和制备方法，以及化学基本理论和基本概念等无机化学内容。书中所介绍的化学基本原理如物质不灭定律（后来的物质守恒定律）、道尔顿原子论、定比定律、变比定律等化学基本原理都对当时化学教育在中国的发展起了极大推动作用。

第一卷主要论述化学基本原理及元素符号，并在卷末附有元素命名。基本原理中介绍了物质组成及分类、化合定律、元素化合等内容，如卷中讲道："万物分为两类。一曰化成类，如金土气水等物；二曰生长类，如动植等物。"卷中还有如下表述："盖化合之理，其数自有一定之率者，若不以此定律，断不能尽成也。此率有三，各质化合必依此三率之一，其一，定比例；其二，加比例；其三，等比例。"可以看出卷中指出元素的化合遵循一定规律，即现代化学中的定比定律和变比定律。

第二卷主要内容为氧气、氢气、氮气、氯气、氨气等气体及水的相关性质及化合情况，气体名称在卷中以养气、轻气、淡气、绿气等出现。卷中出现了如下对水的描述："水不冷不热之时为流质，无色无臭无味。热至二百十二度为沸，冷至三十二度而冰。"需指出，"二百十二度""三十二度"皆为华氏温度。这表明，当时已经明确水在常温下为液态，无色无味，沸点是100 ℃，凝固点是0 ℃等相关物理性质。

第三卷主要介绍非金属相关知识，如碳、硫、碘、溴、氟等元素，此外还涉及硒、碲、磷等元素知识。第四卷至第六卷主要介绍金属元素相关内容，如锂、钠、钾、钡、铁等碱金属、碱土金属元素及相关重要化合物的性质。如卷中对氯化钠的描述："钠置绿气之中烧之，即成食盐，或用钠养、碳养，加以盐强水，亦成食盐。"此处介绍了制备氯化钠的两种方法，即钠在氯气中燃烧制备氯化钠，碳酸钠和盐酸反应制备氯化钠。可见卷中涉及了重要化合物的制备、物理性质、化学性质等内容。此外，第三卷和第四卷还介绍了玻璃、陶瓷等内容，书中还出现了部分无机化学实验所需化学仪器如酒精灯、量气管等。《化学鉴原》的知识分类和内容编排具有较强的逻辑性，难度相当于今高中一年级教科书水平。该书反映了当时的化学成就，在当时西学东渐历史中具有重要地位，为中国化学发展奠定了坚实基础。同时译著所体现的翻译过程中的精益求精、用心打磨的精神也值得我们学习。

该书第一卷第二十九节最后，译者编译了一张《中西名元素对照表》，这是我国近代化学译著中第一次出现此类对照表。韦尔司的原著中只列出62种元素名，徐寿和傅兰雅翻译时删去了已废用的两种元素，并补充了后来新发现的4种元素，即1860年发现的铯，1861年发现的铷、铊，1863年发现的铟。

傅兰雅和徐寿的翻译忠实原著，文笔较为流畅，名词界定较为合理，为国人系统学习化学基础知识提供了便利。因此影响较大，流传较广。同时译者在化学元素及物质命名方面作出了开创性努力，对中国近代化学的发展有积极的贡献，因而《化学鉴原》被称为我国近代化学教科书的善本。

此书是当时最具代表性的化学翻译著作之一，曾多次再版，除江南制造局本外，还有西学富强丛书本、化学大成本等多种版本，在我国流行三四十年，被各地书院、学堂采用为化学教材。

2. 《化学鉴原续编》和《化学鉴原补编》

《化学鉴原续编》和《化学鉴原补编》这两本书同样是由傅兰雅口述、徐寿笔译，分别介绍了有机化学和无机化学方面的知识，都是以蒲陆山在1875年出版的英文教材《无机与有机化学》为原本翻译的。

傅兰雅、徐寿鉴于《化学鉴原》的原著《韦尔司化学原理与应用》版本过旧，而且只译出无机部分，又恰逢他们得到蒲陆山最新版本的《无机与有机化学》（1875年出版），故二人开始着手翻译工作。《无机与有机化学》一书共671页，其中435~635页被傅兰雅和徐寿二人译成中文，属于有机化学部分。因先前出版的《化学鉴原》为无机化学部分，因此二人将此翻译部分命名为《化学鉴原续编》，该书于1875年由江南制造局出版，全书分二十四卷。此外，还有西学富强丛书本、化学大成本等版本。该书是我国最早的一部有机化学教科书，书中对有机物名词多半采用音译，系统介绍了有机化学的基础理论和基本知识，主要内容包括有机化合物的制备和性质，有机物的分馏法、蒸馏法以及有机分析方法、动植物的生长和死亡以及糖类、馒头、棉花、酒等日常生活用品中的有机化学知识等，内容比较丰富，比较贴近日常，适合当时中国学生学习应用。

《化学鉴原续编》开头写道："《鉴原》一书，厥分两大类，前书专论化成之物，如气质、流质、金石之类。是书专论生长之物，如草木飞走之类，故名《鉴原续编》，所以别前书也。"即开篇指出了《化学鉴原续编》与《化学鉴原》的区别。书中对有机化学的描述如下："化成类之质与生长类之质最难定其分界。因其质有相似之形者，又有相合而成者。故生物化学之本意，以动植两物之质，或从直路得之，或从绕道得之，或从化成生长二类之质合而得之，俱属生物化学。"[1]指出了化成类与生长类皆属于生物化学研究之列。

【蒲陆山简介】

蒲陆山（1831—1887年），英国人，曾师从伦敦皇家化学院著名的化学家霍夫曼教授，后任伦敦国王学院的化学教授。1854年，蒲陆山与阿拜尔合著《理论、应用及工业化学教程》。后来，蒲陆山单独修订此书，改名为《无机与有机化学》，并发行多版。

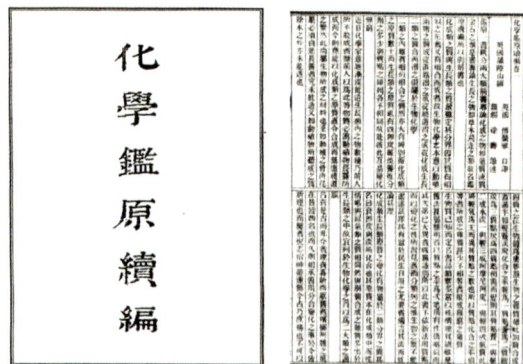

1-2-11

图1-2-11　蒲陆山著，傅兰雅、徐寿译，《化学鉴原续编》，江南制造局出版，1875年

在《化学鉴原续编》一书出版后，傅兰雅、徐寿为了追求化学体系的完整，决定将蒲陆山新著全部译出，于是二人于1879年将《无机与有机化学》中1~415页的无机部分译出，并命名为《化学鉴原补编》，以与《化学鉴原》一书区分。《化学鉴原补编》主要分类介绍各种元素及其化合物的性质与制备，内容比《化学鉴原》更为丰富，其元素分类更接近于元素周期律。译者还增补论述了新发现的元素镓及其化合物。但《化学鉴原补编》没有介绍当时新的化学理论。该书最先由江南制造局出版，后来有西学富强丛书本、化学大成本等版本。《化

[1] 台北市新文丰出版公司. 丛书集成续编：第81册[M]. 台北：台北市新文丰出版公司，1988：517.

学鉴原补编》全书分六卷并附一卷。第一卷主要介绍非金属类、养气、轻气及炭等元素的相关知识；第二卷主要介绍淡气、硼等元素及化合物性质；第三卷主要介绍氟、硫、溴、碘元素知识；第四卷主要介绍硒、碲、磷、砷等非金属元素性质，并附有非金属总论和盐类相关知识；第五卷主要介绍金属元素，诸如钾、钠、钡、钙等；第六卷主要介绍金属元素镓以及玻璃炼制、陶器、石灰等日常生活用品相关知识，附卷主要论述体积分剂。全书多处穿插设计实验装置图，图文并茂，有利于国人学习时更好理解应用。

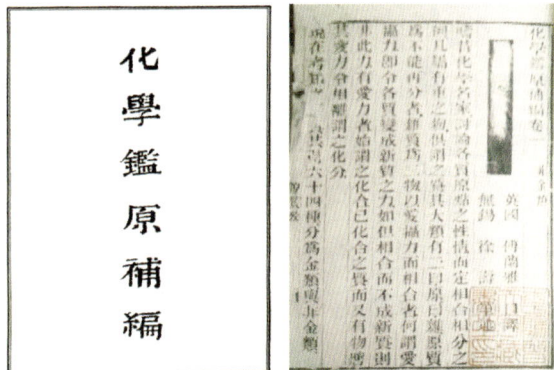

1-2-12

图1-2-12 蒲陆山著，傅兰雅、徐寿译，《化学鉴原补编》，江南制造局出版，1879年

《化学鉴原补编》一书有如下特点：第一，在一定篇幅内，按照元素周期表的族的逻辑、从非金属元素到金属元素的顺序来介绍元素性质。金属部分也是按照碱金属、碱土金属进行介绍。第二，关于无机物的制备实验等的论述中，附有实验图。书中写道："论金类、非金类各原质，阐发无遗。附卷论体积分剂，亦极精确，足以补《鉴原》之缺。"因此它可以弥补《化学鉴原》在无机化学知识内容上的缺漏。总之，《化学鉴原补编》是一本内容丰富、着重实验、重视实用的无机化学新教材。

3. 《化学考质》和《化学求数》

傅兰雅、徐寿二人除了翻译无机化学、有机化学教科书外，还翻译了两本分析化学教科书，即《化学考质》和《化学求数》。徐寿本人对分析化学极为推崇，认为它是"化学之极致"。在《化学考质》与《化学求数》的前言处都有一段徐寿的按语："考质求数之学，乃格物之大端，而为化学之极致也。能精熟焉，则凡天下庶物俱能详考其原质，而深求其准数。遂使法有证据，而理得显明。其纲领指趣，聿分前后，而条目工夫，胥备旧新。"该书指出：分析化学是化学学习的一个重要分支，对天下任何物质都应有法可循地详细考究它的定性、定量组成，即定性和定量分析化学，是整个自然科学的一大科目，是化学的最高成就。[1]

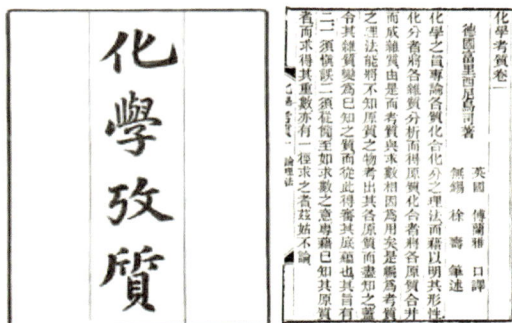

1-2-13

图1-2-13 富里西尼乌司著，傅兰雅、徐寿、徐建寅译，《化学考质》，江南制造局出版，1883年

《化学考质》和《化学求数》这两本译书的底本是世界著名分析化学家富里西尼乌司的两部名

[1] 汪丰云，蔡菊，杨必春，等.清末民初几本代表性化学教科书介绍[J].化学教育，2012（4）：76-78.

著。《化学考质》一书译自由约翰斯顿修订的1875年出版的英文版《定性分析化学导论》。约翰斯顿是早期著名英国化学家，同时是瑞典化学家贝采尼乌斯的学生。《化学求数》一书译自《定量分析化学导论》，《定量分析化学导论》德文第6版在1876年被英国化学家瓦切尔翻译成英文版。《化学求数》就是在此英文第7版的基础上由江南制造局1883年翻译刊出，后有西学富强丛书本、化学大成本等版本。

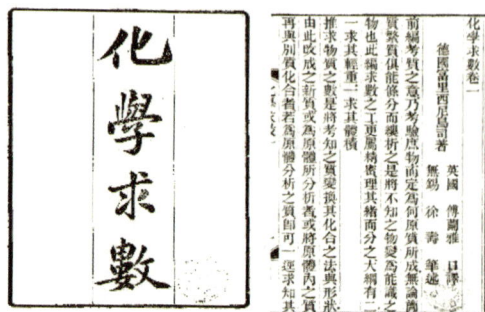

图1-2-14 富里西尼乌司著，傅兰雅、徐寿译，《化学求数》，江南制造局出版，1883年

傅兰雅、徐寿和徐建寅翻译的《化学考质》于1883年由江南制造局出版。全书共八卷，并设有附表。[1]32 卷一备器，卷二备料，卷三各质遇试药之变化，卷四相生之法，卷五特设之法，卷六附说，卷七化分生物之质，卷八习练化分各质之条例，附表各物质相溶性表。相比《化学分原》而言，《化学考质》中关于化学定性、定量分析的方法更为合理全面，因而是国人学习分析化学的必备书籍。

《化学求数》一书共十四册，十五卷，并附表一卷。书中内容相比《化学考质》更为详尽，譬如书中记载"数分二纲，一轻重，二体积求数。其求数亦为二纲，一求和合之质数，一求化合之质数。求数之法，就原质所分之数剖析求之易，举杂质所合之数比例求之难。所求愈精，所得愈准。无求数之法，则化分之事徒然。此书可为《考质》之续进一步工夫也"，指出了《化学求数》相比《化学考质》的进步之处，是一本学习定量分析化学必备的教科书。该书阐述了重量分析的新成就，解决了重量分析中的一系列复杂分离问题，其提出的千分之二的误差，与现在常量分析的要求基本相同。此外，该书还使用了沉淀法、缓冲溶液、金属置换反应、络合掩蔽剂等分析化学中的重要方法及试剂，并介绍了定量分析中严格的操作规程和实验方法。书中出现的这些分离方法、测定实验以及操作技术，至今大都仍被采用。因此《化学求数》在中国近代化学的形成中发挥了重要作用。[1]32-33

图1-2-15 傅兰雅、徐寿编，《化学材料中西名目表》，江南制造局出版，1885年

另外，在译书过程中，傅兰雅和徐寿通过对化学元素等名目的摸索、收集与创造，编录成了一部英汉化学词典《化学材料中西名目表》，全书共涵盖3600条化学名词及无机、有机化合物名词。[2]可见，傅兰雅、徐寿二人在我国近代化学发展中功不可没。

[1] 郭保章，梁英豪，徐振亚.中国化学教育史话[M].南昌：江西教育出版社，1993.
[2] 江家发，雍玉梅，徐龙胜，等.江南制造局在中国近代化学发展中的贡献[J].大学化学，2009，24（4）：66-70.

（二）傅兰雅、徐建寅等人翻译的化学教科书：《化学分原》

《化学分原》是中国翻译出版的第一本分析化学译著，本书由徐寿之子徐建寅和傅兰雅合译，1872年江南制造局出版，后有化学大成本、西学大成本。《化学分原》一书比徐寿译出《化学考质》《化学求数》要早10年。[1]

《化学分原》译自1866年出版的欧洲分析化学名著《实用化学及分析化学导论》，原作者是英国化学家包曼，后经英国人蒲陆山增订。此书初版刊行于1848年，后经七次修订再版，流传很广

《化学分原》全书共分为两本八卷十七章，内容主要包括定性分析和定量分析两方面，涉及定性和定量分析仪器的制作和使用方法，各种元素及一些重要化合物的定性和定量分析方法等，具体说明如下：

《化学分原》八卷内容中，前五卷是定性分析化学部分，主要介绍元素的分组、定性分析方法（焰色反应法、硼砂珠实验、酸碱指示剂法、氧化还原反应法、加热分解法）及利用这些定性分析方法从数十种物质中分析判别是否含某元素或某化合物的方法。第六卷属定量分析化学部分，涉及恒重法、溶液蒸发法以及各种定量分析仪器的使用、过滤方法（包括分析滤纸的叠法）、洗瓶使用、滤纸烧化等问题；主要介绍重量分析法的一般要求和基本操作方法，书中以多种化合物、混合物为例，具体介绍相应的化学分析方法。第七卷为化学工艺部分，介绍了常用试剂的性质、试剂纯度与所含杂质的检验方法以及用常用化学试剂制备所需化学试剂的化学工艺方法。第八卷是附表，列出了一些重要化合物的常用数据表和鉴定方法图表，如英国权量表、法国度量权表、金类结成表、化分表、盐类消化表、常见化合物不同比例溶液组成表、试验各质表、预备物质细目表等。《化学分原》中的大部分内容沿用至今，该书是一本研究学习定性、定量分析化学的基础教材。

图1-2-16 徐建寅

【徐建寅简介】

徐建寅（1845—1901年），字仲虎，清末科学家。中国近代化学启蒙者和造船工业先驱徐寿之子。受家庭影响，自幼热爱自然科学。曾在江南制造局做技术工作，与傅兰雅、金楷理等一同翻译西方科技书籍。1878年任驻德使馆参赞，考察德、英、法等国海军和机器厂、造船厂，开中国科学家出国考察之先河。1886年任金陵机器制造局会办，采用西法制成新式后膛招枪和铸钢。1889年维新变法时任农工商督办。后任福建船政局马尾造船厂提调，湖北省营务总办，保安火药局、汉阳钢药厂督办。1901年3月，在钢药厂与员工试制无烟药时，失事殉职，是中国近代牺牲在科研岗位上的第一位科学家。

[1] 吴又进.《化学分原》在中国的翻译和传播[D]. 合肥：中国科学技术大学，2009.

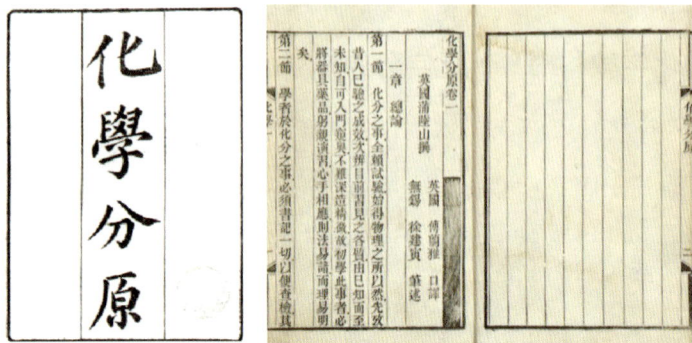

1-2-17

图1-2-17 包曼著，傅兰雅、徐建寅译，《化学分原》，江南制造局出版，1872年

著译作品颇丰，有《造船全书》《兵学新书》《化学分原》《水雷录要》《欧游杂录》等40余种。徐建寅多才多艺，在众多科技领域中都有所建树，是传播西方进步文化、翻译和引进西方先进科学技术的先驱。他为近代中国的造船事业、军事工业、化学工业及现代科学技术教育的创立与发展作出了贡献。

徐建寅与傅兰雅还努力钻研化学名词术语的翻译，不少概念、术语的译名都是他们首次提出的。《化学分原》的出版，标志着近代分析化学开始比较系统地被介绍到中国，同时为近代化工技术在中国的产生创造了条件，普及了化学知识。《化学分原》是中国近代化学领域的奠基性著作之一，为中国化学走上实验化学阶段奠定了基础。

《化学分原》堪称中国近代分析化学教科书的蓝本，在近代化学教育、分析化学名词、化学教科书的编写等方面产生了重大的作用和影响，是一部具有重要价值的分析化学教科书。

四、上海广学会出版的化学教科书：《化学卫生论》

《化学卫生论》一书属于生命化学教科书，由傅兰雅和栾学谦合译。《化学卫生论》英文原著名为"The Chemistry of Common Life"，可直译为《生命化学》。按照中国古代习惯，"卫生"即"养生"之义，所以傅兰雅、栾学谦二人将译本定名为《化学卫生论》。《化学卫生论》是中国近代生物化学（生命化学或生理化学）和近代营养学的滥觞，该书初版序言指出"卫生之道，阐发无遗蕴，阅者善之。历岁绵久，格致日精，此书间有与新理未合，化学家罗以司为理董，旧者易之，缺者补之"[1]，阐明了本书所论述的主要内容。

原著《生命化学》写于1850年，作者是英国化学家真司腾，真司腾是当时国际化学权威、瑞典化学家贝齐利乌斯的学生。该书后由英国化学家罗以司于1854年修订。译本《化学卫生论》由傅兰雅和栾学谦合译，上海广学会1879年出版。全书三十三章，从内容上看可分为六大部分：

第一部分包括第一至三章，主要讲述的是无机化学知识；第二部分包括第四至六章，主要介绍人类的天然食物资源；第三部分包括第七至十四章，主要叙述各种饮料和辅助性食品；第四部

---

[1] 季鸿崑. 《化学卫生论》的解读及其现代意义[J]. 扬州大学烹饪学报，2006（1）：18-25.

分包括第十五至二十三章，主要介绍成瘾嗜好品、毒品和它们的毒理作用；第五部分包括第二十四至二十八章，主要讨论化学物质的气味；第六部分包括第二十九至三十三章，主要讨论消化、呼吸、循环的原理。

总的来说，从西方科学发展史来看，化学学科与天文学、数学、物理等学科相比，其成型比较晚，传入中国的时间也晚于其他学科。可以说，在始于明朝的整个西学东渐的进程中，化学是最后传入的，直到晚清时期，人们常说的"数、理、化"三大科学体系才真正集齐。然而，化学的传入虽晚于数学、物理等学科，但它具备一种"后发"优势，按照西学由沿海向内地浸渗的轨迹，在广州、上海、北京三地同时发力，如博济医局、江南制造局翻译馆、京师同文馆等先后翻译的一批化学专著，如《化学入门》《化学初阶》《化学指南》《化学鉴原》《化学分原》等，系统地将近代化学的各个分支引入中国。这些根据19世纪中后期的西方化学专著和化学教材翻译出版的书籍构成了我国最早的一批化学教科书，[1]使化学迅速在全国范围内取得了较好的传播效果。

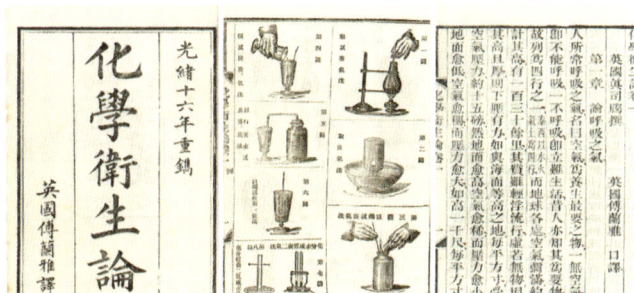

1-2-18

图1-2-18　真司腾著，傅兰雅、栾学谦译，《化学卫生论》，上海广学会出版，1879年

【广学会简介】

广学会是1887年英、美基督教新教传教士和外交人员、商人等在中国上海创立的出版机构。由1884年在上海设立的同文书会改组而成，1894年始称"广学会"。广学会含有"以西国之新学广中国之旧学"之意，目的在于宣扬殖民主义奴化思想，从而影响中国的政治方向。

广学会历年所出宣传神学及政法、史地、实业、理化等书多达2000种。所出报刊有《万国公报》《中西教会报》《女星》等。着意鼓吹改良主义，在晚清对维新派士大夫颇有影响。

【栾学谦简介】

栾学谦，字志让，山东蓬莱人，是中国近代化学教育史上的一个重要人物。早年就读于山东登州文会馆，文会馆是教会学校较早开设化学课程的学堂，栾学谦在其中接受了正规的、系统的、严格的数理化教育训练，毕业后到上海格致书院工作，与傅兰雅合作译书二十多年，是傅兰雅的得力助手。栾学谦不仅参与《格致汇编》的编译出版发行工作，而且参与格致书院的化学教学，是继徐寿、傅兰雅之后，格致书院学术造诣颇深的化学教师。他在格致书院创立了新的化学教学方法，为中国近代的化学教学作出了贡献。[2]

[1] 郭保章，梁英豪，徐振亚. 中国化学教育史话[M]. 南昌：江西教育出版社，1993：32-33.
[2] 汪丰云，丁多彪，顾家山，等. 中国近代史上化学教育家：栾学谦[J]. 化学教学，2011（4）：69-70.

第二节　西方化学教科书的引进

第三节
化学教科书的特点及意义

1840年鸦片战争后，中国开始由西方传入化学教育，在洋务运动期间，兴办矿业成为重要内容之一，催生了相关化学教育的发展。1867年后，京师同文馆开设化学课程；1879年，京师同文馆设立化学的专修班（汉文化学），招收了13名学生。京师同文馆开中国近代官办化学教育之先河，翻译了不少化学著作，引进西方化学知识，引领清末化学教育的开展。1874年，徐寿在上海创办了以宣传科技为宗旨的格致书院。徐寿是近代中国化学的开拓人，他编写的《化学材料中西名录表》是我国第一本英汉化学词典，他翻译的西方近代化学著作《化学鉴原》《化学鉴原续编》等将西方近代化学知识系统地引进中国。由于主办人徐寿擅长化学、重视化学，所以格致书院成为我国传播化学知识、实施化学教育的重要基地。此外，还有许多在清末开办的教会学校很早就开始从事科学教育。较早开设化学的教会学校有山东登州文会馆、上海圣约翰书院、苏州博文书院、杭州育英书院、南京汇文书院等。总的来说，此时的化学教育主要是新式洋务学堂和教会学校中讲授的普通化学知识和一些应用性化学工艺，设科、修业年限和课程内容等由学堂各自拟定，系统的化学教育还未形成，化学教科书相应地也打上那个时代的烙印。

一、化学教科书的特点

（一）全是翻译西方知名化学人士所写著作，力求化学教科书的权威性、科学性

现代意义的化学发轫于西方，近代的化学教科书也源自西方。我国近代化学教育的先驱所选化学教科书的原著作者大多是欧美当时著名的化学家或大学教授，原著大多是19世纪六七十年代出版的著名化学专著或流行甚广的大学化学教材，代表了当时欧美先进的学术水平。

例如，傅兰雅、徐寿翻译的《化学鉴原》源自韦尔司的《韦尔司化学原理与应用》。其原著作者是戴维·艾姆斯·韦尔司（1828—1898年），英国知名科学家，1850—1866年间曾担任过《科学发明年鉴》编辑。《韦尔司化学原理与应用》介绍了西方化学科学的最新成就，是美国当时流行的化学教科书，适用于专科院校、高级中学和单科大学。另外，《化学鉴原续编》和《化学鉴原补编》都是以英国当时知名的化学家、伦敦国王学院的化学教授蒲陆山1875年出版的英文教材《无机

与有机化学》为原本翻译的。还有《化学考质》和《化学求数》这两本教科书的原著是世界著名分析化学家、德国知名化学教授富里西尼乌司所著的两部名著《定性分析化学导论》和《定量分析化学导论》。

（二）化学各分支学科门类比较齐全，保证化学知识的完整性、系统性

这一期间，国内比较完整、系统地引入了西方近代化学的各个分支——无机化学、有机化学、定性分析化学以及定量分析化学等。例如：无机化学方面的教科书有《化学指南》《化学鉴原》《化学鉴原补编》等；有机化学方面的教科书有《化学鉴原续编》；分析化学方面的教科书有《化学分原》《化学考质》《化学求数》等；物理化学方面的教科书有《物体遇热改易记》；综合类的化学教科书有《化学入门》《化学初阶》等。总之，既有单一类的化学教科书，又有综合类的化学教科书引入国内，比较全面、系统地传播化学知识。

（三）化学教科书注重逻辑性、实用性、通俗性等

1. 教科书在知识安排上体现逻辑性

教科书的内容安排体现逻辑性、连贯性和系统性。一种是先总后分。以《化学鉴原》为例，其系统性体现在书中依次介绍了无机化学的基本知识、非金属元素知识和金属元素知识，基本采用"总—分"的形式，先介绍总括性基础知识，再介绍各分支的内容。如在介绍金属元素知识时，先总论"金类根源"及"金类分属"，后分论"碱属之金""碱主属之金""土属之金""贱金""贵金"等五种不同类别的金属元素。

另一种是先分后总。以《化学鉴原补编》为例，该书按照元素周期的族介绍元素的性质。如在介绍完氟、氯、溴、碘四元素及化合物后，还有一段关于四元素的综述；介绍了硫及其化合物、硒及其化合物、碲及其化合物以后，有一段硫、硒、碲的综述；在谈及磷及其化合物、砷及其化合物后，有非金属总论。再如，《化学入门》中对化学知识的安排为：化学基本理论→元素和化合物→有机化合物→总论。这样就能保证学生获得系统的化学知识。

2. 教科书在内容选择上强调实用性

在当时"师夷长技""救亡图存"的思想指导下，化学教科书的翻译大多数是以实用为目的。就《化学鉴原》而言，在将原本翻译过来时，也将其中除了理论知识之外的化学应用部分内容加入书中，如书中第二卷第一百一十五节《漂白各法》、第四卷第二百三十五节《制火药法》等都是对近代工业中制取化学产品的介绍。可见，《化学鉴原》在其内容的安排上，既有对无机化学理论知识的讲解，又有对无机化学知识实际应用的介绍。它这种将理论知识、化学实验与实际应用相结合的结构安排直接影响了19世纪70年代大量同时期化学译著的翻译，也对现代化学教材的编写产生了一定的影响。

3. 教科书在表达方式上注重通俗性、趣味性

教科书不同于一般的科学著作，它既是教本，也是学本。在表达方式上必须通俗易懂，同时也要有趣味，便于学生阅读。这一时期的教科书在这方面做了大量工作。

一是采用问答体的形式，便于学生理解化学知识。例如毕利干的《化学指南》和丁韪良的《化学入门》都是问答体。

二是在教科书里配置了大量插图和表格，增加学生的直观感知。如：嘉约翰的《化学初阶》共有插图146幅，傅兰雅、徐寿的《化学鉴原补编》有插图260幅，傅兰雅、徐寿的《化学求数》有插图186幅，傅兰雅、徐建寅的《化学分原》有插图59幅。傅兰雅、徐寿的《物体遇热改易记》介绍的实验和表格非常多，占去了超半数的著作篇幅。这些插图和表格直观、明了，便于数据查询和使用，非常有利于学生对化学知识的领悟。

三是编辑中西元素名称对照表，帮助学生理解化学知识。以徐寿和傅兰雅为例，由于化学是从国外引入，他们在初译化学教科书时，遇到的最大麻烦就是化学元素、名词、术语等均无字典可查，只能自己创造。他们在《化学鉴原》第一卷第二十九节"华字命名"中编译了一张《中西名元素对照表》，这在我国近代化学译著中首次出现。后来，徐寿和傅兰雅又编译了一本《化学材料中西名目表》，这是我国第一部化学化工英汉字典。徐寿和傅兰雅二人的开创性工作可以帮助学生很好地学习和理解化学知识。

（四）化学教科书翻译的方式、速度、主体均颇有特色

一是几乎所有的化学教科书的翻译方式都是由外国人口述、中国人笔译的，这是由当时中国的国情决定的。二是译本出版及时，最快的两年就能译出。这在当时资讯不发达、信息流通不畅、印刷条件落后（没有铅印，只能木刻印刷）的情况下，是非常不容易的。西方近代著名化学教科书及时引入中国，确保中国迅速了解西方化学学科的发展状况。三是形成了北京和上海两个化学教科书编译、出版中心——北京以京师同文馆为中心，上海以江南制造局和墨海书馆为中心。

当然，这一时期的化学教科书也有一些不足。例如：尚未按照学制以学年、学期分级分册，缺乏一些现代教科书的基本要素。梁启超在《读西书法》中曾对中国早期出版的化学教材有过评价："《化学鉴原》《续篇》《补编》《化学考质》《化学求数》……译出之化学书最有条理者也……广东所译《化学初阶》笔甚劣，几难索解，可不读。……《化学指南》《化学阐原》所定名如锰、锌等类，皆杜撰可笑。制造局之取罗马字母第一而加金石傍，以示识别，其精审不逮远矣，《阐原》等书译在《鉴原》之后，乃不从其所定名，以致不可读，亦译者之陋也。"[1]诚然，这只是梁启超个人的观点，未必完全正确。但从严格意义上讲，这一时期的化学教科书应被视作现代化学教

[1] 郭保章，梁英豪，徐振亚. 中国化学教育史话[M]. 南昌：江西教育出版社，1993：41.

科书的萌芽或雏形。[1]

二、化学教科书的意义

中国化学教科书发展是一个翻译、引进、移植、传播、吸收并促进西方化学知识中国化的综合创造的过程。化学教科书对普及化学知识、宣传科学思想、构建国人的化学文化体系等方面起到了重要的作用。

（一）推动了我国近代化学教育的发展

一门学科的发展并非按照该门学科的内在逻辑展开的，往往是与特定的历史条件和社会相联系的。影响一门学科发展的两个至关重要的因素：一是社会需求，二是大师取向。[2]鸦片战争后清朝要想摆脱落后挨打的局面，引进西方科学知识和技术成为一种历史的必然。洋务运动期间，大多有识之士都非常重视化学。有人认为"制造功夫，以算学为体、以化学为用"；有人认为化学应用范围非常广泛，因而"冠乎声学、热学、光学、电学之上"，甚至还有人认为"化学为诸学之根"。[3]可见清末实施化学教育的紧迫性。京师同文馆和江南制造局在中国率先翻译、出版化学教科书，应时代要求，推动了我国化学教育的发展。京师同文馆也成为我国近代化学教育的发源地。

（二）促进了化学知识在我国的传播和普及

洋务运动时期出版的化学教科书不仅在京师同文馆等洋务学堂使用，也比较广泛地在其他各个学堂，甚至包括经学堂使用。当时的书院学堂如上海的格致书院就采用《化学鉴原》为教材。1890年，格致书院举办第一次化学竞赛时，也将《化学鉴原》《化学分原》等书列为主要参考书目。另外，由梁启超等人创办的湖南时务学堂，其课程设有格算门，即让学生学习格算之学，其中包含了算、理、格物诸学，这些也就是今天所说的数学、物理、化学、地理乃至天文诸学科。在时务学堂《第一年读书分月课程表》中，梁启超将《化学鉴原》《化学鉴原续编》《化学鉴原补编》《化学分原》等书列为精读书目。众多学堂开设化学课程，使用化学教材，促进了化学知识的传播。

化学教育能使学习者开阔视野，明确化学的文化价值，洞察化学与社会的相互关系。以丁韪良的《化学入门》为例，该书所蕴含的化学知识不仅适合于学校教学，对提高广大民众的科学素养和化学知识的培养也有一定的影响。首先，丁韪良在《化学入门》里把西方的化学知识与中国古代的化学知识相联系，使中国读者有一种亲切感，拉近了读者与化学的距离。其次，丁韪良在《化学入

[1] 石鸥，刘学利. 跌宕的百年：现代教科书发展回顾与展望[J]. 湖南师范大学教育科学学报，2013（3）：28-34.
[2] 吴国盛. 走向西方近代早期科学史研究[J]. 中国科技史杂志，2007，28（4）：411-416.
[3] 赵匡华. 中国近代化学史[M]. 南宁：广西教育出版社，2003：34.

门》里紧密联系医学、农业和日常生活。一是论述了化学与医学的关系，二者关系密切，医学上许多治病的药物基本上都是由化学物质合成的。二是描述了化学与农业的关系，化学试剂能改良农田，使荒土变沃壤。三是证明化学与生命有密切联系，饮食、营养、氧气等与生活息息相关，化学在人们生活中无处不在。总之，《化学入门》不仅把化学知识传授给学生，更重要的是阐述了这些知识的生活价值和社会价值。可以说，化学教科书不仅有助于学生学习、接受、继续深造化学知识，也有助于对广大民众普及化学知识。[1]

（三）带动了化学人才的培养

一是培养了一批化学专家。最初的化学教科书由外国人口译、中国人笔译，这种独特的翻译方式，客观上促进了化学编译者的成长。何瞭然、承霖、王钟祥、徐寿、徐建寅、栾学谦、丁树棠、赵元益等人正是因为参与教科书的编译，才逐渐成长为化学领域的专家。

二是培养了一批化学人才。京师同文馆作为我国最早开设化学课程的官办学校，从1862年成立，到1902年并入京师大学堂，前后40年共招收学生500多人，其中不少在化学方面颇有建树。例如：同文馆的学生李景镐是我国最早的化学团体"中国化学会欧洲支会"（1907年在法国巴黎成立）的发起人之一，并担任该会临时会长。同文馆的学生吴匡时任该团体的临时会计。1915年，吴匡时首任我国最早成立的化学研究所"工业试验所"所长、北京大学教师等职。另外，1874年徐寿创办了格致书院，学院非常重视化学教育，入门之学即为化学。不仅如此，徐寿还建立了当时中国最大的化学实验室，促进了中国科技人才和实业人才的培养。

此外，化学教科书还助力革命事业的发展。1904年，蔡元培、章太炎和陶成章在上海创建光复会。1905年，该会成员俞子夷受命在上海设立秘密实验室试制炸药，他后来回忆说："当时我们只有一部江南制造局译印的《化学大成》作参考。"[2]徐寿等所译的《化学鉴原》《化学鉴原续编》《化学鉴原补编》《化学考质》《化学求数》《物体遇热改易记》《中西化学材料名目表》，加上徐建寅等翻译的《化学分原》，合称《化学大成》。《化学大成》比较系统地介绍了当时西方近代无机化学、有机化学、定性分析、定量分析、物理化学以及化学实验仪器和方法，在中国流行了三十多年，直到20世纪初期，它还成为革命团体试制炸药时的主要参考书。可以说，《化学大成》不仅促进了人才培养，还助力了推翻封建王朝的革命事业。

[1] 吴又进.《化学分原》在中国的翻译和传播[D]. 合肥：中国科学技术大学，2009.
[2] 郭保章，梁英豪，徐振亚. 中国化学教育史话[M]. 南昌：江西教育出版社，1993：37.

第二章

化学教科书的自主探索（1897—1911 年）

1897

随着西学东渐的逐步深入，中国传统封建儒学的价值观在西学的冲击下开始发生改变。"开眼看世界"成为中国知识分子开始觉醒的标志。

1894年的甲午中日战争，以天朝大国自居的清政府败给了日本，这一结果令全国上下感到无比震惊和耻辱。这场战争标志着洋务运动的失败，"成为中国近代民族觉醒的一个重要转折点"[1]。随后《马关条约》的签订，更是掀起了帝国主义列强瓜分中国的狂潮，中华民族的危机空前严重。这些打击激起了中华民族的新觉醒，传统价值观念中"德上艺下"的观点被逐渐抛弃，取而代之的是实业救国思想的兴起、对国家民族命运的担忧以及希望迅速变革改变现状的社会诉求。其中资产阶级维新派积极开展了维新运动，主张通过变法来挽救民族危机，企图将封建主义的中国引向资本主义的道路。

以康有为、梁启超为首的维新派人士认识到教育对国家兴衰的重要性，认为中国的衰败很大程度上在于教育的落后，救亡图存的关键在于振兴教育。梁启超说"变法之本，在育人才；人才之兴，在开学校。"[2]国家要富强，只实施局部的教育改革是不能奏效的，必须面向广大民众，推广普及新式教育。为此，维新派人士提出了一系列改革主张，办学会、办报纸、兴学堂等，以便为发展资本主义培养新型人才。与此同时，内忧外患的清政府为了维持自己的统治，在光绪皇帝的推动下，也在教育等领域开始了改革。

甲午中日战争的战败催生了社会的变革，同时也在很大程度上推进了近代化学教育的发展。1902年，清政府颁布的《钦定中学堂章程》规定在中学第三、四年开设化学课，正式确立了化学学科的课程地位。1904年颁布的《奏定中学堂章程》要求"化学当先讲无机化学中重要之诸元质及其化合物，再进则讲有机化学之初步，及有关实用重要之有机物"。随着新学制的实施，各级学堂如雨后春笋般建立，符合学制要求、学生认知规律与化学学科规律的新式教科书成为一时亟须。

总之，在维新运动的推动下，清末教育领域形成了一股废八股、变科举、改书院、兴学堂的潮流，推动了中国的教育由传统向近代过渡，从而确立了近代学制和近代课程体系。尽管维新运动遭到以慈禧为首的保守派的扼杀，但维新时期教育上的一些改革和主张被清政府接受，在其所谓的"新政"时期被重新实施。在这种背景下，化学教科书从翻译和引进逐渐转变为自主编写，尤其是民间自编的化学教科书，更是迎来了繁荣和发展时期。

---

[1] 戚其章. 中日甲午战争史研究的世纪回顾[J]. 历史研究，2000（1）：149-165.

[2] 李华兴，吴嘉勋. 梁启超选集[M]. 上海：上海人民出版社，1984：13.

第一节
化学教科书由翻译、引进向自主编写过渡

1898年的维新运动尽管只维持了103天，但它对中国教育的影响是巨大的。光绪皇帝接受了康有为《请饬各省改书院淫祠为学堂折》，清政府1898年7月下令，要求"将各省、府、厅、州、县现有之大小书院，一律改为兼习中西学之学校"。[1]全国各地的书院改为学堂，从而形成我国近代普通中小学及其课程体系的雏形。维新运动尽管失败，但新式教育发展的步伐势不可挡。仅在1901—1903年，全国各地涌现的公立学堂达860所，私立学堂89所。[2]新式学堂迅猛发展，学生人数大大增加，对教科书的需求量也大大增加。这时候仅凭翻译外国教材作为教学用书已难以满足学生的需求。因此，在江南制造局翻译馆等机构加大翻译、引进国外教科书的同时，一些有识之士开始尝试自编教科书，国内现代意义上的教科书开始出现。

一、西方不同类型化学教科书的翻译与引进

这一时期国内化学教科书的翻译不仅仅局限在无机化学、有机化学、分析化学等方面，还注意对其他分支化学教科书的翻译和引进。

（一）傅兰雅和徐寿的物理化学教科书《物体遇热改易记》

1899年，由傅兰雅口述、徐寿笔译、赵元益校录的《物体遇热改易记》由江南制造局出版。原著名为《由热引起的体积变化》，著者为乔治·福斯特，该书是19世纪下半叶西方重要的化学辞典。原著被瓦特斯收录在他所编的《化学及有关分支科学辞典》一书中。该辞典由朗曼-格林公司1875年在伦敦出版，以至江南制造局译书目录中将该书原著作者误认为是英国的瓦特斯。[3]

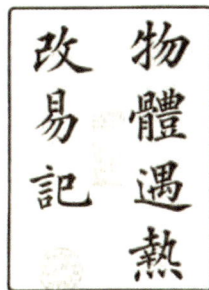

2-1-1

图2-1-1 福斯特著，傅兰雅口述、徐寿笔译，《物体遇热改易记》，江南制造局出版，1899年

[1] 朱有瓛.中国近代学制史料：第一辑 下册[M].上海：华东师范大学出版社，1986：454.
[2] 王建军.中国近代教科书发展研究[M].广州：广东教育出版社，1996：79.
[3] 王扬宗.江南制造局翻译书目新考[J].中国科技史料，1995，16（2）：3-18.

《物体遇热改易记》篇首没有绪言和凡例，共四卷。在第一卷"总说"之后，分别论述了气质、流质、定质"得热而胀之理"，第四卷为"物热胀大之公式"，分别叙述各种物质"遇热之胀数"。

该书还介绍了气体、液体和固体受热膨胀、气体定律、理想状态方程、绝对零度等理论和概念，详细罗列了19世纪70年代之前西方科学家研究液体、固体热膨胀率的实验结果和规律。主要介绍近代西方热学中的膨胀定律，探讨西方科学家测量固体、液体、气体的膨胀系数的方法、实验及结论，介绍

【乔治·福斯特简介】

乔治·凯里·福斯特（1835—1919年），19世纪英国著名化学家和物理学家。他早年在私立学校就读，后考入伦敦大学学院学习化学，大学毕业后，曾担任威廉姆森化学实验室助理。1858年，福斯特前往巴黎学习有机化学，师从著名化学家凯库勒。1865年返回伦敦大学学院任教，期间创建学生实验室，为本科生提供实验教学参考，在英国属首例。1869年，福斯特加入英国皇家学会，并担任两届学会副会长。1900年起，福斯特担任伦敦大学学院校长，是学院重建时期的重要人物。

了金属膨胀率的应用，推导了膨胀系数的中倍数公式。该书阐述物体受热时体积变化的规律属于物理化学的内容。虽然学术界公认物理化学学科正式诞生的标志是1887年《物理化学杂志》的创刊，原书1875年出版时，物理化学这门分支学科尚未正式诞生。但它在实际意义上是最早的一本通识物理化学的教科书。

总之，《物体遇热改易记》围绕气体、液体、固体的膨胀理论展开论述，无论在内容深度上，还是在研究方法及公式运用上，都远超同时期其他著作，是清末西学传播的重要成果。

至此，傅兰雅、徐寿先后完成了近代化学中无机化学、有机化学、分析化学和物理化学等四大基础分支学科的教科书翻译工作，比较完整、系统地引入了西方近代化学知识。

（二）傅兰雅和汪振声翻译的化工教科书《化学工艺》

1898年，由傅兰雅和汪振声合译，《化学工艺》由江南制造局出版，它是清代出版的大型化工教科书。[1]原著作者是英国的能智，毕业于海森堡大学，获博士学位，后在德、英化工界任碱厂厂长、化学师等职，1876年任瑞士苏黎世工业大学化学教授，他所著硫酸及制碱著作受到欧洲各国的重视。

该书的特点为"是书分为三要义：一论造硫强水与碱类漂白粉所需之料。或为生料，或为造成之料，俱从近时新出书内择出，令看书之人由此一书尽堪备用，不必另查它书。二论化学之理与法。凡此种工艺内所有切要之理法无不备载，便于学徒及制造之人从此可考究。三凡书中论列各法及器具皆所习用及见之别厂者，能详阅是书可不必各处于此事已能洞明"。[2]

[1] 王红霞. 傅兰雅的西书中译事业[D]. 上海：复旦大学，2006.

[2] 能智. 化学工艺[M]. 傅兰雅，汪振声，译. 上海：江南制造局出版，1898：序言.

该书共分三集，其中初集四卷共十九章，主要论述硫酸工业；二集四卷共二十三章，论述盐酸工业和勒布兰制碱法；三集二卷共十三章，主要介绍19世纪60年代新发展起来的索尔维氨碱法制碱工艺，并论述了漂白粉的制造。该书内容非常丰富，它的出版使中国学者得以及时了解当时西方化工方面最新的科学及工艺知识。

（三）秀耀春和范熙庸翻译的农业化学教科书《农务化学问答》

《农务化学问答》是1899年江南制造局初版，英国传教士秀耀春和范熙庸合译的农业化学教科书[1]。所据底本为英国著名农业化学家约翰斯顿在1842年著的《农业化学及地质学问答》。约翰斯顿被称为"英国的李比希"，傅兰雅将他译成真司腾，秀耀春则将他译成仲斯敦。

此书的编写很有特色，采用问答体方式，语言通俗易懂，共23章439问。巧妙地把科学理论知识和实际资料结合起来。以系列问题将知识层层深入、环环相扣，系统性和逻辑性很强。在问题之后常补之以化学实验演示以验证所述观点，并附以实验设备插图，简便易行。且书中内容与当时我国的农业生产和社会实际联系紧密，可以说它是一部很成功的农业化学方面的教科书。此书以问答的形式深入浅出地论述了农业化学的基本原理及其实际应用，首次将西方农业化学

【汪振声简介】

汪振声，字绍棠，又字筱村，号古棠，江宁府六合人。幼年时期，由于太平天国运动而家遭丧乱。17岁时父亲去世，跟随业师曹士鹤赴陕西游学。后来入职冯焌光主持的江南制造局。短暂的停留后，因"与同事者不合辞去"，辅助沅陵吴大廷训练水师，操练轮船。1886年左右，汪振声重返江南制造局，在之后十多年里主要从事翻译笔述、校订、编辑西方科技书籍工作。在翻译馆中，他先后与英国人傅兰雅、美国人卫理、日本人藤田丰八等外籍人士合作翻译西学书籍，主要承担其中笔述工作，个别著作兼顾编辑及校订，参与翻译的西学著作主要涉及法律、化学、农学、工程、外交等学科。汪氏屡述西学，先后翻译《公法总论》《化学工艺》等近20种西学书籍[2]，流传广泛，影响深远，对于近代以来西方科技知识普及、思想启蒙作出了贡献。

【秀耀春简介】

秀耀春（1851—1900年），英国内地会和大英浸礼会教育传教士。初入内地会，1876年与德治安结伴来华，游行布道于苏皖鄂。一度转驻河南。1881年脱离内地会，返回英国。1883年改隶大英浸礼会，奉派至山东即墨布道，先后转驻青州和济南。1892年因与公会意见不合而辞职，转赴美国，传播中国历史、信仰、哲学等问题。1897年只身返华，在上海江南制造局翻译馆任编译。1898年应邀赴北京，就京师大学堂英文教习职。[3]

[1] 潘吉星. 清代出版的农业化学专著《农务化学问答》[J]. 中国农史，1984（2）：93-98.
[2] 王扬宗. 江南制造局翻译书目新考[J]. 中国科技史料，1995（2）：3-18.
[3] 中国社会科学院近代史研究所翻译室. 近代来华外国人名辞典[M]. 北京：中国社会科学出版社，1981.

第一节　化学教科书由翻译、引进向自主编写过渡

新成果及理论原理传入中国，开创了农业化学之先河。[1]

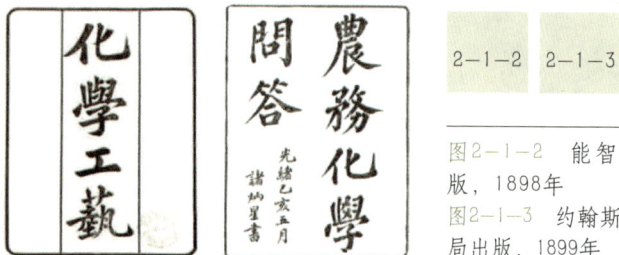

图2-1-2　能智著，傅兰雅、汪振声译，《化学工艺》，江南制造局出版，1898年

图2-1-3　约翰斯顿著，秀耀春、范熙庸合译，《农务化学问答》，江南制造局出版，1899年

二、日本化学教科书的翻译与引进

（一）翻译日本教科书的背景和情况

19世纪90年代中后期直到辛亥革命前后的数十年，是中国人游学日本的繁盛时期。不论是青年留学还是官民"东游"，从资料记录来看，当时日本对于中国的影响中教育占据了重要的地位。效法日本教育从而改造中国教育，以达挽救国运、强国富民，是清末师日浪潮最直接的"功利"目的。对于日本教育的移植和模仿，推动了中国旧教育向新教育的更新。此过程一方面依靠教育制度体系的确立，另一方面则依靠近代教科书的诞生。在这样翻译日语书籍盛行的时代，化学教科书当然也不例外。

1900年前后，我国开始大量翻译出版日本的科学技术书籍，其中包括不少化学著作和教科书。与之相应，出现了许多从事日文翻译的译书机构和科学组织。清末期间，译自日本的化学书的印刷量和使用者要远远多于江南制造局等在洋务运动时期的译书。其原因在于：

（1）甲午战争的惨败使国人意识到，日本对西方的学习是卓有成效的。西方的各种学术著作，日本都有译本。日本的文字源于中国，由于中日两国的渊源颇深，文字相近，翻译日本的书籍比翻译西方的书籍要方便、省时、高效得多。清末重臣张之洞曾在《劝学篇》中指出："大率商贾市井，英文之用多；公牍条约，法文之用多；至各种西学之要者，日本皆已译之，我取径于东洋，力省效速，则东文之用多。……若学东洋文，译东洋书，则速而又速者也。是故从洋师不如通洋文，译西书不如译东书。"[2]

（2）因为学校化学教科书需求量大大增加。清末新学制（即"癸卯学制"）的颁布，对在中学开设化学课及教授化学内容作了相关规定，各类学堂迫切需要化学教材。1905年废除科举制后，新成立的清朝学部（相当于今天的教育部）坚决支持采用根据日本科学体系编写的教科书来开展科学教育工作。因此，大量的日本科学教科书被翻译过来，成为中国各级学堂使用的新教材。

[1] 汪丰云，蔡菊，杨必春，等. 清末民初几本代表性化学教科书介绍[J]. 化学教育，2012（4）：75-78.

[2] 熊月之. 西学东渐与晚清社会[M]. 上海：上海人民出版社，1994.

表2-1-1所示为19世纪下半叶到20世纪初我国翻译外文书籍数量的变化。

表 2-1-1　19 世纪下半叶至 20 世纪初我国翻译外文书籍不完全统计表 [1]

年代	总计	日本（百分比）	英国（百分比）	美国	法国	德国	俄国	其他
1850—1899年	567种	86种（15.2%）	286种（50.4%）	82种	13种	29种	2种	69种
1902—1904年	533种	321种（60.2%）	57种（10.7%）	32种	17种	24种	4种	78种

通过表2-1-1，我们可以看到：19世纪下半叶50年里，我国翻译国外书籍有567种，主要译自欧美，其中约一半译自英国；而20世纪初期仅三年，我国就翻译了外文书籍533种，一半以上译自日本。其中，翻译自日本的书籍由86种上升到321种，所占比例由15.2%上升到60.2%；而翻译自英国的书籍由286种下降到了57种，所占比例由50.4%下降到10.7%。翻译自美国的书籍也由82种下降到32种。数据变化的背后，反映了我国当时对外国书籍的翻译上，日本已取代英国成为主流，翻译日语书籍在当时是一种便利和时尚。

1886—1901年，日本出版了12种中学化学教科书，中国翻译了其中6种。1902—1911年，日本出版了18种中学化学教科书，其中5种被译成汉语。[2]留日学生逐渐成为翻译出版日文书籍的主力军。如范迪吉等翻译的《普通百科全书》（1903年），其中包括《有机化学》《分析化学》等化学书籍，何燏时翻译的《中等最新化学教科书》（1904年），王焕文编译的《最新记忆化学方程式》（1905年）等。[3]这些化学教科书多为中学和师范学校所用（表2-1-2）。

表2-1-2　留日学生翻译的主要化学图书[4]

出版年	书名	原著者	（编）译者	出版者	卷数
1902年	《化学实用分析术》	山下协人	虞和钦、虞和寅	科学仪器馆	1
1903年	《有机化学》	龟高德平	范迪吉	会文学社	1
1904年	《中等最新化学教科书》	吉田彦六郎	何燏时	清国留学生会馆	2
1905年	《最新记忆化学方程式》	—	王焕文	清国留学生会馆	1
1905年	《中等化学教科书》	小藤雄次郎	余呈文	湖南作民译社	1
1906年	《一日之化学界》	山田文太郎	经亨颐	新学会社	1
1906年	《中学化学教科书》	龟高德平	虞和钦	文明书局	1
1907年	《近世化学教科书》	池田菊苗	虞和寅	科学仪器馆	1
1907年	《普通化学教科书》	原田藤堂	钱承驹	文明书局	1
1908年	《中等化学》	—	薛凤昌	宏文馆	1
1908年	《无机化学讲义》	藤本理	范迪吉、张观光	均益图书公司	1

[1] 王晓秋. 近代中日文化交流史[M]. 北京：中华书局，1992：415.
[2] 艾尔曼. 中国近代科学的文化史[M]. 王红霞，姚建根，朱莉丽，等译. 上海：上海古籍出版社，2009：207.
[3] 张培富. 海归学子演绎化学之路：中国近代化学体制化史考[M]. 北京：科学出版社，2009.
[4] 江家发，邵甜甜. 晚清化学图书翻译出版的特点与走向[J]. 大学化学，2011，26（6）：81-86.

第一节　化学教科书由翻译、引进向自主编写过渡

（续表）

出版年	书名	原著者	（编）译者	出版者	卷数
1908年	《有机化学讲义》	藤本理	范迪吉、张观光	均益图书公司	1
1909年	《最新化学教科书》	龟高德平	陈家灿	群益书局	1
1910年	《定性分析》	山田董	谢佑生	群益书局	1
1911年	《最新化学实验教科书》	高松丰吉	张修爵、彭树滋	抱记图书馆	1

1. 何燏时翻译的《中等最新化学教科书》

《中等最新化学教科书》由日本的吉田彦六郎编、何燏时译，清国留学生会馆1904年刊印。

该书分为两卷。上卷为无机化学，共35章。具体是：第一章，物质及能力、物质之变化、燃烧；第二章，化合与分解、化合物及混合物；第三章，空气；第四章，物质及能力之不灭；第五章，酸素；第六章，水、水之组成；第七章，炭素之酸化物、炭素之循环；第八章，窒素、窒素与水素及酸素之化合物；第九章，盐化水素酸、盐素、王水；第十章，气体之通性及方程式；第十一章，元素、化合物之式、化学方程式；第十二章，物质之构成、原子量、化合物之法则、分子量测定法；第十三章，实验式、原子价、当量；第十四章，构造式、示性式；第十五章，溶液、结晶、溶液之凝点及沸点；第十六章，渗透压、离解、逆反应、反应之速度、化学之平衡；第十七章，成盐素元素及其化合物；第十八章，硫黄族元素及其化合物；第十九章，酸类、盐基类、盐类；第二十章，磷族元素、磷及其化合物、砒素及锑素；第二十一章，炭素、燃料、发火点、焰；第二十二章，炭化水素及炭素

【何燏时简介】

何燏时（1878—1961年），字燮侯，浙江诸暨人。1897年入浙江杭州求是书院上院，肄习中西实学，为该院的首届学生。1898年底，公费赴日本留学，为各省派遣学生赴日本留学之首途。经过日语和科技知识的补习，于1902年考入东京帝国大学采矿冶金系。1905年毕业，获工学士学位，为最早毕业于日本的大学并获学士学位的中国留学生之一。1906年春归国，受聘为浙江矿务局技正。1906年冬，调任学部专门司主事兼京师大学堂教习。1907年迁任学部员外郎，赴日本考察大学教育制度、高校建筑和各种设施。归国后，力主京师大学堂筹办分科大学，任新校舍建筑主任，主持德胜门外新校舍的建筑工程。1913年1月受命接任北大校长。[1]

【清国留学生会馆简介】

日本自明治维新以后，在科学、教育、文化等方面都取得了长足的进步。广大中国知识分子纷纷主张效法日本，作为中国学习西方救亡图存的一条捷径。因此20世纪初，出现了大批中国学生涌向日本留学的热潮。在此情形下，留日学生应招待新生与团结学界的现实需求，在清政府在日官员的支持下，沿用中国传统同乡会馆形式，于1901年10月在东京建立第一个留日学生集体组织——清国留

[1] 顾明远. 中国教育大系：历代教育名人志[M]. 武汉：湖北教育出版社，2015：596.

051

与窒素之化合物；第二十三章，热化学；第二十四章，硅素及其化合物、硼素及其化合物；第二十五章，金属及其分类；第二十六章，金属之通性；第二十七章，金属化合物之电解；第二十八章，亚尔加里金属及其化合物；第二十九章，亚尔加里土金属及其化合物、试配克脱朗分析；第三十章，铜族元素及其化合物；第三十一章，亚铅族元素及其化合物；第三十二章，铝素及其化合物；第三十三章，锡、铅、苍铅及其化合物；第三十四章，铬素、锰素及其化合物；第三十五章，铁族元素及其化合物、白金。

下卷为有机化学，共12章，具体是第三十六章，有机化学、有机学之成分及其分析法、炭化水素之种类；第三十七章，石油；第三十八章，拍刺芬系炭化水素之成盐素诱导体、亚尔科儿类；第三十九章，以脱类、亚尔台西特类、酸类；第四十章，脂肪酸、爱斯透、油及脂肪类、石碱；第四十一章，多盐基有机酸类；第四十二章，糖类、舍鲁罗斯属；第四十三章，拍刺芬系炭化

学生会馆。清国留学生会馆为来自不同地域和学校的留学生提供了一个相互认识和交流的平台，并成为中国学生在日本的活动策源地和公共事务领导核心。1905年，会馆改组成为中国留学生总会。会馆是留学生的会议场所，也是留学生的一个出版中心。后来，随着形势和政策的变化，会馆走向衰落。[1]

【教科书译辑社简介】

1902年，留日学生陆世芬、雷奋等人在东京成立以出版编译中学教科书为主的教科书译辑社。旨在编译中学教科书供各省学堂采用。曾编译《代数学》（上野清著）、《平面三角学》（菊池大麓著）、《初等几何学教科书》（长泽龟之助著）、《中等物理教科书》（水岛久太郎著）、《物理学教科书》（本多光太郎著）、《中等最新化学教科书》（吉田彦六郎著）、《中等万国地理》（矢津永昌著）、《中等植物教科书》（三好学著）等，均为中学堂采用。[2]这些译自日本的学校教材填补了这一时期我国学堂自编教材的不足，直接推动了学校教材编写的历史进程，在中国近代学校教材史上占有一定的历史地位。

2-1-4　2-1-5

图2-1-4　吉田彦六郎著，何燏时译，《中等最新化学教科书》，教科书译辑社出版，1907年
图2-1-5　何燏时

[1] 宁金苑. 清国留学生会馆研究[D]. 武汉：武汉大学，2018.
[2] 吕顺长. 清末浙江籍早期留日学生之译书活动[J]. 杭州大学学报（哲学社会科学版），1996（2）：152-158.

水素之亚莫尼亚诱导体；第四十四章，盆纯系之炭化水素及其诱导体；第四十五章，退儿烹油、橡皮、樟脑、薄荷精、靛青；第四十六章，亚尔加罗以特类；第四十七章，蛋白质。

该书共有插图36幅，附元素周期表。该书有多个版本，有1904年清国留学生会馆出版的，有1907年教科书译辑社出版的。

2. 虞和钦与虞和寅翻译的《化学实用分析术》

《化学实用分析术》由日本山下协人编，虞和钦、虞和寅合译，科学仪器馆1902年刊印。

该书分三篇，上篇为分析准备，中篇为定性分析，下篇为定量分析。据原作者说明，此书参考了英国化学家马斯·索普的《定性分析》（1873年出版）和《定量分析》（1874年出版）。

该书主要介绍"实用上必不可少者"（如普通矿物、土壤肥料、重要的饮食等）的简明化学分析方法。其绪言称："分析术者，分析各物质而究其性情也，其术最难，非经验多年，易生错误。是编……虽未能造及精微，然在初学，则如斯可矣。"[1]另外，《分析法准备》一书特对他此前引介的"某化某式"无机化合物命名法进行推广。虞和钦注重科学名词中国化、普及化学基本知识之目的，在此体现得非常明显。

图2-1-6　虞和钦

3. 虞和钦翻译的《中学化学教科书》

《中学化学教科书》（文明书局1906年出版）是虞和钦在日本留学时所翻译的教科书，该书原著者龟高德平，先后在日本东京高等师范学校、东京帝国女子医学专门学校任化学教授，是"以编辑中等化学教科书著名的化学家"。虞和钦在翻译时，亦对原书部分内容进行删减、改写，以切合中国实际。

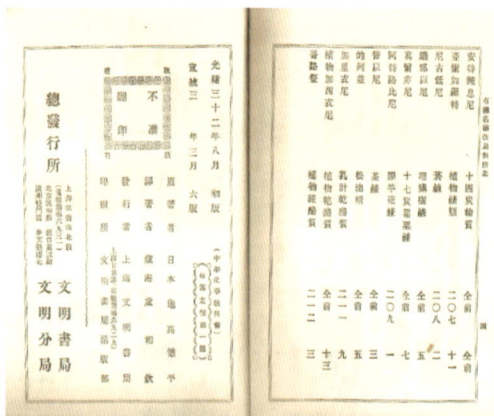

图2-1-7　龟高德平著，虞和钦译，《中学化学教科书》，文明书局出版，1906年

《中学化学教科书》全书共有三编四十一章，分别为"化学本论及非金属"（二十章）、"金属"（九章）和"有机化学"（十二章）。此书"原本为日本化学教科书中最新、最完全者"[2]，

[1] 山下协人. 化学实用分析术：第一编[M]. 虞和钦，虞和寅，译. 上海：科学仪器馆，1902：3.

[2] 龟高德平. 中学化学教科书[M]. 虞和钦，译. 上海：文明书局，1906.

尤以有机化学为重，虞和钦也认为非常适合我国学生，故翻译时一切章段仍循原书之旧，只是对其少部分内容略加增删。例如，记载工业的内容，凡是追述日本古法的地方，都稍作增改；第二编记述金属矿物的地方，大多附记日本产地，翻译时本应列出我国产地，而当时我国还没有调查矿产情况，因此略去。书中无机物名称，均根据虞和钦本人的《化学定名表》所定。书中有机物名称，初版俱依照傅兰雅和徐寿的定名，其未译者，则新译；再版时，虞和钦所撰的《有机化学命名草》已问世，因此书中有机物凡是在《有机化学命名草》有命名的，都改过来，如果没有命名的则依旧。而此时无机物中也有少数改成了新名称，因此在修订版后附有"无机名称改易对照表"和"有机名称改易对照表"，以方便读者查阅。[1]

该书内容安排合理，从简单的常见物质空气和水开始，系统介绍无机元素及其化合物，其间穿插化学基本概念（燃烧、氧化、元素、化学符号）和基础理论（分子—原子论、质量守恒定律、定比定律、倍比定律、气体定律、溶液与电离理论）。在此基础上继续讲金属及其化合物的性质，涉及多种过渡元素，最后以元素周期律作为总结。有机化学部分则将芳香化合物单列，除常见基本有机物类别外，还介绍了腈、尿素等含氮衍生物及生物碱、樟脑等天然产物。[2]

总之，该书编辑完善，体例新颖，对化学名称、专门术语的翻译、处理也较为成功，因此可读性强，从而受到当时广大师生的青睐，在当时是一本非常优秀的中学化学教科书。

此外，当时译自日本的化学教科书还有龟高德平编写的《最近普通化学教科书》（长沙三益社出版，1906年）、《新体普通化学教科书》（文明书局出版，1908年）；吉田彦六郎编写的《化

【虞和钦简介】

虞和钦（1879—1944年），字自勋，浙江人，20世纪初传播西方近代化学的开拓者之一，著名化学家。1905年东渡日本，留学东京清华学校及帝国大学理科（化学科），毕业回国后曾任翰林院检讨、学部图书局理科总编撰，山西省、热河省教育厅厅长等职。他是最早向国内读者介绍俄国化学家门捷列夫元素周期律的学者，也是制订我国有机化合物系统名称的第一人。1901年与虞辉祖、钟观光等创建了中国人自办的第一个科学仪器馆，1903年该馆开办了我国最早的综合性自然科学刊物《科学世界》。

虞和钦著有《和钦全集》，化学或与化学相关的著作有《化学三字经》《有机化学命名草》，译著有《化学讲义实验书》和《中学化学教科书》，还与其弟虞和寅合译过《化学实用分析术》《近世化学教科书》《生物之过去未来》《生理学教科书》《矿物学教科书》《岩石学教科书》等。著名化学史家袁翰青院士在所著《中国化学史论文集》中称其是"我国近代化学史上值得纪念的学者之一"。[3]

[1] 王细荣. 近代化学本土化的推进：虞和钦编译的化学教材述评[J]. 化学教育, 2016, 37 (19)：77-81.
[2] 郭震. 变革时代中的科学启蒙：近代中国化学教科书的历史沿革[J]. 科普研究, 2017 (1)：86-93.
[3] 顾家山，汪丰云. 中国近代化学传播的开拓者：虞和钦[J]. 化学教育, 2013, 34 (1)：94-96.

学新教科书》（商务印书馆出版，1905年）、《中等新撰化学教科书》（商务印书馆出版，1908年）；大幸勇吉编写的《最新化学教科书》（文明书局出版，1906年）、《中等近世化学教科书》（商务印书馆出版，1908年）、《近世化学教科书》（翰墨林书局出版，1911年）；滨幸次郎、河野龄藏编著的《中等教育化学矿物教科书》（普及书局出版，1905年）、《最新初等化学矿物教科书》（文明书局出版，1907年）；原田藤堂编著的《普通化学教科书》（文明书局出版，1907年）等。据统计，清末时期，我国78%的化学教科书翻译自国外，除两种美译本外，其余均翻译自日本教科书。[1]

其中由日本吉田彦六郎著、何燏时译的《中等最新化学教科书》是"癸卯学制"颁布后第一本较有影响的译日中等学校化学教科书。从出版背景发现其是效法日本教育的产物，内容体系意在传递给学生较完备的化学知识，化学名词术语翻译趋向标准化。清末至民初的教科书是一个"汉译日书的时代"，汉译日本教科书为中国人自编教科书带来启发。因此研究此教科书的内容体系、术语、特色等，可以窥探我国清末时期译日化学教科书的状况，了解其对我国中学化学教科书编写的贡献与影响。

清末是我国化学教育体系创立及中学化学教科书创生的关键时期，该时期为我国化学课程的形成及发展添上了浓墨重彩的一笔。我国化学课程通过该时期的摸索，在中学化学教科书的编写上有了长足的进步。清末译日化学教科书促进了当时代表世界先进水平的化学知识在中国知识分子之间的传播，开阔了国人的眼界及引起了国人对科学的向往，使我国化学教材的编制上了一个新台阶。[2]

（二）译自日本化学教科书的特点

在国人自编教科书前，市场上大致有两类教科书：一种译自欧美，特点是专业度高、知识深难，适合大学水平；另一种是译自日本或经国人加工改编，但由于不加筛选，加工粗劣，通常质量不高且日语口语化重，文化殖民色彩强烈。经过国人不断努力和探索，我国教科书的发展经历了从无到有，从拿来主义到国人自编，从荒芜贫瘠到质量上乘的过程。无论是对于化学学科本土化、科学教育普及还是教科书发展都具有里程碑的意义。这些译自日文的化学图书较之更早的在洋务运动中翻译的英美化学书，有如下特点：

1. 内容较新颖，表述较准确

江南制造局的译书主要完成于1880年之前，其反映的化学知识水平基本上还停留在19世纪中叶。而1900年前后译自日本的化学教科书，尽管其翻译水平有待提高，但是其内容都达到了当时西方同类化学读物的知识水平，同时对于基础的科学概念和规律，表述得比较准确。

[1] 郭震. 近代中国化学教科书的出版与内容特点分析[J]. 课程·教材·教法，2014（2）：99-105.
[2] 江家发，杨盼. 晚清时期译日化学教科书述评：以1907年版《中等最新化学教科书》为例[J]. 化学教育（中英文），2021，42（5）：104-112.

2. 通俗易懂、可读性较强

译自日本的化学教科书，由于全部是由中国人编译的，这些教科书比先前那些由西方人和中国人合作翻译的书籍更容易阅读和理解。中国人在翻译日本化学书时，一方面大量借鉴日语中的汉字译名，同时由于译者大多通晓日文，对原书理解得比较透彻，往往能参考有关书籍（如杜亚泉的《无机物命名方案》、虞和钦的《有机化学命名草》等），对术语进行比较准确的定义或解释，相对普通教师和学生而言，比较通俗易懂，可读性较好。

3. 与生活、生产实际联系紧密

近代中国化学教科书非常重视联系实际，教科书的内容以和人生最有密切联系的事项为主，一方面在教授最重要的基础原理，另一方面在教授最重要的制造工艺；理论应用，相辅并进。编者们在教科书中编入了大量联系生活的知识，对工业生产涉及的原理、流程和典型设备，以及化学品的用途等方面都用了较大篇幅进行详细说明，出现了很多细节化的内容。

4. 注意联系国情，提倡爱国主义

清末时期我国译者注意到国外化学教科书中所举实例出自国外，与我国的情况多有不同，便着手在教科书中体现我国国情。如薛凤昌翻译《中等化学》时认为："迩来译籍盛行，其于日本之物产工艺，亦或依其原本铺张扬厉，心窃非之，今于是等处或易以我国之物产工艺。"在翻译《近世化学教科书》时译者虞和寅也明确表示："是书大体，悉循原本。间有不合于吾国者，略为增补审改。"于是化学教科书开始出现有关我国的内容，如介绍金时，指出了我国的主要产金地；讲述硅的化合物及制品时，描述了我国特产景泰蓝的制法。此后在自编化学教科书中，编者更加注意结合国情，"以本国物产及实际情形为中心"，"力避从来仍袭外国情形之说明，处处求以中国学者以往之调查研究为材料"，使学生能够了解我国物产的分布和化学工业的现状和地位，以激发其爱国之心和努力学习的志向。

5. 广泛使用、影响较深

19世纪，西方科学书籍的中国读者除了一些西学爱好者外，就是教会学校和新式学堂的学生，其中具有新思想的知识分子毕竟属于少数，所以其读者也有限。而译自日本的化学教科书，已在全国各级学堂使用，其使用范围远比京师同文馆和江南制造局等译书大。受众面宽，影响力自然比较深远。

当然，译自日本的化学教科书也有一些不足之处：

第一，整体上内容难度相对较大。总体上看，教科书的内容和深度较当时中学教育水平而言过多、过深，师生使用起来负担较重。[1]第二，教科书同质化现象比较严重。各版教科书的内容都比较接近，一般分为化学基本理论、非金属、金属、有机化合物几个部分，从最常见的简单物质——

[1] 王余光. 教科书与近代教育[J]. 武汉大学学报（社会科学版），1990（3）：108-114.

空气和水开始，系统介绍无机元素及其化合物，穿插讲化学基本概念和基础理论，最后介绍有机物；第三，教科书的要素还不齐全，如栏目设置还不够完备，这一时期的教科书多数未设置习题和独立的化学实验，大多将化学实验置于教科书正文之中，作为物质性质的一部分来介绍。

三、现代意义上的化学教科书出现

国内研究教科书的知名专家石鸥教授认为，现代意义上的教科书应该满足如下条件：第一，产生了现代学制，根据学制，依学年学期而编写；第二，有与之配套的教授书（教授法、教学法）或教学参考书，教授书内容要包括分课教学建议，每课有教学时间建议等；第三，依据教学计划规定的学科分门别类地编写和出版。[1]现代意义教科书在我国清末伴随着现代学制的诞生而出现，其发展是一个移植、传播、吸收并综合创造的过程。

第一，清末现代学制的确立。20世纪初，清政府实行新政，教育体制的改革始于"癸卯学制"的颁布。"癸卯学制"是中国近代第一个正式施行的学制。1902年，管学大臣张百熙曾拟订《钦定学堂章程》（"壬寅学制"），未能实行。1903年7月，清政府命张百熙、荣庆、张之洞以日本学制为蓝本，重新拟订学堂章程，于1904年1月公布，即《奏定学堂章程》（"癸卯学制"）。

学制主系列划分为三段七级。第一阶段为初等教育，包括蒙养院4年、初等小学堂5年和高等小学堂4年。第二阶段为中等教育，中学堂5年。属于普通教育性质，兼有升学和就业两重任务。第三阶段为高等教育，分为三级：高等学堂或大学预科3年，"以教大学预备为宗旨"。大学堂3~4年，根据大学堂分科的需要，分为三类：第一类为升入大学经学科、政法科、文学科、商科作准备；第二类为升入大学格致、工科、农科作准备；第三类为升入大学医科作准备。大学堂亦称分科大学，"以端正趋向，造就通才为宗旨"，分8科，下设若干门。大学堂之上设通儒院，属研究院性质，"为研究各科学精深义蕴，以备著书制器之所"，以5年为限。

这一学制分为蒙学堂（4年）、初等小学堂（5年）、高等小学堂（4年）、中学堂实业科（5年）、高等学堂或大学预科（3~4年）、大学堂（3年）、通儒院（5年），共七级，总共29~30年。其中从高等小学堂到大学堂，大约20~21年。[2]

第二，清末中小学化学课程的设置。清政府颁布的"癸卯学制"里，以政府法令的形式规定化学作为各级各类学堂的必修科目和内容，将化学教育纳入国家教育体系，并在全国广泛地、逐步地开展起来。

"癸卯学制"规定了从小学至大学各层次的化学教育内容。如《奏定学堂章程》规定：初等小学堂开设格致科目，讲授一般的自然常识；高等小学堂学制4年，高等小学堂第二年的格致科目讲

[1] 石鸥. 开现代教科书之先河的《最新教科书》[J]. 湖南师范大学教育科学学报，2008（3）：29.
[2] 孙培青. 中国教育史：第3版[M]. 上海：华东师范大学出版社，2009：347-349.

授寻常物理化学之形象；第三年讲授原质及化合物等化学内容。

《钦定中学堂章程》明确规定在中学第三、四年开设化学课，每周3小时。《奏定中学堂章程》也明文规定中学堂学制5年，第5年教授化学，每周4小时。具体要求是"化学当先讲无机化学中重要之诸元质（即元素）及其化合物，再进则讲有机化学之初步，及有关实用重要之有机物，并做化学实验"[1]。高等学堂为大学预科，相当于后来的高中，学制三年。学科分三类：第一类为预备入文科大学者，不授化学；第二类为预备入工科大学者，授化学和矿物；第三类为预备入医科大学者，授化学。第二、三类均有化学实验[2]。详细情况见表2-1-3。

表 2-1-3 清末中小学化学课程的设置一览表 [3]

相关文件及时间	学段	化学（或格致）课时数	
《钦定学堂章程》（1902年）	初等小学堂	—	—
	高等小学堂	理科一至三年级	每周各3、4、5小时
	中学堂	三、四年级	每周3小时
《奏定学堂章程》（1904年）	初等小学堂	格致一至四年级	每周2小时
	高等小学堂	格致一至四年级	每周2小时
	中学堂	五年级	每周4小时
《初等小学堂章程》（1909年）	初等小学堂	格致并入文学读本	—
《中学堂文实分科》（1909年）	中学堂	文科 理化三至五年级 实科 四、五年级	每周2小时 每周8小时

教科书是时代精神引领的一个缩影，其发展与国家文化发展水乳交融，故教科书应该具有引领导向作用，能够支撑起先进价值观的预设。现代教科书的编撰不仅要体现知识层面的内容，更要使学生获得精神层面的引领。教科书还应具有时代特色，积极与社会发展互动，迅速吸纳社会文化、自然科学的发展成果以适应发展的环境，具有世界性、开放性的眼光，对别国的教育优势抱以谦逊的学习态度，不能故步自封、因循沿袭，特别是在全球化发展的今天，应该与教育发达国家多活动交流，汲取所长。

[1] 吕达. 课程史论[M]. 北京：人民教育出版社，1999：163.
[2] 课程教材研究所. 20世纪中国中小学课程标准·教学大纲汇编：化学卷[M]. 北京：人民教育出版社，2001.
[3] 李雁冰，邹逸. 我国化学学科的诞生与早期发展：历史经验及当下意义[J]. 全球教育展望，2013（5）：80-90.

第二节
民间自编化学教科书的兴起与繁荣

清末新政时期，为了整顿并改革学校教育，清政府于1902年颁布了《钦定学堂章程》，这是我国教育史上第一个正式颁布但并没有实行的学制。经过张百熙等人的修订，清政府于1904年颁布了《奏定学堂章程》，这是中国教育史上第一次正式颁布并且实施的学制系统，史称"癸卯学制"。新学制的实施，再加上1905年清政府废除了在我国实行了1300多年的科举制，导致教育形势发生根本性的改变。从新式教育的课程内容来看，广义的教材、读本逐渐被教科书取代。从外国翻译和引进的教科书已经不能满足当时众多学堂和书坊的需求，国人开始尝试自编教科书。在此期间，不仅各地学堂卷入了自编教科书潮流，许多民间出版机构包括商务印书馆、文明书局等，以及许多学者都加入了这个潮流之中。[1]

新式教育的出现，使得教育规模不断扩大。据统计，至1907年，全国已有各类学堂三万余所，在校学生超过100万人。[2]这种情况下教科书市场需求必然会持续增长，不断扩大，仅有官方教科书远远不能满足教学需要。因此，学堂和书坊纷纷加入编撰出版教科书的行列，导致各式各样教科书的出现，带来了学校教科书的蓬勃发展。进入民国后，中国人自编的化学教科书在化学教科书出版中的占比从清末的22%上升到民国时期的83%。[3]化学教科书也随之走向繁荣，其中的化学教科书主要是由文明书局和商务印书馆出版。

一、民间自编教科书的兴起

清末时期，中国教育由传统向现代迈进。新式教育的发展导致教科书市场需求巨大。民营出版业随之迅速成长壮大，逐渐取代官方书局，成为教科书编辑出版的主力军。根据1906年上海书业商会出版的《图书月报》记载，当时加入书业商会的书局共有22家，它们绝大多数是以出版教科书为

---

[1] 教科书之发刊概况[M]//国民政府教育部教育年鉴编纂委员会. 第一次中国教育年鉴：戊编. 上海：开明书店，1934：116.

[2] 石鸥，吴小鸥. 中国第一套国家统编教科书：学部图书编译局《国文教科书》分析[J]. 湖南教育（语文教师），2008（5）：4-6.

[3] 郭震. 近代中国化学教科书的出版与内容特点分析[J]. 课程·教材·教法，2014，34（2）：99-105.

主业的。具体有：文明书局、商务印书馆、开明书店、点石斋书局、广智书局、昌明公司、中国教育器械馆、启文社、彪蒙书室、会文学社、新智社、通社、新民支店、群学会、东亚公司新书店、时中书局、有正书局、乐群书局、小说林、普及书局、鸿文书局、新世界小说社等22家。[1]

这些民营出版机构为了占据教科书市场做了大量工作：一方面，注重编辑队伍建设，有些甚至组建专门的编译部门；另一方面，加强出版发行的宣传等。如：商务印书馆在1902年就成立了编译所，首任所长为蔡元培，明确了教科书由编译转为自编的基本方针，使得商务印书馆大量出版教科书，在清末教科书市场占据重要地位。总之，民间出版机构在教科书出版方面所取得的成果非常壮观。据统计，1906年，清政府学部第一次审定初等小学教科书暂用书目共103册，民营出版机构发行的就有87册，其中商务印书馆发行了54册，文明书局发行了32册，时中书局发行了1册，民营出版机构发行的教科书被这三家包揽，占总数的84.5%。[2]

译自西方的化学教科书，在介绍西方先进的科学思想等方面发挥了重要的作用，但就化学教科书本身而言，这种简单的翻译、传播，也引起了国人的深刻反思。翻译外国的化学教科书虽然可以满足一时之需，但毕竟不是为国人量体定制，如书中所列举的矿物产地、物质制备方法、化工生产等实例皆出自国外，与我国国情大不相符，教师和学生常常感到茫然。一些有识之士早就意识到其中的弊端。钱钟书先生就说过："当时的化学，统统从外国灌输进来，洋气扑鼻，既无国人之贡献，也无国情之描述。"杜亚泉在翻译日本吉田彦六郎的《化学新教科书》（商务印书馆出版，1905年）的绪言中指出："我国译化学书已有三四十年，然至今日，仍为世界之化学，而非我国之化学。"[3] "教科书"在引进"新理新法"中具有重要地位，同时提出了应该建立中国自己的新科学体系。杜亚泉等人将学问分为"世界公有之学"和"一国独有之学"，认为将学问以本国文字、本国材料、本国产品等记载、验证并发展后，方能形成本国之学。

借鉴西方教科书的编写经验，结合中国的具体情况，一些有创新思想的中国人开始编写不同于传统教本的近代教科书。

二、各学堂自编教科书

当时的南洋公学、无锡三等公学堂、上海澄衷学堂、湖南修业学堂、吉安中学堂、中国公学、山西大学堂等都编撰出版过教科书。

1. 南洋公学自编的教科书

南洋公学由洋务派代表人物之一，被誉为"中国实业之父""中国高等教育之父"的盛宣怀在

[1] 石鸥，吴小鸥. 中国近现代教科书史：上册[M]. 长沙：湖南教育出版社，2012：91-92.
[2] 毕苑. 中国近代教科书研究[D]. 北京：北京师范大学，2004.
[3] 吉田彦六郎. 化学新教科书[M]. 杜亚泉，译. 上海：商务印书馆，1905.

1896年创建于上海，与北洋大学堂同为中国近代历史上由中国人自己最早创办的大学。南洋公学是我国最早兼有师范、小学、中学、大学的完整教育体制的学校。为全面解决学堂用书问题，南洋公学还成立了译书院，组织自编教科书。

在南洋公学所编的教科书中，陈懋治等人编的《蒙学课本》名气最大，被学界认为这是为我国人自编教科书之始。南洋公学前后出版了11种教科书，其中与化学有关的包括《格致课本》4种，《中等格致课本》8种，《化学》11种。[1]南洋公学的教科书不仅在校内使用，也在校外发行，在全国范围内影响较大。

2. 无锡三等公学堂自编的教科书

无锡三等公学堂是于1898年8月由裘廷梁、俞复、丁宝书、吴稚晖等人仿照日本办学体制创办的。无锡民族工商业家大多倡导实业救国，热心教育事业。国学大师、史学家无锡人钱穆曾这样描述："晚清以下，群呼教育救国，无锡一县最先起。""凡属无锡人，在上海设厂，经营获利，必在其本乡设立一私立学校，以助地方教育之发展。"新式教育在无锡较早出现，当时仅一县之中就有新式学堂120余所，与全国其他地方相比，无锡的新式教育在科举废止前已相当发达。[2]

无锡三等公学堂在教学过程中编写了许多教科书，其中影响最大的是1901年由俞复、吴稚晖、丁宝书、杜嗣程等编辑的《蒙学课本全书》七编。该教科书被誉为"我国自有教科书以来之最完备者"，是被学界认可具有近代色彩的中国人自编教科书，曾执当时小学教科书之牛耳多年，风光一时。

无锡三等公学堂所编的教科书中与化学有关的包括《中国理科教科书》2卷（无锡三等公学堂编，文明书局1902年出版），《蒙学理科教科书》4卷（无锡三等公学堂编，文明书局1905年出版）。

图2-2-1　无锡三等公学堂编，《蒙学理科教科书》，文明书局出版，1905年

3. 中国公学自编的教科书

"癸卯学制"颁布并实行后，我国翻译了很多日文的化学教科书。中国公学在1907年出版了由

[1] 霍有光. 南洋公学译书院及其译印图书[J]. 西安交通大学学报（社会科学版），1999（4）：83-88.

[2] 石鸥，吴小鸥. 最具现代意义的学校自编语文教科书：无锡三等公学堂的《蒙学读本全书》（1901年）[J]. 湖南教育（语文教师），2008（3）：4-7.

日本吉水曾贞著、傅寿康编译的《中等化学教科书》（上、下卷），上卷主要为无机化学的内容，下卷主要为有机化学的内容。这是"癸卯学制"实施后第一本影响较大的译日化学教科书。

图2-2-2　吉水曾贞著，傅寿康译，《中等化学教科书》，中国公学出版，1907年

为培养和激发学生学习化学的兴趣，本书在最前面的1~2页，配有物质循环模写图和物质循环图解。

本书的特点：

第一，本书专为中学堂及师范学堂而编，故名《中等化学教科书》，编排特色是由浅入深，使学者循序渐进。

第二，本书内容按次序分为四编。第一编，总论；第二编，非金属；第三编，金属；第四编，有机类。总合四编为上、下两卷。编中插图共160余幅，图解详明。学者按图试验，趣味甚长，新理无穷，有利于培养学生的化学思维。

第三，本书特色在实验与理论两项。凡实验时一切危险处编者详细提出，使学者知所注意。理论处难于显明，编者广设比喻，使学者一见了解。

第四，本书编成多以田中氏化学书为蓝本，更参考龟高、吉田、下山、丹波、曲渊、高松诸氏之著作，博采众长，以确保中学程度的化学知识完整无缺。

第五，本书分析了我国当时所译日本诸化学书，多不足中学程度的原因，并不是我国中学堂理化程度高于日本也，而是日本所

【傅寿康简介】

傅寿康，江西高安县人，早年曾留学日本，1909年当选为江西谘议局常驻议员。后来参加过辛亥革命。

【中国公学简介】

日本为了牟利，广收中国留学生，随意修改学制，教学质量参差不齐，造成留学教育质量急速下降。基于此，日本出台了"取缔规则"，要求严格管控中国留学生，此举正中清政府下怀，清政府要求日本政府对日本的中国留学生"严加管理"，以培养忠于清政府之民。"取缔规则"集中于侵害中国学生的求学自由，损害中国留学生的书信秘密自由，剥夺中国留学生的自由居住权，企图把握中国的教育权以干涉中国的行政权，以"性行不良"为借口，肆意压制有革命倾向的学生。[1]在这种历史背景下，中国留学生爆发了"反对取缔规则风潮"，最终毅然集体回国。

1906年2月，因大批留日学生返抵上海，没有着落，留学生中的姚洪业、孙镜清等各方奔走，募集

[1] 蔡爱丽. 中国公学学潮研究[D]. 北京：北京师范大学，2005.

著教科书只录大纲，教习临讲演时旁证曲引，解释详明，故其讲义必二三倍于原教科书。若仅照原书直译，而不详为引申，教者学者均多不便，编者有见于此，故本书备日本中学教程，凡有意义深奥处，悉为添加注解，虽教科书而实兼讲义之体裁焉。

第六，本书的术语参用日名及华译旧名，间附己意。如水素、盐素等袭用日名，以其较华名为切当，且与原意相吻合。镍素、锰素等，唯下加一素字，以示为元素之意，其他均为音译者，如安莫尼亚、阿藏、没丹等。日译书的可读性较之前译本好。

第七，本书凡构成无机类之矿物及构成有机类之植物等产我国何地，皆搜罗提出，使学者知我国化学产物之非常丰富。

第八，为突出重点，吸引学生注意力，本书在紧要处加点，最紧要处加圈，以醒阅者之目。另外，本书人名旁作单线，地名旁作双线，以为区别。

第九，在编写特色上，对于基础的科学概念和规律，表述得比较准确且较洋务运动时期的有所更新。较规范地呈现英文与阿拉伯数字相结合的化学式和化学方程式并且内容注重展示化学知识的实用性，符合当时的国情。

书中的大部分化学式、化学名词及化学方程式一直沿用至今且对我国的化学用语产生深刻的影响。清末时期日译化学教科书不仅促进了外国先进化学知识在我国的传播，开阔了当时国人的视野以及引发人们对科学知识的向往，并且使我国的化学教科书的编写不止上了一个台阶。

此外，其他学堂也自编过化学教科书。如：南京汇文书院在1896年出版了《化学新编》，该书由福开森与李天相等编译。山西大学堂译书院在1905年出版了由习观枢、徐鸿宝、王成浚编撰的《无机化学》（上、下卷）。

三、各书坊编辑的化学教科书

（一）文明书局编辑的化学教科书

文明书局是中国最早的民营教科书出版机构之一，1902年由廉泉、俞复、丁宝书等集股创办，俞复任经理。文明书局规模较大，技术先进。在民营出版业的教科书出版尚未大兴时，文明书局率

经费，在上海北四川路横浜桥租民房为校舍，筹办中国公学。1906年4月10日，中国公学在上海正式开学。当年共招学生318人，来自13个省。分大学班、中学班、师范速成班、理化专修班。两江总督端方每月拨银1000两，派四品京堂郑孝胥为监督。校务实际由王抟沙主持。革命党人于右任、马君武、陈伯平等任教员。

报考中国公学无须高中文凭，新生录取条件较宽。教学中新开的选修课目很多，可谓兼容并蓄，学术自由。这在当时的大学里是别开生面的。

中国公学还具有光荣的革命传统，师生中有不少人积极参加革命活动，如女英雄秋瑾、黄花岗七十二烈士之一的谬德潘等。

先涉足这一领域，在清末以出版教科书为主要业务的民营出版机构中居于领头地位。在商务印书馆出版《最新教科书》之前，该局是中国近代编辑出版教科书最多的出版机构。参与编写的人员有陆费逵、张相文、丁福保等。1932年并入中华书局。

文明书局成立之后，其主要业务为出版教科书，包括蒙学教科书、小学教科书、中学教科书、女学堂用书和师范学堂用书等。

1. 文明书局的《蒙学化学教科书》

文明书局创办之时，恰恰也是清政府颁布"癸卯学制"之时，于是书局按照新学制发行多种教科书，皆冠以"蒙学"二字。文明书局初创之时，就在无锡三等学堂的《蒙学课本》的基础上，推出了由近代中国人自编的第一套分科设学的《蒙学读本全书》，它是专门为初等小学堂编写的新式教科书。到1908年前后，文明书局共发行蒙学教科书31种。[1]内容涉及文法、经训、修身、历史、地理、珠算、笔算、化学、动物、植物、地质、生理、卫生、天文、体操等，课程种类齐全，体系完整。该书出版后很受学堂欢迎，不到3年，就重印了十多次。[2]文明书局1906年出版的"蒙学系列教科书"是我国第一套完善的蒙学系列教材，对于中国近代教科书的诞生具有里程碑意义。

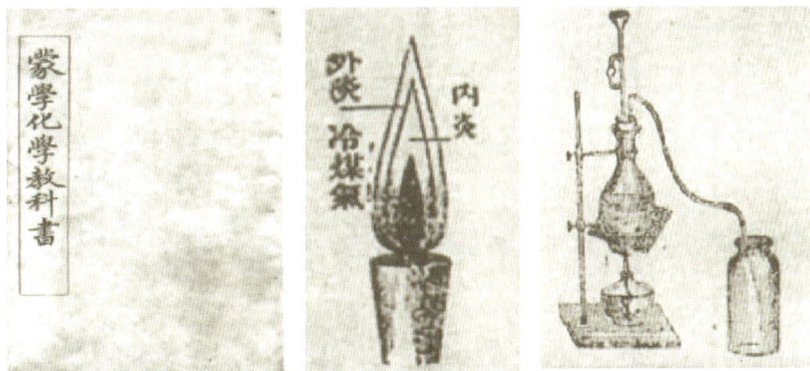

图2-2-3 赵印编，《蒙学化学教科书》，文明书局出版，1906年
图2-2-4 火焰构造图
图2-2-5 氯气的制取及性质检验实验图

文明书局出版的《蒙学化学教科书》代表着当时化学启蒙教育的最高水平。具体内容为：

全书共三十八课，分三章。第一章，化学总论，主要介绍化学基本概念性知识；第二章，非金类之原质；第三章，金类之原质。第二、三章介绍元素化合物知识，以非金属元素和金属元素作为章的划分依据。

这本《蒙学化学教科书》颇有特色。首先，在形式体例上，全套教科书印刷形式统一。大体上由封面、商标页、广告页、编辑大意、目录、课文、版权页、版权说明八个部分组成。教科书要

[1] 张梅. 文明书局教科书出版研究[D]. 天津：天津师范大学，2008.
[2] 肖东发. 中国编辑出版史[M]. 沈阳：辽宁教育出版社，1996：376.

素比较齐全。其次，在内容编排上，以编（篇）、章、节组织内容，每节下有若干课，每课包括正文、注解和提问，循序渐进。全书以章和课二级标题划分，章目编排具有一定的逻辑性。条目清晰，易于理解。在内容设置上，分学科设置内容，学科门类较为齐全，系统介绍了西方新的科学知识和基本概念。再次，充分体现"蒙学"特点。一是内容删繁就简，剔除"有机化学"等深奥内容，介绍与日常生活密切相关之化学知识，符合学生认知发展水平。二是语言简练规范，使用简单文言文，并用标点符号断句，便于学生阅读。三是注重激发学生的积极性，全书有26个化学实验，其中有11个实验配以13幅插图，增强教科书的直观性和趣味性。四是强调实验和观察为学习化学之灵魂，让学生感受到与传统的死记硬背经书不同，科学探索需要实证操作，注重培养学生的探究精神和实践能力。

另外，文明书局针对《蒙学读本全书》及其他著作的版权保护做了大量工作，促进了有关版权的法律立法，使《大清著作权律》（1910年）得以诞生。

《蒙学化学教科书》为《蒙学读本全书》系列之一，它将化学从格致科中单独分离开，突破了传统的经史子集的分科方式，体现了近代分科思想，无论是从编排方式还是内容安排上都体现了近代教科书的规范化要求。

编排方式上，遵循学科的逻辑顺序。内容上总共分为三章，第一章由化学统谕开篇，对"化学"进行介绍和定义，第二章介绍非金属元素，第三章介绍金属元素，大多数为常见元素，对元素的性质、化合物等进行了介绍。除此之外，该书还有大量的实验以及插图，图文并茂，提升了教科书的可读性。总体来说，《蒙学化学教科书》符合当时的社会环境，与人们的日常生活也紧密联系，语言删繁就简，有利于化学知识的普及。

总之，从教科书的编写、设计、出版、发行、评价及其对后世产生的影响来看，文明书局出版的《蒙学读本全书》对于中国近代教科书的诞生具有里程碑意义。

2. 文明书局的中小学化学教科书

（1）华文祺编译的《最新初等化学矿物教科书》原著作者是日本的滨幸次郎、河野龄藏。

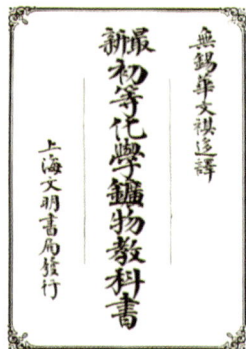

图2-2-6 滨幸次郎、河野龄藏著，华文祺编译，《最新初等化学矿物教科书》，文明书局出版，1907年

全书共有六章49节，插图56幅。具体内容：绪论；第一章，空气、水；第二章，木炭、食盐；第三章，硫磺、硝石、磷、硼砂；第四章，金属及普通之矿物；第五章，有机化合物；第六章，

结论。

书中叙述了内容编写的特点："本书编辑之旨，专在使初学者得化学及矿物之基础的智识，理解必期其正确，记述务求其简明。故最合于师范简易科、传习所、中学初年级及高等小学之用。本书之材料，务采其接近日常生活者，以期应用于实际，于经济、卫生等多所裨益。而于家事日用，关系实繁，故亦适合女子师范、女子中等学校等之用。"[1]

【华文祺简介】

华文祺与华申祺是兄弟，均为留日背景的先进知识分子，江苏无锡人，生平不详。

另外，"化学之学科必以实验之事为基础，而理解始明。故本书多附实验，使学者易于理解。表之为用，不唯使复杂之事项，有所综括，且于比较推究，便宜实多。故本书多用之。本编虽只一小册子，而详于应用，巧于说明，实为它书所不逮。"[1]

（2）王季烈编译的《最新化学教科书》原著作者是日本的大幸勇吉。全书总共有三卷四十五章。

图2-2-7　大幸勇吉著，王季烈译，《最新化学教科书（卷上、卷中、卷下）》，文明书局出版，1906年

上卷分为十章。第一章，空气、物质之不生不灭、气质通有之性；第二章，水；第三章，杂质、纯质、原质；第四章，绿化轻、亚摩尼阿；第五章，炭质；第六章，质点量、原点量；第七章；酸类、底类、盐类；第八章，溶液；第九章，化学平衡；第十章，电解。

中卷分为二十章。第一章，溴、碘、弗；第二章，硫；第三章，钠、钾；第四章，钙、鎴、钡；第五章，镁、锌；第六章，铝；第七章，锡、铅；第八章，铜、汞；第九章，银、金、铂；第十章，铁、钴、镍；第十一章，锰、铬；第十二章、第十三章，碳酸盐类；第十四章，矽酸盐类；第十五章，淡气之养化质；第十六章，磷；

【王季烈简介】

王季烈（1873—1952年），字晋余，号君九，又号蠖庐，清末民初物理学著作翻译家。出身于晚清苏州的一个士大夫家庭，是明代著名政治家、文学家王鏊的后裔。他的父亲王颂蔚在朝廷任三品官，有文史考证著作多种，是蔡元培参加会试时的恩师。王季烈的母亲谢长达是近代著名女教育家。

[1] 滨幸次郎，河野龄藏. 最新初等化学矿物教科书[M]. 华文祺，译. 上海：文明书局，1907.

第十七章，砷、锑、铋；第十八章，硫之养化质；第十九章，绿气之养化质；第二十章，原质之周期律。

下卷分为十五章。第一章，米脱痕；第二章，以脱里醇；第三章，爱司他、以脱；第四章，阿勒弟海特、蚁酸、醋酸；第五章，炭化轻；第六章，各里司路尔、脂肪；第七章，多盐基酸；第八章，炭之水化物；第九章，衰化合物；第十章，偏苏恩、非诺里；第十一章，阿尼林、青蓝；第十二章，芳香属之酸；第十三章，那夫塔林、安特拉生、阿里杀林；第十四章，脱尔比尼属之化合质；第十五章，植物盐基、蛋白质。

1896年，王季烈到上海江南制造局，与傅兰雅合作翻译了《通物电光》一书。他钻研西方的近代物理学，将藤田丰八翻译的教科书重新编写，并定名为《物理学》。王季烈在编译《物理学》以后，到汉阳铁厂、北京译学馆任理化教员，并兼任商务印书馆理科编辑。他翻译了《最新理化示教》《最新化学》等中学理科教材，为近代物理、化学在中国的传播作出了重要贡献。

（3）华申祺编译的《新体普通化学教科书》原著作者是日本的龟高德平。该书专供师范学校简易科及各种实业学校等化学教科书之用。

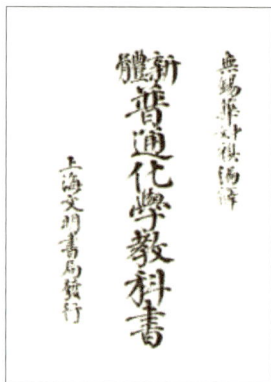

图2-2-8　龟高德平著，华申祺译，《新体普通化学教科书》，文明书局出版，1908年

本书第一编：专叙化学本轮及无机化学之事项。第二编：始及于有机化学。凡吾人日常生活与有关系之事，亦并及焉。本书卷末，别为附录若干条。简明叙述分子原子说、分子量、原子量、化学计算等项，更附以元素之名称、符号及原子量之一览表。[1]

文明书局在这一时期出版的化学教科书还有：《最新化学讲义》，由日本的池田清著，史浩然编译，1905年出版。《初等化学教科书》，由张景良编，文明书局1906年出版。《简易化学教科书》，由顾澄编，1906年出版。《普通化学教科书》，由日本的原田藤堂等著，钱承驹编译，1907年出版。

总体来看，文明书局的教科书出版标举"蒙学大旗"和"文明大旗"，涵盖了从蒙学、初小、高小到中学堂等各级学堂用书，产生了广泛的社会影响。在自编教科书的同时，文明书局还从事教科书的翻译，将一批日本教科书引入国内。文明书局的教科书结合教学实践和学生学习兴趣，注重

[1] 龟高德平. 新体普通化学教科书[M]. 华申祺，译. 上海：文明书局，1908.

质量，在内容上和形式上都体现出近代教科书的特征。其蒙学教科书以自身的鲜明特征而闻名业界，在当时的教科书市场上独树一帜，也在中国近代教科书发展历史上占有一席之地。

（二）商务印书馆编辑的化学教科书

商务印书馆是中国出版业中历史最悠久的出版机构。1897年由夏瑞芳、鲍咸恩、鲍咸昌、高凤池等创办于上海，与北京大学合称为"中国近代文化的双子星"。

作为中国出版学校教科书的先驱之一，商务印书馆是近代中国出版教科书最多的民营书局，教科书在很长时期内也是商务印书馆的主要业务和重要的盈利来源。依靠出版发行教科书的巨额利润，商务印书馆迅速成长为近代中国规模最大、实力最雄厚的民营出版机构。

商务印书馆1903年开始推出的"最新教科书"成为中国第一套真正现代意义上的教科书。陆费逵在《六十年来中国之出版业与印刷业》一文中，评价这套书有三大长处："各科完备，具备教科书体裁，内容精审。但也存在三大缺陷：程度太深，分量太多，各科欠联络、前后欠衔接。"[1]尽管不能尽善尽美，但"最新教科书"开中国学校用书之新纪录及中国教科书编撰出版的新时代，是中国历史上第一套依据现代学制、学年学期、学科分门别类编写和出版的现代意义教科书。同时也是第一套附有彩色插图、第一套每册都印有英文书名、第一套有与之配套的教授书的教科书。"最新教科书"奠定了商务印书馆在中国现代教科书发展进程中的领先与权威地位。

"最新教科书"影响极大。在之后的十余年，这套教科书（共375种，801册）一直在同类书中独占鳌头，几乎占到全国发行量的近六成，其中几本甚至在中华人民共和国成立后仍在出版，畅销半个世纪。叶圣陶曾说："凡是在解放前进过学校的人，没有不受到商务的影响，没有不曾读过商务书刊的。"从某种意义上说，"最新教科书"启蒙了整整一代人，而商务印书馆之所以能成为出版界巨擘，"实肇端于是书"。作为佐证，商务印书馆1901年的资本为5万元，1905年即迅速增至100万元，而当时全国数百家私营企业中，资本超过100万元的只有15家。

1. 最早的新式化学教科书：谢洪赉翻译的《最新中学教科书　化学》

商务印书馆出版的"最新教科书"是我国第一套具有现代意义的系列教科书。目前可见的最早的新式化学教科书，是由谢洪赉翻译的《最新中学教科书　化学》，为商务印书馆1903年9月刊印。本教科书原著译自美国的《史砥尔大众化学》。译者谢洪赉在译例中写道：该书是美国格致博士史砥尔先生原著，在美国自发行以来，多次修订，前后出版数十次。美国各学堂咸推为善本。在当时影响较大。

本书前面还有教授要言，强调化学实验，鼓励教师和学生收集和购买仪器药品；虽然提倡背诵，但学生回答问题时，除定义外，需用自己的话来说，不能死背课文，即不提倡死记硬背，还要

---

[1] 陆费逵. 六十年来中国之出版业与印刷业[J]. 申报月刊，1932，1（1）：13-19.

求教师阅览一些化学书籍，以便在讲习时，不至于内容枯燥。[1]517

谢洪赉翻译的《最新中学教科书　化学》总共分四大部分：

一是总引。在这部分，首先是界说、化学、原质、杂质、热与光、消化、定比例、乘比例等；其次是物体之组织，记号与名目，原质分类，有机化学与无机化学。

二是无机化学。这部分又分为：（一）非金类。具体有养、臭养、极量气质、育、硝酸、育养、轻、水、炭、炭养二、煤气，燃烧，空气，成盐类之底质、绿、轻绿酸、酸质根质盐类、氮、氯气、氢，硫、硫酸，配数，硅、火柴、砒、硼、砂、玻璃。（二）金类。具体有铗、铷、亚莫尼恩、镭、铈与钡，镁，钍，泥，分光镜，铁、钢，钲，锡，铜，铅，金、银，照相，铋，汞、镭、攒金、金类性情总论。

三是有机化学。包括：引言，矫质，醇，发酵、啤酒、葡萄酒等，减轻醇与醋、醋酸草酸等，以脱与以脱盐类，脂、甘油、肥皂等，似盐质所成矫质、小粉、写留路司、糖、香质、偏西尼、安尼林等、松香油与樟脑类、自散油、松香类、波勒杀末、象皮，植物卤类、吗啡、鸡那、尼古的尼、马前霜等、染工及染料、消皮等，蛋白质，结论。

四是附卷。包括：试验指南，问，中西名目表。

从目录来看，共包括元素28种，其中金属16种，非金属12种，无机化合物5种，有机化合物31种；概念理论16项（加上书末附的概念表，应该是29项）。[1]519与中学校《近世化学教科书》相比较，本书讲概念理论要少得多，而元素大约多一倍，无机化合物少得多，有机化合物少一些。

【谢洪赉简介】

谢洪赉（1873—1916年），字鬯侯，别号寄尘，晚年自署庐隐，浙江绍兴人。清末学者，翻译家，中华基督教青年会最早成员之一。1892年就读江苏苏州博习书院，通晓西学。1895年毕业后曾在上海中西书院任教。1900年兼任上海商务印书馆编译，陆续编译多种数理化教科书和《瀛寰全志》等，促进了"癸卯学制"的推行。[2]

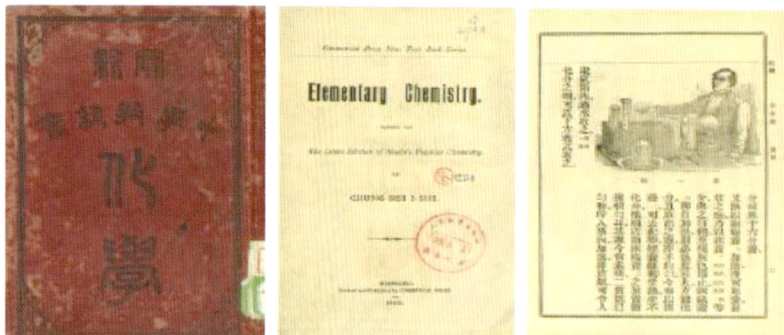

2-2-9

图2-2-9　史砥尔著，谢洪赉译，《最新中学教科书　化学》，商务印书馆出版，1903年

[1] 郭保章，梁英豪，徐振亚. 中国化学教育史话[M]. 南昌：江西教育出版社，1993.

[2] 顾明远. 中国教育大系：历代教育名人志[M]. 武汉：湖北教育出版社，2004：433.

图2-2-10　谢洪赉

化学因其自然科学属性，教科书的基本内容与以前相比无明显变化。《最新中学教科书　化学》之所以被称为新式教科书，是因为相对于以前的化学教科书，商务印书馆所翻译、编辑出版的化学教科书按照学制以学年、学期分级分册，有译例和教授要言，还列出了一些当时常见的化学书籍做参考，对教师和学生的教学和学习提供建议和参考，基本具备了现代教科书的基本要素。因此从严格意义上讲，现代意义上的新式化学教科书始于商务印书馆。

2. 杜亚泉编译的《化学新教科书》

1905年，商务印书馆出版了杜亚泉编译的《化学新教科书》。该书原本为日本化学家吉田彦六郎所著，为中学教科之用。该书包含新理论颇多，此种理论皆为近代化学进步之基础。

值得关注的是，杜亚泉在该书中还阐述了他关于化学命名的思想："我国旧译化学，于合质不立名目，即以分子式为名，然于教科颇多窒碍。一则不便称述……二则初习化学时，断不能言分子式之所由来……三则合质互相化变时，其性质难于明了。""命名之定理，一曰简便，二曰能表明合质之组成。"他认为《化学新教科

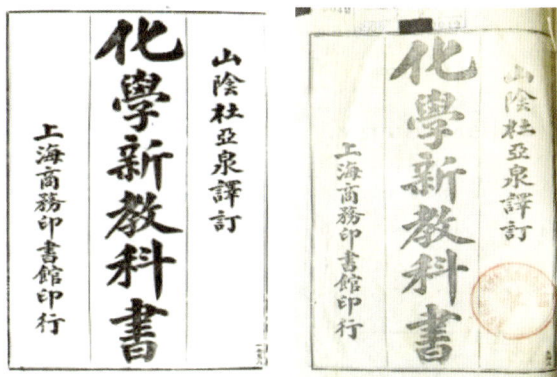

图2-2-11　吉田彦六郎著，杜亚泉编译，《化学新教科书》，商务印书馆出版，1905年

书》原著作者吉田彦六郎在该书无机物命名法中提出的命名原则是适当的，即"命名之当不当，只能就应用之便不便论之，不能就学理之合不合言之，故惟有就其物质对于他物质所生常见之感应以为其组成之标准而已"。[1]其"当不当""便不便""合不合"，显然已被杜亚泉执行。比如化学元素的金属左偏旁、气体元素的"气"字头、中文音译、词尾以"谟"结束、读音以右旁汉字读音为准等都很简便合理。[2]

其中以星号标记的有"氩""铍""钪""铥""镱""镝"等化学元素，其命名均出自杜

[1] 吉田彦六郎. 化学新教科书[M]. 杜亚泉，译. 上海：商务印书馆，1905：附录之八"本书中无机物命名释例".
[2] 陈镱文，姚远. 杜亚泉对我国早期科技编辑和科技期刊发展的贡献[J]. 中国科技期刊研究，2009，20（6）：1178-1181.

亚泉之手，并被一直沿用至今。惰性气体元素的"气"字偏旁，也由"氩"衍生而来。其余如中和、分解、分子式、分子量、化学式、化学反应、化学方程式、化合物、元素、有机物、有机酸、可逆反应、合金、原子、原子价、定性分析、定量分析、干燥剂、挥发、电离、电解、溶解、饱和液、试验纸、蒸馏、还原、二硫化铁、王水等90余种化学名词术语、化学物质名称都出自杜亚泉首创的化合物命名方案。[1]

2-2-12

图2-2-12　杜亚泉

【杜亚泉简介】

杜亚泉（1873—1933年），原名炜孙，字秋帆，号亚泉，笔名伧父、高劳等，浙江绍兴人。中国近代著名科普出版家、翻译家。中国科学和教育发展奠基人之一。

1898年，应蔡元培之聘任绍郡中西学堂数学教员。教学之余，自学江南制造局翻译馆所译格致、化学诸书，同时攻习日文。两年后赴沪创办中国近代首家私立科技大学——亚泉学馆，同时创办了中国最早的科学刊物——《亚泉杂志》。1904年起任商务印书馆编译所理化部主任，负责博物、理化教科书及参考图书的编撰，长达28年之久。曾去日本考察教育，回国后为绍兴旅沪同乡会创办了3所小学和1所中学。1912年起他又主编《东方杂志》达8年。1931年"一·二八"事变中，杜亚泉的住所连同商务印书馆编译所均被毁，他辞职回家，埋头著述，组织了一个名为"千秋编译所"的家庭编译所，同时为稽山中学义务授课。1933年12月病逝。

杜亚泉博学多才，在物理、化学、博物、医药、政治、法律、哲学等领域都学有所成，被誉为"自学有成的科学编译者""科学报国的先驱者"。他以其刻苦学习的态度和精益求精的治学精神，主编《植物学大辞典》《动物学大辞典》《小学自然科词书》及大量的各类教科书，满足了废科举、兴新学之始中小学教科书急用之需，给后人留下了宝贵的科学文化遗产。[2]

3. 杜就田编写，杜亚泉校订的《实验化学教科书》

1908年，商务印书馆出版了杜就田编写的《实验化学教科书》。书中提到该书的编辑特色：

第一，本书程度，适合中学校及初级师范学校教科之用，又为小学校教师之用。

第二，本书分为两篇，先论寻常之实验，终论分析之法，提纲挈领；而化学之大纲，悉举无遗。他如实验上之注意，试药之调制，及改制木塞玻璃管等法，亦详细言之。

第三，本书为初习化学者研究之便，列入之实验，多简便而易行。故困难者、复杂者及需用昂价之器械者，概从割爱。

[1] 赵匡华. 中国化学史：近现代卷[M]. 南宁：广西教育出版社，2003.

[2] 顾明远. 中国教育大系：历代教育名人志[M]. 武汉：湖北教育出版社，2004：486.

第四，本书所用术语物名，皆从近时通行之译本。间有新名，下附西文，以便参考。[1]

具体内容为三大部分：第一篇（25章）、第二篇（5章）、附录。其中各篇章题目为：

第一篇：第一章，实验时应注意之事件；第二章，普通试药之制法；第三章，玻管及橡皮管之改制法；第四章，木塞之改制法；第五章，养；第六章，淡、空气之成分；第七章，轻；第八章，水之组成、化分及化合；第九章，阿摩尼亚；第十章，硝酸；第十一章，亚养化淡；第十二章，养化淡；第十三章，绿化轻；第十四章，绿；第十五章，碘；第十六章，弗化轻；第十七章，二养化炭；第十八章，一养化炭；第十九章，二养化硫；第二十章，硫化轻；第二十一章，火焰之构造；第二十二章，吹管之用法；第二十三章，焰色之感应；第二十四章，蒸发及结晶；第二十五章，滤过法。

第二篇：分析法。第一章，阴阳伊洪之解义；第二章，阳伊洪之感应；第三章，检出阳伊洪之法；第四章，阴伊洪之反映；第五章，检出阴伊洪之法。

附录：原子表。

2-2-13

图2-2-13　杜就田编，杜亚泉校订，《实验化学教科书》，商务印书馆出版，1908年

4. 王季烈编译的《改订近世化学教科书》

《改订近世化学教科书》的原著作者是日本的大幸勇吉，由王季烈编译，商务印书馆1908年出版。

2-2-14

图2-2-14　大幸勇吉著，王季烈编译，《改订近世化学教科书》，商务印书馆出版，1908年

全书分为三篇，共四十六章。

第一篇：第一章，空气、养气、淡气；第二章，水、轻气；第三章，质量之不变；第四章，化

[1] 杜就田. 实验化学教科书[M]. 上海：商务印书馆，1908.

[2] 李国钧. 中华书法篆刻大辞典[M]. 长沙：湖南教育出版社，1990：1013.

合物、单体、原质；第五章，炭质；第六章，分子量、原子量、化学式；第七章，绿化轻、阿摩尼亚；第八章，可逆反应、解离；第九章，当量、原子价；第十章，溶液；第十一章，酸、盐基、盐；第十二章，电离、电解。

第二篇：第一章，溴、碘、弗；第二章，淡之养化物；第三章，硫磺；第四章，钙、鎴、钡；第五章，钠；第六章，钾；第七章，绿之养化物；第八章，镁、锌；第九章，铝；第十章，锡、铅；第十一章，铜、汞；第十二章，银、金、铂；第十三章，铁、钴、镍；第十四章，锰、铬；第十五章，硼酸；第十六章，矽酸；第十七章，磷；第十八章，砷、锑、铋；第十九章，原质之周期律。

第三篇：第一章，米脱痕；第二章，以脱里醇；第三章，爱司他、以脱；第四章，阿勒弟海特、蚁酸；第五章，炭化氢；第六章，各里司路尔、脂肪；第七章，多盐基酸；第八章，炭之水化物；第九章，衰化合物；第十章，偏苏恩、非诺里；第十一章，阿尼林、青蓝；第十二章，芳香属之酸；第十三章，那夫塔林、安特拉生、阿里杀林；第十四章，脱尔宾属之化合物；第十五章，植物盐基、蛋白质。

与王季烈1906年翻译的《最新化学教科书》相比，此书章节数目上第一篇由十章增加到十二章，第二篇由二十章减少到十九章，第三篇数量上没有变化，总体上章数增加了一章。每篇的内容略有调整。

5. 钟衡臧编译的《新撰化学教科书》

《新撰化学教科书》由日本吉田彦六郎著，钟衡臧编译，商务印书馆1908年出版。

2-2-15

图2-2-15　吉田彦六郎著，钟衡臧编译，《新撰化学教科书》，商务印书馆出版，1908年

该书共分二十七章。

第一章，总论；第二章，火；第三章，混合物；第四章，养气；第五章，水；第六章，轻气；第七章，土；第八章，原质及化合物之符号；第九章，淡气及其主要化合物；第十章，绿气及其主要化合物；第十一章，炭及炭与养之化合物；第十二章，炭与轻之化合物又焰之性质；第十三章，硫磺及其主要化合物；第十四章，磷矽及其主要化合物；第十五章，金属原质总论；第十六章，钾、钠及其主要化合物；第十七章，酸、盐基、盐；第十八章，钙及其主要化合物；第十九章，铜及其主要化合物；第二十章，银及其主要化合物；第二十一章，水银及其主要化合物；第二十二章，金；第二十三章，铅及其主要化合物；第二十四章，锡；第二十五章，亚铅及其主要化合物；第二十六章，铁及其主要化合物；第二十七章，铝及其主要化合物。

本书的"新撰"体现在以下方面：

第一，在总论里开篇论述了"天地有万物，万物常有变化"。变化有物理变化和化学变化两种，通过四个实验说明二者是有区别的，重点阐述了化学的功用："化学为理科之一部，研究物质之由成及其随变化之而显之现象，并论物质之性质与成分之间的关系，且究其统治之者之原则与运用之关系等之学科也。化学对于农业医术工业等应用颇广，昔所委弃之废物，今由化学之作用而变为有用之材，观夫破布可制为纸，土砂可制玻璃，以及制肥料而肥瘠土，配药剂以疗疾病。其功用尽不胜枚举也。"这样有利于吸引学生对化学的注意，培养学生学习化学的兴趣。

第二，每章后面都设置了习问（练习题）。这些数量不等的习问是围绕各种具体内容提出来的，便于学生理解和掌握化学知识。

图2-2-16 钟衡臧

商务印书馆在这一时期出版的化学教科书还有《化学（初等师范教科书）》（严保诚著，1907年）。

商务印书馆编辑出版队伍实力雄厚，蔡元培、张元济、王云五等先后担任过商务印书馆编译所所长，其编辑人员学识渊博，他们之中要么开办过新式学堂或任教于新式学堂，要么大量翻译过西学书籍，难能可贵的是其中大部分人都有出国留学经历。他们汇集在一起，潜心研究，开创了中国教科书出版史上众多的第一，奠定了商务印书馆在近代教科书发展史上的权威地位。1906年，清学部公布第一次审定暂用教科书表，其中：初小教科书共103种，商务印书馆54种，文明书局32种，其他17种；高小教科用书共75种，商务印书馆30种，文明书局21种，其他24种；中学教科用书共194种，商务印书馆32种，文明书局9种，舆地学会76种（注：中学教科用书194种中76种为地图，均由舆地学会出版），其他77种。

总之，商务印书馆紧跟形势，以新式教育为契机，致力于中小学教科书的出版，既助力学校教育的发展，又奠定了自己在中国近代出版业中的重要地位。在辛亥革命之前，商务印书馆在教科书

【钟衡臧简介】

钟衡臧（1868—1940年），原名观光，字宪鬯，浙江镇海人。青年时代就在家乡组织"四明实学社"，学习江南制造局所译化学、物理、博物等新学，特别重视物理化学实验。后来赴日本留学，特别考察日本的科学文化与实业的关系。回国后与林涤庵等在上海组建了我国第一个科学仪器供应机构"上海科学仪器馆"，又称"上海实学通艺馆"，并且附设了一个"理科传习所"，开展科学教育工作。他讲课详明透彻，实验操作准确，在19世纪末及20世纪初为我国培养了不少理化人才。[1]

[1] 顾明远. 中国教育大系：历代教育名人志[M]. 武汉：湖北教育出版社，2004：515.

出版市场是绝对的领军人物，占据了国内教科书出版市场的绝大部分，为中国教育的发展作出了突出贡献。[1]

（三）科学仪器馆出版的化学教科书

上海科学仪器馆创办于1901年，创办者为虞辉祖、钟衡臧和虞和钦等人。它是我国自办的第一家科学仪器馆，集仪器经销公司、科学教育机构和科技出版社三重身份于一体，出版了许多化学书籍。除日本山下协人编，镇海人虞和钦、虞和寅合译的《化学实用分析术》（1902年）之外，还有日本和田猪三郎编撰、虞辉祖翻译的《中学校初年级 理化教科书》（1902年），日本池田菊苗著、虞和寅等译的《近世化学教科书》（1907年）等。

1. 虞辉祖翻译的《中学校初年级 理化教科书》

这本《中学校初年级 理化教科书》由日本和田猪三郎著、虞辉祖翻译，1902年科学仪器馆出版。

该书绪言首先比较详细地介绍了本书的适用对象、教学时数和安排："本书为中学初年级理化教授之教课用书，教授次序为每周一时于一学年间。其次，还介绍了本书的编写方法：第一，必以生徒之日常经验，及在教室之实验为本；第二，说明，务取简单；第三，材料，有统合之归著点，决不陷于驳杂；第四，插图，颇有精意。再次，对教师使用的建议：第一，载于本书之实验，宜实行之，使得生徒得理科修学之确实基础；第二，本书简单之说明，宜补缀之；而于说明图，尤为利用。第三，如时间许生徒得详领者，宜敷衍其相关之材料者，以统合于本题。著者所希望也。"

全书共分为十五章：第一章，空气；第二章，养气与碳酸；第三章，水；第四章，物质之三态；第五章，物体之膨胀；第六章，重量；第七章，压力；第八章，食盐；第九章，化合物；第十章，金属；第十一章，矿黄、磷；第十二章，音；第十三章，光；第十四章，磁石；第十五

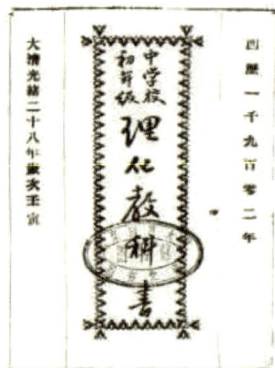

2-2-17

图2-2-17 和田猪三郎著，虞辉祖译，《中学校初年级 理化教科书》，科学仪器馆出版，1902年

【虞辉祖简介】

虞辉祖（1864—1921年），字舍章，别号寒庄，浙江镇海人。早年专习古文。甲午战争后，秉承变法图强、实业救国的理想，转而全力学习自然科学。1899年与同乡钟衡臧、虞和钦等人组建四明实学会，系统学习、介绍自然科学知识，后把实学会迁至宁波志书院（今宁波二中），试制黄磷炸药。1901年，又与钟衡臧、虞和钦在上海创建中国第一所科学仪器馆，并任经理。从规划设计到置办仪器均亲力亲为。其间，屡赴日本考察，带回大量科学仪器。该馆从销售

[1] 汪家熔. 民族魂：教科书变迁[M]. 北京：商务印书馆，2008：36.

章，电气。化学与物理穿插安排，内容分量大致相当。

2. 虞和寅翻译的《近世化学教科书》

1907年9月，科学仪器馆出版了虞和寅翻译的《近世化学教科书》，该书的原著者是日本理学博士池田菊苗。池田菊苗是日本著名化学家，东京帝国大学教授，"味之素"的发明者。1908年他从海带等水产物和植物蛋白质中提取谷酰胺，并经过合成发明制造出谷氨酸单钠（味精）。这种白色的结晶体被命名为"味之素"进入千家万户。他还成功地进行了20多种试验和发明，积极参与了1917年理化学研究所的创设，此后又建立了池田研究室。

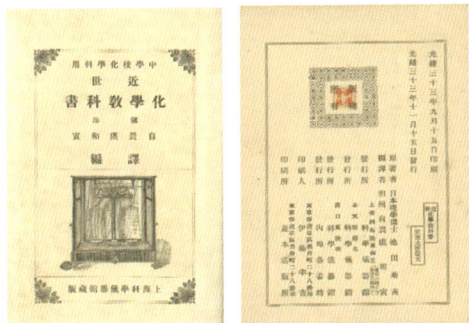

2-2-18

图2-2-18　池田菊苗著，虞和寅译，《近世化学教科书》，科学仪器馆出版，1907年

该书分为四十六章，内容包括概念理论56个，元素15种，无机化合物63种，有机化合物40种，联系生产和生活的知识点20个。[1]

理论层面：有定比定律、倍比定律、气体体积定律、溶液、能、化学平衡、化学反应速度、勒沙特理定律、电离等，程度颇深；元素化合物则包括一些常见的，种类颇多。

联系实际层面：大多是联系工业，联系生活的较少，联系农业的最少。整本书纯粹是描述化学，这也成为我国20世纪20—40年代常见的中学化学课本的雏形。

各种日本生产的科学仪器和药品起步，而后逐渐自制各种仪器及体育用品。先后在馆内设立标本制作所、模型制作所及理科讲习所，传授科学知识，编译《中学校初年级　理化教科书》，还在沈阳、汉口等地设立分馆，编译书籍，对我国早期科学事业影响较大。

【虞和寅简介】

虞和寅（1884—1959年），字自畏，浙江镇海人，出身于诗书世家，是虞和钦胞弟。1907年留学日本，1914年从大阪高等工业学校采矿冶金科毕业，回国后投身地质和矿业调查，写出大量调查报告。他潜心学习化学理论并翻译了多部自然科学著作。他曾译有日本箕作佳吉著《普通教育动物学教科书》。他编辑的《博物学教科书》，所引证参考的日本博物、动物、植物、理科、矿物等教科书和研究著作就有34种之多。

虞和寅是近代著名地矿学者、翻译家，中国地质学会的早期会员，中国工程师学会、中国天文学会会员，也是1935年5月18日成立的中国博物馆协会会员、发起人之一，中华人民共和国成立后曾任安徽工业厅厅长。

[1] 郭保章，梁英豪，徐振亚. 中国化学教育史话[M]. 南昌：江西教育出版社，1993：510.

第二节　民间自编化学教科书的兴起与繁荣

有意思的是，该书对化学的定义为："化学为论相（即状态）之学。而论原质、化合物及溶体（即溶液）之性质与其相互之变化者也。不论生物界或矿物界，凡吾人所目击之物，皆自相而成。故化学之范围其广，而绵亘于全般之自然界。"值得注意的是，该书介绍了一些有关"能"的知识，包括机械能、热能、位能、化学能和能量守恒定律等。相对于不少西方化学教科书而言，是比较早介绍"能"内容的了。

该书的译者虞和寅对其评价颇高，认为它"体裁崭新、理论精确"，但在翻译时，也作了少量的调整。虞和寅在绪言中明确表示："是书大体，悉循原本。间有不合于吾国者，略为增补窜改。唯其原旨，仍不消失。"改编之后的教科书，增加了一些有关中国国情的内容。如在介绍"金"时，"我邦现今著名者，为漠河之金沙矿，其他如满洲、甘肃、四川等处，产之亦多"；讲述"铁"时，"我邦产铁之处虽多，然制铁之业，犹在初程，可深憾也"；讲述硅的化合物及制品时，描述了我国特产的景泰蓝的制法。

该书也可以看作是我国化学教科书从翻译向自主编写过渡的标志之一。

（四）其他机构出版的化学教科书

因教科书市场需求巨大，其他书坊也纷纷加入教科书出版阵营，出版了一些化学教科书。

1. 适用于小学的化学教科书

根据"癸卯学制"的相关规定，晚清政府在小学开设了化学课程。除文明书局外，不少出版机构开始编辑出版适用于小学阶段的化学教科书。具体有：

1904年，新学会社刊印孙海环编写的初等小学适用的《化学教科书》。1906年，上海科学书局出版了顾澄编辑的《蒙学化学教科书》。1906年，古今书局出版了彭延烘编译的高等小学试用的《最新化学教科书》。

上述小学化学教科书很难找到。除了文明书局1906年出版的"蒙学系列教科书"中的《蒙学化学教科书》外，还有以下几本。

（1）新学会社编译的《理化博物教科书（小学校用）》。

1903年7月，新学会社编译出版了供小学校使用的《理化博物教科书（小学校用）》，该书与新学会社早期大多数其他教科书一样，没有标注原作者，不过从内容上看，主要是译自日本学者的教科书。

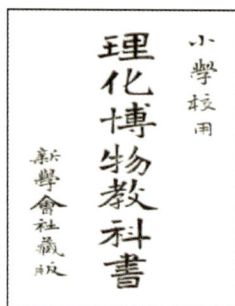

图2-2-19 新学会社编译，《理化博物教科书（小学校用）》，新学会社藏版，1903年

该书言简意赅，内容精炼，以供我国小学教员之准备与生徒之研究之用。近代日本由于学习西方先进技术而使得国力强盛，反观我国三十多年迟迟不进，主要原因之一就是小学物理、化学等自然科学知识不能普及。

该书分为六大部分：物理学、化学、植物学、动物学、矿物学、生理学。第二部分是化学。具体内容有：总论、酸素、空气、窒素、水素、水、安母尼亚、盐素、盐酸、炭素、炭酸、硫磺、磷、铁、钠、硫化物、硝石、硝酸、酸、盐、中性、金属、非金属等。

（2）华美书局出版的《初等理化教科书》。

1910年，华美书局出版了由英国人费勾利、西门司合著，刘光照翻译的《初等理化教科书》。

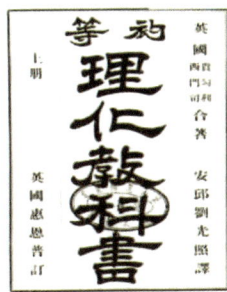

图2-2-20　《初等理化教科书》，费勾利、西门司合著，刘光照翻译，华美书局出版，1910年

该书的绪言中，首先交代了编译《初等理化教科书》的目的：第一，"理化一学其为理至要而其用至宏，惟其理之要也，故足以炼人之脑力而引申其思想，惟其用至宏也，故可括一切之事功而辅翼其发达。英美诸强国文明日进，何莫非得力于此学哉"。第二，"惜近来各学堂讲习之本，其论事也曲而或失之繁其言理也，细而或失之深其用意也"。第三，"又只以备高等学堂为用，至施之小学而鲜能及之。求其简而赅，详而明，委屈而显，详细而易者，卒寥寥不概见也。然则欲养童蒙而立之基础其又奚赖夫。有鉴于

[1] 邹振环. 创办初期的新学会社与《外国地名人名辞典》的编译[J]. 东方翻译，2012（4）：25-32.

第二节　民间自编化学教科书的兴起与繁荣

此，爰取英国费勾利、西门司两位教育家的理化教科一书详为译之，以饷后学而使讲习焉"。

第四，"此书所课只即习见之理化与夫寻常之事端，籍以扩充童年之知识，以引入理化之门径焉"。

华美书局是美国监理会在上海创办的一家教会出版机构，它与同时期的伦敦会的墨海书馆（1843年）、长老会的美华书馆（1860年从宁波迁往上海）一起构成了上海近代早期最重要的三个基督教（新教）出版机构，也是引入西学、传播新学的重要基地。[1]

其次介绍了本书的特点。由于"学所有实验之关系尤为紧要，因于每课之中皆级以实验之法并详列应用之器材于课首，学者事先备之，俾无旷工废事之虞，犹恐器材之不敷所用也，于是别列研究一条于各课之下，以供学者之肄习。其实验则教者一人做之，学者止观其布置与现象足矣"。

具体到每课的内容是这样构成的：第一，实验；备用之器材，应做之事宜。第二，研究与所有之效果。第三，宜记之事端。第四，该课之问题（练习）。从实验开始，到理论探讨，到重点提示，以问题结束。这样做促使学生从感性认识上升到理性认识，逐步巩固所学知识。

（3）福建陆军小学堂编写的《化学教科书》。

1911年，福建陆军小学堂编写了《化学教科书》。

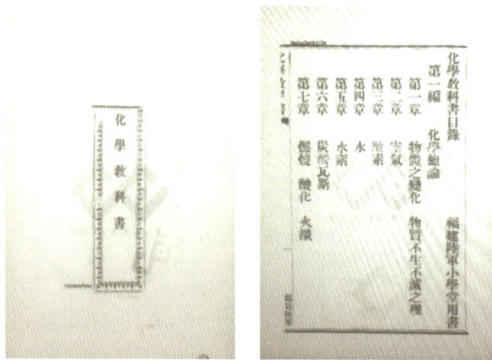

2-2-21

图2-2-21　《化学教科书》，福建陆军小学堂出版，1911年

【福建陆军小学堂简介】

前身是福建武备学堂，由闽浙总督许应骙创办于1902年。1906年，改为福建陆军小学堂。武备学堂是中国第一批正式的军事院校。晚清政府因天津武备学堂的成功而要求各省创办武备学堂，后来不少都被各地改成了陆军小学堂。其办学宗旨为"一切教育，以忠君爱国为本原，德育、体育为基址，振尚武之精神，汰叫嚣之陋习"。学制三年，每所学堂定额为90名至300名学生不等，年龄为15岁至18岁（武备学堂挑选的可在20岁以下）。各小学堂定额分三年招足，即每年招定额的三分之一，分为第一、二、三班，新生为三班，每年提升一班。

[1] 王月琴. 上海华美书局及其在近代上海出版印刷文化中的作用[J]. 都市文化研究，2016（1）：283-297.

该书共四编三十二章，第一编，化学总论（1~8章）；第二编，非金属单体及其化合物（1~6章）；第三编，金属单体及其化合物（1~10章）；第四编，有机化合物（1~8章）。由于是自编自印，该书编排方式非常简单，前面没有编辑大意，全书没有一幅插图，各章后面也没有练习题，直接以"非金属""金属""有机化学"三部分知识呈现。

2. 适用于中学的化学教科书

（1）长沙三益社出版的《最近普通化学教科书》。

1904年，三益社编译出版了日本人龟高德平著的《最近普通化学教科书》，该书适合各普通中学使用。该书的内容共分为三编四十一章。第一编，化学本论及非金属（1~20章）；第二编，金属（1~9章）；第三编，有机化合物（1~12章）。

图2-2-22　龟高德平著，三益社译，《最近普通化学教科书》，三益社藏版，1904年

（2）上海普及书局出版的《中等教育化学矿物教科书》。

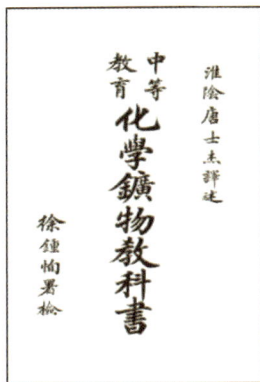

图2-2-23　滨幸次郎、河野龄藏著，唐士杰译述，《中等教育化学矿物教科书》，普及书局出版，1907年

该书共七章四十九节。第一章，绪论；第二章，空气、水；第三章，木炭、食盐；第四章，硫磺、硝石、磷、硼砂；第五章，金属及普通之矿物；第六章，有机化合物；第七章，结论。

书中叙述了本书的特点：

第一，此书关于初学者化学及矿物欲予以基础的智识，故简明以记述之。以此书为中学校教科书及讲习用书最称适当。

第二，其材料悉采日常适切之物以为实际之应用，其裨益于经济卫生等者实多。学问之上观察与实用之上观察，悉详细记叙之。

第三，化学者以实验之事实为基础之学问，则必于其实验使了解，此书于装置之说明及实验之方法详细记述，教授生徒阅之自易了解。

第四，表中与复杂事项，当使阅者一目了然，此书比较推究，甚为精详，便益实多。

第五，此书文字以平易为主，使读者不老脑力，行文以简洁为主，止求握其要点，不尚铺张。[1]

（3）群益书社出版的《最新化学教科书》。

该书绪言中写道："化学之现象与其他现象较，其足引起人注意者少，未学化学者脑中，殆无有预备的知识，故教授此学之时，最宜注意者须由易而难、由简而繁、由生徒日常亲见之物质，渐及于未知之物质乃为适宜。是篇先述空气、水及此等之组成分，次述食盐以为盐类之标本溶液论、电解及电离诸说。则后于非金属始说明之至金属之部，乃时示以应用之法而于述金属之时，亦以生徒所熟知之重金属为先，最后乃述亚尔加里金属。有机化学则先述酒精，即因酒精以说明有机化学分析之次第，及定实验式、分子式及构造式之法。

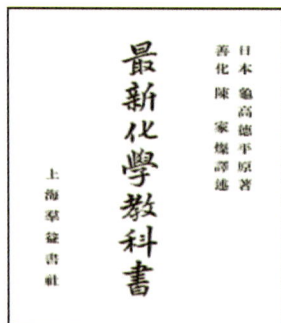

【群益书社简介】

群益书社是一个小型出版社。1899年，湖南长沙人陈子沛、陈子寿兄弟二人与堂兄陈子美结伴东渡日本留学。1901年，陈子美出资在日本东京创办群益书社，从事书刊销售。1907年，陈子沛、陈子寿兄弟又在上海福州路惠福里开设群益分社。当时的福州路是上海近代文化出版业的阵地，拥有书肆300余家。1912年，群益书社在上海扩大业务，迁至棋盘街（今河南中路）泗泾路口。自此，群益总社遂迁于上海，并在东京和长沙设立分社。几经沉浮，1935年群益书社停业，1945年复业，1951年再次歇业。群益书社首任经理为陈铭武。群益书社出版过许多政治、经济、法律、文学读物和各类教科书译本，是一家有影响力的出版机构，该社出版的外语教科书、外语参考读物和各种英汉辞典，如"青年英文学丛书"和苏曼殊所编的《汉英文学因缘》等，曾风行一时。

群益书社帮助过一些革命志士，如黄兴、毛泽民等。1920年9月，毛泽东、易礼容和彭璜等人筹建"长沙文化书社"，群益书社提供了帮助并保持密切往来。另外，还资助陈独秀创办《新青年》。[2]

图2-2-24　龟高德平著，陈家灿译述，《最新化学教科书》，群益书社出版，1909年

"余以近年发达之伊碗说、平衡论等，务须以简单之形输入于普通教育。然亦酌量生徒之知

[1] 滨幸次郎，河野龄藏. 中等教育化学矿物教科书[M]. 唐士杰，译. 上海：普及书局，1907.
[2] 周自豪.《新青年》与群益书社的恩怨纠葛[J]. 世纪，2006（4）：48-49.

力，仅止于定性的，而数量的则从略。篇中欲图唤起生徒之兴味，凡与日常生活有关系之事项，务记载之，例如述物质之效用，说明某物供医药之用且必示其用途，自日常生活之关系言之。有机化合物之大体之知识较之无机化合物为要，此易明之事实也。然自来教授者每于前者详细教授，始及于后者及至时间不足，遂毫不教授之终者亦有之，是最宜注意者也。若时间有不足时，宁于无机化合物细字之部从略而有机化合物之大要，必须教授为宜。

"教授化学之际必须示以标本及讲义实验固不俟论，然而不示以实验，仅以教科书充讲义，则教授化学之效力殆无有。故余以为仅经教员之手实验之，犹为未足。宜择简单之实验，使生徒躬亲行之。然以现今之状态而观，学校之设备未尽完备而教员之所担任之时间又多，则望其实行诚为至难之事。故此之实验必求其易而且简，使减少几分之困难。余别编有讲义实验书，与此相辅以供教员诸君之参考，且述使生徒行实验及其方法之一斑而记载于本书之事项须说明者，及本书所省略之重要事项，皆附记于讲义实验书。亦希望教员诸君视时间之长短择宜补入。又本书编纂之趣意及使用上之注意别编成一小册，亦足供世之一览。"

作者在绪言中阐述了化学在人们心目中的地位以及教授化学的原则，接着交代了本书的内容安排及重点。同时，结合作者本人的亲身经历和教学体验，较为详细地论述了化学这门课程在教学中的注意事项，如：结合日常生活中的事例来讲述化学相关理论，激发学生学习化学的兴趣和积极性；合理有效安排学习时间，突出重点；结合学校自身条件，尽量安排化学实验，以加深学生对化学知识的理解和掌握。

（4）中国图书公司1910年出版的《理化教科书 化学》。

该书适用于中学及师范学校，共分为五十五章，插图共计127幅。该书结合图示说明化学知识，能有效激发

【陈家灿简介】

陈家灿（1881—1941年），字子辉（晖），厚生讲习所创办人之一，董事。与其兄陈子美留学日本，参加同盟会。与陈子美等创办及经营群益书社，负责长沙集益书社（后更名为群益图书公司），从事书籍出版，经营上海出版的新书业务，并出售各种教学仪器和标本。1907年，陈氏兄弟又在上海开设群益分社，出版了各类教科书等读物。1916年任湖南实业科科长，1917年任职交农商部。1910年2月于上海与向瑞琨创办《中国商业杂志》，负责编辑兼发行。1905年与曾鲲化等建立了中国第一个铁路学会——湖南铁路同学会。译有《最新化学教科书》（龟高德平著）等教科书。

【吴传绂简介】

吴传绂，安徽安庆人，清朝政治人物，进士出身。1877年参加丁丑科殿试，登进士二甲第60名。同年五月，经吏部掣签，授即用知县。

【中国图书公司简介】

中国图书公司于1906年由张謇等人在上海发起成立，沈恩孚任编辑所长。据《教科书之发刊概况》统计，该公司创立当年，出版的小学教科书有《算学自修书》《几何学教科书》《初小算学课本》《初小国文课本》《初小修身课本》《高小历史课本》

学生的学习兴趣，但在内容安排上比较驳杂。比如，第五十五章为生物之化学，具体内容包括：植物之同化作用，炭水化物互相之转化，化学能力之作用，酿造，发酵，动物之化学，与温度之关系。逻辑上缺乏严谨性。

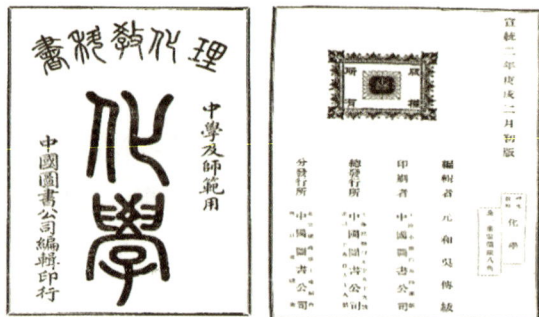

2-2-25

图2-2-25 吴传绂编，《理化教科书 化学》，中国图书公司出版，1910年

《高小地理课本》《化学理论解说》等19种，几乎囊括了小学教育的各门课程。出版的中学教科书则有《算术》《化学理论解说》《政治学》等9种。其中有一批教科书颇有新意，如《最新化学理论解说》《小学体操范本》《卫生新论》等。"从表面上看，中国图书公司出版的教科书似乎不如商务印书馆和文明书局有影响，但其门类齐全，学科新颖，很有特色，填补了清末自编教科书的某些空白和不足，使我国教科书的编写又向前迈进了一步。"[1]

（5）科学会编译部出版的《中等化学教科书》。

2-2-26

图2-2-26 伦孙氏著，马君武译，《中等化学教科书》，科学会编译部出版，1911年

该书是横向排版的。

全书共二十六章。第一章，化学变化及物理变化；第二章，空气；第三章，养素；第四章，化合量；第五章，淡素；第六章，水；第七章，轻素；第八章，水（续前）；第九章，淡素及轻养二气之化合物；第十章，绿素及轻养二气之化合物；第十一章，酸、盐基、中和、盐类；第十二章，炭素；第十三章，炭素及轻养三素之化合物；第十四章，原子论、原子量、分子量、原子价、元素分类法；第十五章，绿素族、绿素、溴素、碘素、弗素；第十六章，硫素族、硫素、硒素、碲素；第十七章，淡素族、淡素、磷素、砒素、锑素，附硼素及矽素；第十八章，造盐基元素、分类法；第十九章，钾素族、钾素、钠素（钶素）；第二十章，钙素族、钙素、钡素、钨素；第二十一章，镁素族、镁素、锌素、镉素、铜素族、铜、水银、银；第二十二章，铝素族、铁素族、铁、钴、

[1] 韩文宁.清末民初教科书出版述论[J].江苏图书馆学报，2000（2）：48-51.

2-2-27

图2-2-27 马君武

镍；第二十三章，锰素族、铬素、钼素、铋素；第二十四章，铅、锡、铂、黄金；第二十五章，普通炭素化合物；第二十六章，其他炭素化合物；附，周期律。

此外，1905年，时中书局出版了由萧湘编译的《无机化学》，作民译社出版了由日本小藤雄次郎著、余呈文编译的《中学化学教科书》，清国留学生会馆出版了由王焕文编译的《最新化学方程式》。

1906年，昌明公司出版了由黄昌骥编的《化学教科书》，点石斋出版了由沈景贤翻译的《最新化学教科书》，广智书局出版了由日本大幸勇吉著、林国光译的《化学》。

1907年，开明书店出版了由黄郛编的《化学教科书》，清国留学生会馆出版了由任允编纂的《无机化学》，东亚公司出版了由日本和田猪三郎讲述、金太仁作等翻译的《化学教科书》。

1908年，宏文馆出版了由薛凤昌编写的《中等化学》，均益图书公司出版了《无机化学讲义》《有机化学讲义》，这两本书原著者都是日本的藤本理，均由范迪吉、张观光翻译。

1909年，科学书局出版了徐亚伯著的《无机化学讲义完璧》。

1911年，翰墨林书局出版了由日本大幸勇吉著、尤金镛译的《近世化学教科书》。

3. 实验化学教科书

这是理论教科书的补充和延伸。清国留学生会馆1904年出版了由钱亨颐编的《普通实验化学》，挹记图书馆1905年出版了由日本高松丰吉著，张修爵、彭树滋编译的《最新实验化学教科书》，科学会社1911年出版了由美国马福生等著、史青编译的《最新实验化学》，等等。

【马君武简介】

马君武（1881—1940年），民国时期著名的政治活动家、教育家。原名道凝，字厚山，号君武。祖籍湖北蒲圻，出生于广西桂林。中国近代获得德国工学博士第一人。广西大学的创建人和首任校长。

早年留学日本，其间与孙中山相识，1905年参与组建中国同盟会，是同盟会元老之一，《民报》主要撰稿人。辛亥革命后，马君武参与起草多项法令，如《中华民国临时约法》《临时政府组织大纲》等，在政府担任要职，先后任中华民国临时政府实业部次长，孙中山革命政府秘书长、广西省省长、北洋政府司法总长、教育总长，是国民党元老级人物。

1924年，马君武开始淡出政坛，精力逐步投入教育事业，先后担任上海大夏大学、北京工业大学、上海中国公学、广西大学等学校校长。马君武以其改造中国的封建教育体制、力推现代高等教育的理念奠定了他在中国近代教育史上的地位，与主张"思想自由，兼容并包"的蔡元培同享盛名，有"北蔡南马"之誉。

第二节 民间自编化学教科书的兴起与繁荣

（1）挹记图书馆出版的《最新实验化学教科书》。

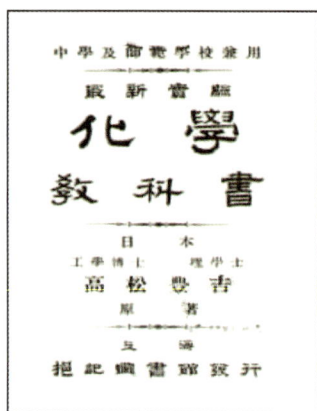

图2-2-28　高松丰吉著，张修爵、彭树滋编译，《最新实验化学教科书》，挹记图书馆出版，1911年

《最新实验化学教科书》全书分上、下两卷，"上卷起绪论，迄非金属元素，显示其化学上紧要之现象，而鲜说其原理及诸定律。下卷述有用金属元素及其化合物，并涉及普通有机化合物之性质，而讲明其各自之关系。尚有上卷所未及登载之诸定律，亦并录入。故本书虽师范学校之外凡各中学程度之诸学校，用以为教科书均无不可"。

编译者在绪论里论述了本书的八大特色：

第一，本编全卷三百有余帙，而试验法之多，乃不下一百六十余。

第二，本编卷帙无多，而无机、有机两篇所论及化合物，有三百五十余种之多，适合中学程度教科之用。

第三，本编所用术语及化合物命名法，或沿用东籍通行者，或择用中国之新改订者，煞费苦心之处，务求于原义不相刺谬而止。

第四，非徒颠倒而点窜之。遇原书有简略未能达意之处，务择他参考书撮要补入。如第十三图空气重量比例之测量法一段，读者试取原书比对观之自知。

第五，本编虽分章节，实皆前后一气，自为联络。读者顺次阅之，自觉条理秩然。此有系统的理论之可贵也。

第六，从来化学书之课本，均无用横行文字者，有之自本编始。其所以较便之处。已阅数学书者当自知之。

第七，本编遇有重要定律，均于下作横线，以示宜注意处。

第八，本编遇有重要诸术语，必多搜集英文原名，附于语末。为补原书之所无，而资读者之参考。[1]

---

[1] 高松丰吉. 最新实验化学教科书[M]. 张修爵，彭树滋，译. 上海：挹记图书馆，1905.

（2）理科丛书社出版的《普通教育实验理化教科书（中学用）》。

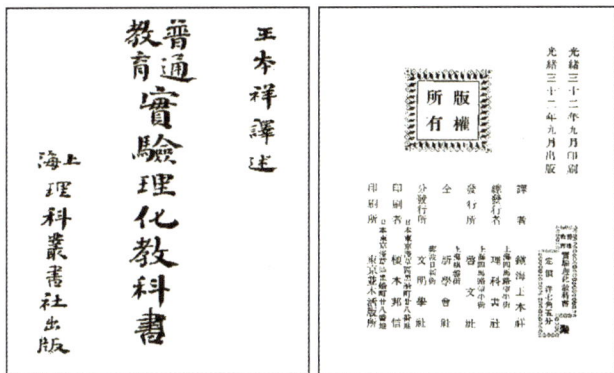

图2-2-29　《普通教育实验理化教科书（中学用）》，池田菊苗著，王本祥译述，理科丛书社出版，1906年

该书总共有十五章。第一章首先阐释了理化学之效用。"理化学为极重要而有益学问之一。凡是农业制造、土木建筑、医药以至交通运输之业，驯至今日之发达者，皆由运用理化学之结果也。故将来欲益进吾人之幸福决不可不依赖此理化学，且理化学为兴味极多之学问，凡围绕诸子身边种种事物之理，皆可一一解释之以示诸子。"

（3）普及书局出版的《化学讲义实验书》。

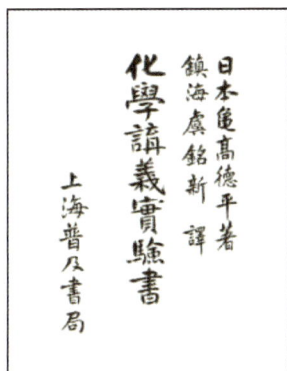

图2-2-30　龟高德平著，虞铭新译，《化学讲义实验书》，普及书局出版，1907年

书中叙述了本书的性质及内容安排之特点：

本书专揭中学校及师范学校等教授化学之实验法。

此实验书在我国尚未有出版者，泰西各国此等书甚多。然每需复杂之装置，或高价之器械，于我国现今之普通学校，实难施行。故其所记实验，得其供参考者亦甚少。本书仅择其简易实验，不需多时间与经费者记之。且此等实验多为东京高等师范学校生徒实习时所已实验者。

本书为公务余暇而编纂者，故一切记载定难完全。惟因我国尚无是书，则此编实甚要也。其不完全处，姑俟出版后渐次增改，当世诸君若有改正或增加之处，深希惠函示知，不独余之幸也。[1]

本书卷尾另有附录一卷，其目如下：

原子量表、度量衡比较表、重要之酸及盐基之比重表、水之硬度表、酒精表、普通教育必需之化学器械药品及其略价、简易之化学参考书及其略价。

---

[1] 龟高德平. 化学讲义实验书[M]. 虞铭新，译. 上海：普及书局，1907.

本书还交代了讲义实验之注意事项：

施行讲义实验最宜注意者，即其装置之全部，必于讲义时间前准备完全，即此实验为再三经验无失败之恐者，亦必先时试验其药品之纯否？器具之完美否？不使入堂后偶有失败也。若其实验装置准备颇难者，则于实验后不必折去，仍依原式置诸别处，另附纸条书明，以供次回施行同实验时之用，大省准备之时间。

同一之实验，以同方法反复施之，往往有不得其同结果者，是因其药品器具不免有少差也。教师诸君若有据本书中实验而不得好结果者，务望不惜功夫，临机应变，再三试之必告成功也。又本书所载器具，如由齐米特、玻璃管、烧瓶等，其大小形式有一时难得其相同者，可择相宜之品代之。故当施行一实验之前，必将其说明之全文一再通读，以详知其装置中各部分目的为要。[1]

总之，这一时期民间教科书发展迅速，民间出版机构有数十家，其机构尽管不大，但积极参与中小学教科书的编写，出版的教科书种类繁多，层次齐全。既有理论层面的化学教科书，也有实验层面的化学教科书；既有中学化学教科书，也有小学化学教科书，可谓百花齐放，以满足新学之用。当然，也存在重复翻译，出版的化学教科书同质化比较严重的倾向。总的来说，民间自编教科书的出版，使出版机构在相互竞争中不断推陈出新，促进了教科书的繁荣和发展。

第三节
官编化学教科书的出现与发展

清末"癸卯学制"颁布后，全国各地掀起了办学热潮，各级各类学堂风起云涌，全国基本形成了大学——都市省垣，中学、师范——府治，高小——县城，初小——乡镇这样的学校与行政梯次配备的体系。为统辖全国各地的学堂，规整规模大、层次多的学校体系，清政府于1905年12月6日正式设立学部，学部设尚书一人，总管全局，左、右侍郎各一人，协助尚书工作。学部之下设5司12科，统一管理全国教育。其中第一总务司下的审定科，负责审查教科图书，收管图书，编录各种学艺报章。

就教科书而言，学部认为："教科书为教育之利器。现在立宪政体既已确立，所有普通之知识，世界之大势，国民应尽之义务，各项教科书中，皆应发挥宗旨，指陈大义，以资讲授。"[1]在这种背景下，清政府开始组织力量编写官方教科书。

一、官方编译机构的变迁和教科书编审制度建设

我国小学使用"教科书"，最早始于清末。新式教育之前，在我国漫长的传统社会里，学校教育是以《三字经》《百家姓》《千字文》或"四书"等典籍作为开蒙读物的，而且这些课本是由统治者亲自选定或亲自组织力量编撰，以"钦定"的形式颁布使用。清末新式教育之后，新学堂的速增导致教科书需求量的扩张，使得各地学堂、书坊竞相出版教科书。民间教科书的繁荣，虽然满足了现实的需求，但是也打破了晚清政府对教材的垄断和控制，引起了统治阶级的担忧。所以清政府为了巩固统治地位，加强了对教科书的规范和管理。

（一）官方编译机构的变迁

1. 清末官书局的设立

我国自古以来就有官方参与出版活动的传统，清朝尤为突出。清末时期，西方势力的入侵和以太平军为主的军事斗争，对清朝的统治构成了严重威胁。内忧外患，导致清政府摇摇欲坠。所以清

---

[1] 陈学恂. 中国近代教育史教学参考资料：上册[M]. 北京：人民教育出版社，1987：766.

政府为了维护统治权威，确立了"中体西用"的文化政策，鼓励创办官书局，以传播正统的价值观念。于是全国各地纷纷建立官书局。

1859年，湖北巡抚胡林翼创办的武昌官书局成为清末最早的官书局。随后几乎各省都有官书局建立，其中江苏官立书局、浙江官书局影响较大，刻书较多。江苏的三所官立书局，在其存续期内（1863—1919年）共计出书322种，2801册，且以翻刻古籍为主。[1]其中以江苏官书局（1868年成立，1919年并入江苏省立第二图书馆）出书最多，共计206种，1632册，平均每年出书4种。[2]浙江官书局自1867年开局，至1913年正式并入浙江图书馆，刊布经史子集数百十种。

清末官书局的特点：

第一，官书局出书的宗旨是恢复封建正统思想，"正人心，端民风，以振文教"。所以其出书不以营利为目的，而是以流通为本。例如：严复在《京师大学堂译书局章程》中明确指出编译宗旨，"一为开通民智，不主故常；二为敦崇朴学，以救贫弱；三为借鉴他山，力求进步；四为正名定义，以杜杂庞"。

第二，官书局出版的图书以传统的经史子集为主，如江苏官书局的《古逸丛书》、浙江官书局的《清御纂七经》等，这些官书局在客观上整理和保存了中国古代丰富的文化典籍。

第三，随着时代的发展，清末官书局后来开始刊刻一些翻译书籍和新学书籍，但数量非常有

【官书局简介】

1859年，湖北巡抚胡林翼在武昌开设书局，这是晚清最早的官书局。各地督抚纷纷效法，官书局遂遍布各地。1864年，曾国藩在南京成立金陵书局，光绪初年改名江南书局。1865年，李鸿章创建了江苏官书局。1887年，张之洞筹办了广东广雅书局。另外，左宗棠倡议设立杭州官书局、福州正谊堂书局以及湖北官书局。官书局以程朱理学为刊刻的要旨，以考据治学为校勘的保障，也翻译、印制了大量的西学书籍。各地督抚创办官书局的主要目的是强化思想控制，稳定统治秩序。

官书局作为清末官办翻译出版机构，产生于雕版印刷日趋没落，新的印刷技术日渐兴起之际，具有承前启后的作用。清末官书局有十多家，遍及大江南北。大抵先由达官或会社倡办，后请国库津贴，成为官商合办性质，而以官本为主。出版各类古籍、丛书、图志，亦刻少数名钞孤本，还是以经、史、子三部为主。清末官书局刊书很多，多以刻本为主，少有石印本，水平参差不齐。版本、校勘、刻印较好的书局有：金陵书局（后改称江南书局）、浙江书局、江苏书局、淮南书局、广雅书局等。

辛亥革命以后官书局渐趋衰歇，1920年左右因提倡整理国故而稍有转机，终因公私赞助款项不多，或并或闭，后多改办为各省的省立图书馆。所刻印的古书，多经校勘，售价较廉，少数珍藏秘籍得以印行，在传播和普及文化方面起了一些作用。

[1] 倪波，穆纬铭. 江苏图书编辑史[M]. 南京：江苏人民出版社，1991：161.
[2] 苏州市地方志编纂委员会. 苏州市志：第三册[M]. 南京：江苏人民出版社，1995：807.

限，如：江苏的金陵官书局印过有关新学的书籍，但也只限于明徐光启等翻译的《几何原本》及清李善兰等翻译的《重学》二书，所以与商务印书馆"日印新书一种"相比较，实在微不足道。即使是官方1862年创设的、带有近代特点的出版机构——京师同文馆，其出版也只是一种附带职能。

2. 京师大学堂编书处的成立

1902年1月，光绪皇帝决定将京师同文馆并入京师大学堂，由大学堂负责编写中小学教科书。1902年10月，清政府在京师大学堂附设编书处，这是官方最早的专门的教科书编写机构。根据《京师大学堂谨拟编书处章程》的规定：编书处的任务是按照中小学课程门目分类编撰教科书，分别为经学、史学、地理、修身伦理、诸子、文章和诗学七门课本，既有编撰大纲，又有编撰的具体要求。各门课本均出两个版本，一为简本，为蒙学及寻常小学使用；一为详本，为高等小学及中学使用。编书处编书的宗旨有四条："一曰端正学术，不坠畸邪；二曰归于有用，无取泛滥；三曰取酌年限，合于程途；四曰博采群言，标注来历。"[1]这开启了我国官方组织有计划、有目的编写现代学校教科书的模式，中国近代学校教科书编写开始走向规范。

然而，虽然作为官方机构各方面的条件都完备，但是在僵化、呆滞的封建体制和穷途末路的清政府难以作为的大背景下，大学堂编书处存在了两年的时间，却毫无生气。1903年，编书处颁布了暂定各学堂应用书目一本。将学堂课程分为16门，即伦理、修身、字课、作文、经学、词章、中外史学、中外舆地、算学、名学、理财、博物、物理、化学、地质、矿产等。每门课程列有若干种教材供学堂采用，共列举了91本教学用书供选用。但具有讽刺意义的是，在这本书目中，竟然没有一本是编书处编制的。1904年总理学务处成立后，其下设的编书局取代了编书处的职责，京师大学堂编书处寿终正寝，但教科书的出版仍处于自由状态。所以清政府想通过发展国家统编教科书，最终达到取代民间教材的目的并没有实现。

3. 学部编译图书局的设立

1905年12月清政府学部成立后，其中一项重要的工作就是加强对教科书的编撰和控制来保证教育质量和教育发展的方向。1906年4月，学部奏拟官制职守清单，"拟设编译图书局，即以学务处原设之编书局改办。其局长由学部奏派，其局员均由局长酌量聘用，无庸别设实官。并于局中附设研究所，专研究编纂各种课本"[2]。

1906年6月，编译图书局正式成立。设局长1人，副局长2人。下设四课：总务课，有总务、总校、校定、文牍等四股；编书课，有经学修身、国文、史地、法制理论、图画、音体、算术、博物理化等八股；译书课，有日文、英文、俄文等三股；庶务课，有会计、印刷、校对、书籍、管理书记、管理杂务等六股。主持全国教科书编辑工作，其目的是将部编教科书作为审定之本颁行全国来

[1] 朱有瓛. 中国近代学制史料：第二辑　上册[M]. 上海：华东师范大学出版社，1987：862.
[2] 舒新城. 中国近代教育史资料：上册[M]. 北京：人民教育出版社，1961：280.

统一各学堂的教科用书。

此外，为了使教科书中的名词术语整齐划一，学部还于1909年在编译图书局内专门设立了编订名词馆，严复为总纂，编定各种学科的中外名词表。[1]

编译图书局内的成员皆是清政府的官员，有修撰、编撰、御史、提学史、检讨、知州、知县、进士、贡附生等。编译图书局成立后，聘王国维、汪荣宝、夏寿田、高步瀛、常福元、颜惠庆等为编辑，专门研究编纂各种教科书。

1909年，又设立了蒙藏编译局，出版蒙、藏文课本。[1]

作为编辑各级各类学堂教科书的专门机构，编译图书局成立后，随即制定了编辑新式教科书的九条章程。并按照这一章程，编译图书局确立了如下工作运行准则：

第一，编译教科书，初等小学最先，高等小学次之，中学与初级师范又次之；

第二，编纂教科书，宜恪遵忠君、尊孔、尚公、尚武、尚实之宗旨，以实行国民教育；

第三，所编之书务使程度相宜，教育进步；

第四，凡编一种教科书，兼编教授书；

第五，凡编一本，预先须议定年限钟点；

第六，编辑、绘图、庶务、印刷互相协作、以迄集事，力戒各顾其私；

第七，译书先择英、日二国书籍，余俟聘定妥员再行翻译；

第八，成书之后，由学部审定科审定，再通行各省学堂，提倡学堂提意见；

第九，各科说明书变成后，一面本局自行编纂，一面由本部悬赏募集编纂，以补本局之不逮。[2]

编译图书局编译教科书严格地遵守了学部提出的"忠君、尊孔、尚公、尚武、尚实"的教育宗旨，承载了清政府希望通过控制教科书来规整社会的梦想。具体流程是先由编书课、译书课研究编写各种官方教科书，然后由总务课组织分校、复校、总校三级校审，总校由局长亲自担任。另外，编译图书局编撰的教科书，准许各地进行翻印；地方官员及本国各书坊凡是遵循该书章程的均准其随时翻印；但翻印前必须在先期呈送样本，并声明印刷册数，之后经督学局或各省提学使司核准考察。[3]

（二）晚清教科书编审制度的建设

1. 清末教科书编审的"国定制"与"审定制"之争

一般来说，教科书编审制度历来有"国定制""审定制"和"自由制"之分。所谓国定

---

[1] 杨慧慧. 晚清学部编审教科书的活动[D]. 长春：吉林大学，2006.

[2] 学部编译图书局备览[J]. 学部官报，1908（68-70）：附录.

[3] 石鸥，吴小鸥. 中国近现代教科书史：上册[M]. 长沙：湖南教育出版社，2012：158.

制，是由国家教育行政部门按照课程标准或教学大纲统一组织编写的教科书，适用于全国各地学校，各地和个人不得自行编辑出版。审定制是由民间编辑出版的教科书，经中央或地方教育行政部门根据所颁课程标准或教学大纲审查合格，供各地学校使用，它又分为认定制和选定制。认定制指民间编辑出版的教材经中央或地方教育行政部门审定或认可，由学校选取作教科书使用。选定制指由中央或地方教育行政部门在各门学科里选定若干种民间编辑的教科书作为教科书，供学校采用。自由制是由民间自行编辑出版发行供各学校自由选用的教科书，无须教育行政部门审查或认可。[1]

晚清政府统治者内部对教科书编审的管理态度出现分歧：

一是以孙家鼐、张百熙等官员为代表主张由政府机构统一编撰，要求实行"国定制"。1898年，管学大臣孙家鼐针对当时各地学堂教科书管理的混乱状况，希望通过京师大学堂的建立来统一教科书的编撰使用，所采取的办法是在各地开设译局，由局中中西通才专司纂译。张百熙指出，"现在各处学堂，皆急待国家编定，方有教法"，建议由博学纯正的人编辑成书，中央颁发各省学堂使用。[2]

二是张之洞、严复等人则主张由国家编撰、树立模范，并允许民修教科书审定后发行，这一官民协济的方法，即为"审定制"。1905年9月，山西学政宝熙就奏请令学部审查全国课本："窃谓课本未定，学生将无业可执，以致毕业之说，迄无期限，此今日所最当研究者也。查直隶学校司近编之各种科学书，及湖北官立学堂所出各门讲义，颇足以资采用，下至上海文明商务等书局，发行新辑中小学各教科书，亦多有宗旨不轨，繁简合宜之本，宜先荟萃此等讲义课本，由编译处统加审定，择其善者，分别部居，暂作为各学堂应用之书"。[3]1906年，严复在《中外日报》上发表《论编审小学教科书》，指出国家颁定教科书有很多缺陷，应取多种教科书而审定之；审定标准不必要求太高，让使用者自择，也就是采取自然淘汰的办法。

"国定制"和"审定制"这两种不同意见在近代教科书编审制度确立过程中始终存在，清末编审制度的形成充满了艰难和曲折。

2. 晚清教科书制度的形成

由于各类学堂所需教科书种类繁多、数量巨大，学部的官编教科书远远不能满足教学的需要，所以民间教科书成为清末学堂教科书的主流。为了确保学堂能够遵循"忠君、忠孔、尚公、尚武、尚实"的教育宗旨，培养出统治者希望的人才，清政府着手教科书审定制度建设，这包括审定机构的确立、审定人员的挑选和审定标准的颁行等。

第一，设置教科书审定机构。1905年，学部成立，正式确立了管理全国教育行政的职能，其下

[1] 顾明远. 教育大词典：第一卷[M]. 上海：上海教育出版社. 1990：283.
[2] 毕苑. 中国近代教科书研究[D]. 北京：北京师范大学，2004.
[3] 李桂林，戚名琇，钱曼倩. 中国近代教育史资料汇编：普通教育[M]. 上海：上海教育出版社，1995：163.

分别设置"编译图书局"和总务司的"审定科"，前者专门负责编撰、出版官修教科书，后者负责教科书审定工作。从1906年起，学部陆续审定了初等小学、高等小学、中学、初级师范、国民教育以及女子教育方面的教科用书，并着手审定高等专门学堂的讲义。其中，"审定科"除常设人员外，还经常临时聘请学部其他人员和各学堂教员中熟悉学科教学者担任助理。

第二，颁布并修订教科书审定标准。清末教科书的审定标准虽然在1904年颁布的《奏定学堂章程》中已有相关规定，但并没有落实。1906年，学部陆续颁布了一系列审定教科书的凡例和目录。如《学部第一次审定教科书凡例》《学部通行第一次审定初等小学暂用书目文》《学部第一次审定高等小学暂用书目表》等，规定教科书审定的标准主要遵照学制的规定、教育宗旨和课程标准等。

第三，建立教科书审定工作的监督机制。1906年以后，学部创办了《学部官报》，陆续公布教科书审定的意见和评语，这种自觉接受公众监督的机制表明学部教科书审定工作力求客观公正。"反私家著述呈请审定者，无论或准或驳，皆几经校阅，然后定稿。"[1] 可以说，学部对教科书的审定工作把关严格、非常到位。送审的教科书不管是否通过，学部都将严格细致给出审定意见：决定采用的教科书，肯定它的优点所在，并将应改进的地方列出校勘表；不准采用的教科书则细致说明淘汰的理由，并将谬误之处在总评语中逐条批驳纠正。清末学部这种关于教科书审定的做法受到了肯定和认可。

清末教科书审定制度的形成是清政府迫于形势压力的产物。在社会制度新旧更替的历史节点，清政府采用教科书审定制度就是为了有效地监督新式教科书的发展，从而有效地实现国家教育的目标。尽管效果并不理想，但客观上促进了我国教科书制度的发展。

二、学部官编的教科书

从1905年底学部成立到1910年间，学部编译图书局六年间共编撰出版了修身、国文、算学等教科书130余种。[2] 编译图书局总揽编纂、印刷和发行。这是清政府第一次组织较有规模的教科书编纂发行。其中影响最大的是其所编的《初（高）等小学教科书》。

（一）学部编写的《初（高）等小学教科书》

1907年，编译图书局推出了《初等小学国文教科书》第一册，随后推出《修身教科书》第一册。同年秋季，又出版了第二册。至1909年，初等小学各科课本已全部颁行。1910年，高等小学课本全部颁行。这是我国第一套由中央政府组织编写的全国统一的教科书《初（高）等小学教科

---

[1] 李虹霞. 中小学教科书审定制度的研究[D]. 长沙：湖南师范大学，2008.

[2] 宋以丰，汤霞. 晚清学部的教科书编译与审定[J]. 上海翻译，2016（4）：68-72，94.

书》。1910年底，中学、初级师范、女子师范、单级小学的教科书也陆续完稿。

除此之外，编译图书局还编辑了《官话课本》，在全国范围内推广"官话"。

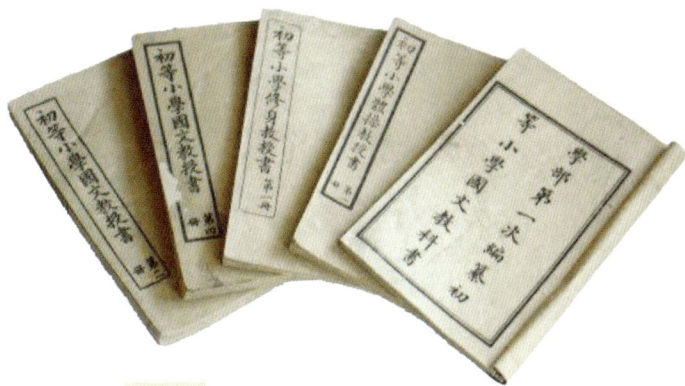

2-3-1

图2-3-1　学部编写的部分初等小学教科书

学部统一编写的《初（高）等小学教科书》有以下特点：

第一，强调以忠孝为本，内容大多是以中国经史知识为主。这也是为了落实学部在1906年3月提出的"忠君、尊孔、尚公、尚武、尚实"五项教育宗旨，其精神仍然是"中学为体，西学为用"。

第二，突出学部统编教科书的权威性和强调教科书形式上的统一性。每册教科书的扉页正面都印有竖排书写体大字"学部第一次编纂初（高）等小学××教科书"字样，反面有"××年××月学部图书局印行"字样。同时，在每册教科书的版权页上方醒目地印有"学部编译图书局"印章。为了推及全国，学部最初在每册最后都附有《学部允准翻印初等小学教科书教授书章程》，准许地方翻印。

第三，选材兼顾介绍西方文明与科学技术，但极少涉及西方民主政治类知识。

第四，编写体例沿用商务印书馆等其他书坊的教科书。但相对于一般书坊教科书而言，学部这套教科书容量较大、难度较深，而且脱离日常生活，比较抽象，有点乏味。[1]

（二）学部等官书局出版的化学教科书

学部编译图书局设立的目的之一就是要统一当时新式教育的课本，引进、翻译西学课本，解决市面上教科书编撰质量良莠不齐的问题。为此，学部编译图书局还编辑出版了一些中学教科书，涉及化学教科书的比较少。

1906年，学部编译图书局刊印了由英国人伊那楞木孙著、曾宗巩翻译的《质学课本》，全书共五册。《质学课本》是中国第一套译自英国的化学课本，也是中国第一本官定化学课本，因此在出

[1] 石鸥，吴小鸥. 中国第一套国家统编教科书：学部图书编译局《国文教科书》分析[J]. 湖南教育（语文教师），2008（5）：4-6.

版后就被学部颁行，作为新式中学堂的课本使用。

曾宗巩翻译《质学课本》时用"质学"代替"化学"，但当时"化学"一词已经流传很广，"质学"未能推广流行。

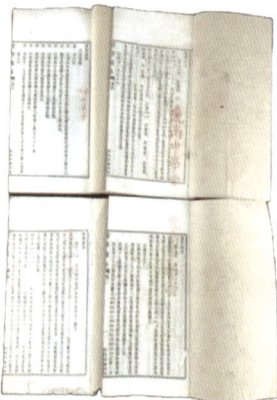

2-3-2

图2-3-2　伊那楞木孙著、曾宗巩译，《质学课本》，学部编译图书局出版，1906年

1908年，学部审定科为规整和统一各学堂化学教科书的翻译名词，编订了《化学语汇》一书，该书由商务印书馆出版。

此外，各地官书局还零星出版了一些化学教科书。如：1905年，湖北译书官局出版了王荣树编译的《中等化学教科书》。

2-3-3

图2-3-3　王荣树编译，《中等化学教科书》，湖北译书官局藏版，1905年

[1] 王国平. 甲午海将曾宗巩：被忽略的翻译大家[N/OL]. 华西都市报，2018-10-24[2021-07-21]. http://news.huaxi100.com/index.php?m=content&c=index&a=show&catid=18&id=1004929.

该书分为三十二章。第一章，绪论；第二章，养气；第三章，淡气；第四章，轻气；第五章，水之组成；第六章，轻气与养气之化合物；第七章，化学之符号式与方程式；第八章，淡气与轻气之化合物；第九章，淡气与轻气及养气之化合物；第十章，淡气与轻气及养气之化合物；第十一章，绿气；第十二章，炭气；第十三章，炭气与轻气之化合物；第十四章，气体反应之定律；第十五章，溴气；第十六章，硫磺；第十七章，磷；第十八章，矽；第十九章，元素之分类；第二十章，阿鲁加里金属；第二十一章，阿鲁加里土金属；第二十二章，锌族；第二十三章，铁族；第二十四章，铋族；第二十五章，铜族；第二十六章，金族；第二十七章，有机化合物；第二十八章，巴拉芬列炭化轻养；第二十九章，有机养；第三十章，炭轻化物；第三十一章，青化合物；第三十二章，芳香体。

1908年，江南制造局刊印了由英国人琼斯著、徐兆熊翻译的《无机化学教科书》。

2-3-4

图2-3-4　琼斯著，徐兆熊译，《无机化学教科书》，江南制造局出版，1908年

该书有三卷二十一章，插图20幅。具体内容如下：

卷一：习练手法。包括六章内容：第一章，用冷流质取各气法；第二章，用热流质取各气法；第三章，用干烘法取各气；第四章，蒸发；第五章，作各流质法；第六章，习练杂法。

卷二之一：分析考质。包括五章内容：第七章，引言；第八章，论第五类本质；第九章，论第四类本质；第十章，论分析法；第十一章，论第三类本质（乙）。

卷二之二：分析考质。包括三章内容：第十二章，论第三类本质（甲）；第十三章，论第二类本质（甲）及第一类本质；第十四章，论第二类本质（乙）。

卷二之三：分析考质。仅有一章内容：第十五章，论各配质。

卷二之四：分析考质。仅有一章内容：第十六章，分

【徐兆熊简介】

　　徐兆熊，1898年就读于南洋公学中院（1909年中院改称为中学），1901年7月，徐兆熊与曾宗鉴、胡振平、李福基、赵兴昌、王建极等6人成为中院首届毕业生。毕业后，徐兆熊留校任英文教员。

析之法。

卷三：体积求数法。包括五章内容：第十七章，引言；第十八章，钾锰养；第十九章，钾铬养；第二十章，硫酸及钠养轻；第二十一章，银淡养。

该书的编辑特点：

一是每章里涉及实验的，用插图说明各器具的使用方法、操作程序和步骤，以及交代相关注意事项。二是每章后面，根据章节内容安排数量不等的练习题，帮助学生巩固所学知识。

此外，根据《陕西官书局书目》，味经官书局刊刻过《化学考质》一书，刊刻时间不详。

味经官书局1900年还刊印过教材《化学歌括》《植物学歌括》（全一册）。

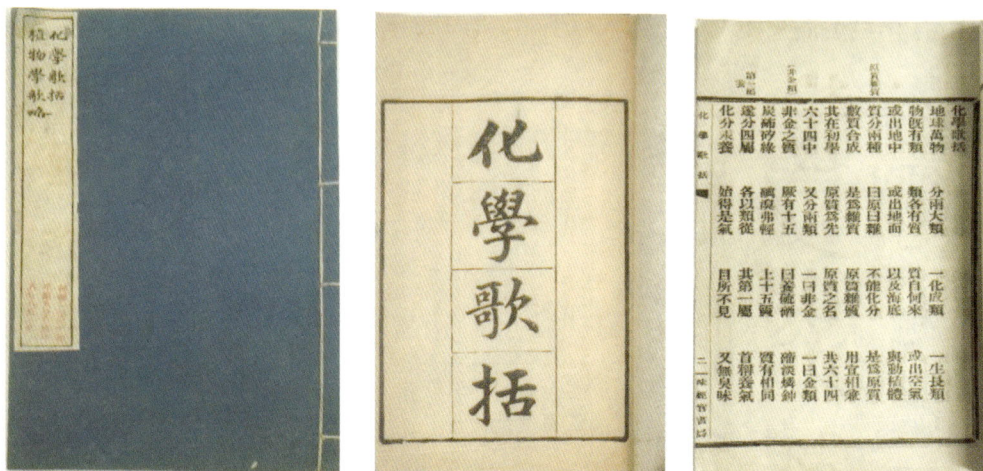

图2-3-5 虞和钦编，《化学歌括》，味经官书局出版，1900年

《化学歌括》为启蒙教材，书中叙述了该书的特点，大意如下：

第一，本书以鉴原为主，大致参考其他书籍，通过各种翻译本，如同文馆等很多翻译没有完整的命名定例，又纷杂少序，不便诵读。

第二，本书专为方便启蒙，所以文中所列，详细原质而不排杂质，详细介绍物质本性而不列举制取。"徐氏曰必预知性情之理，始可明其取法，余取意焉。"

第三，本书除借鉴原所载六十多质外，其他的新质各项目则以杜氏新表为主，以昭划过一，而文中所述的只列名称，略写其性质，只觉得物质的性质没有什么用处，所以初学只记得它的名字。

第四，近代西方所做的周期律，元素分族十分简洁明了，本想按次序排列，后因鉴原定下总名，如卤金、卤土金、上金、重金等十分便于儿童启蒙，而且所分的族类又和现在的分类没有太大差别，所以并没有改变这种分类方式。

另外，该书四字一句，朗朗上口。比如开篇写道："地球万物，分两大类，一化成类，一生长类，物既有类，类有各质，质自何来，或出空气，或出地中，或出地面，以及海底。"该书以歌谣的形式介绍西方化学知识，为近代引进西学的有趣教材。

总的来说，相对于大学堂编书处来说，学部编译图书局的工作是颇有成效的。为了编出高质量的教科书，学部编译图书局做了大量工作，如专设研究所，研究教科书编写问题；经常举办业务培训班性质的讲座，聘请精通教育学、教育心理学及教科书编撰法的学者为学部编译图书局人员开设讲座，促进了国家统编教科书的诞生。同时学部通令全国，要求采用部审部编教科书，固然有维持封建统治的意图，但客观上也抑制了各学堂教科书混乱的状况，在一定程度上提升了教科书的品质，有利于教育的发展。

但是由于编译图书局是一个政府机构，它所秉承的教育理念与新式教育的发展有分歧和冲突，加之参与编撰者均系朝廷命官，大多不懂教育，且对新生事物不感兴趣，这就使得教科书编撰者左右为难、顾虑重重。在这种情况下，虽然编辑人员苦心极力，所编教科书仍得不到社会的认可。学部在成立次年所编的两种教科书受到《南方报》等媒体的"纠弹"，被批评分配荒谬，程度参差，"国文、修身、史地等，经改窜后，笑话百出"。部编教科书当时已大为教育界诟病，成了人们眼中"教人不足、害人有余"的教科书。[1]

【味经官书局简介】

味经官书局，是清末陕西著名的出版机构，最初是附设于味经书院的一个刊书处。

味经书院，位于陕西泾阳。1873年由督学许振祎奏建，邑绅吴建勋捐地以助。味经书院的特点：第一，不课时文，以实学为主；第二，改师生不常接见之习，山长登堂讲说，逐条讲贯，察其课程，阅其札记，别其勤惰，严其出入；第三，改由官负责为由山长负责，使一方之望专理一方之学，一任山长聘期为10年。

味经刊书处作为附设于味经书院的一个专业出版机构，代表了传统刊书向近现代图书出版的过渡，从刊书内容到管理制度两方面突破了传统模式，顺应了时代发展的需要，是出版史上的一个成功范例。

1901年，清政府实行"新政"，要求各地将书院改为学堂。1902年，味经书院并入宏道大学堂。为适应当时教育发展的需要，味经刊书处独立为官办的出版兼发行机构，名为味经官书局，主要刊印新办学堂课本和教科书。1911年，味经官书局归陕西省图书馆管理。

从味经刊书处到味经官书局二十余年间，书局共刻书300余种，除经史外，还刻印了不少时务新书、教材和科技著作，承担起介绍西方科学文化知识的重任。味经官书局出版的教材和学术著作，已具有某种现代高校出版社性质，在陕西乃至全国出版史上有重要地位。[2]

[1] 杨慧慧. 晚清学部编审教科书的活动[D]. 长春：吉林大学，2006.
[2] 张惠民. 清末陕西著名的出版机构：味经官书局[J]. 编辑学刊，1995（4）：82-83.

　　学部编写的教科书不仅遭到社会上的批评和反对，更为糟糕的是，统治阶级内部也不买账。他们也认为编书质量差，"学部所设图书局编纂之书亦无善本，应请商部严行厘定，慎编善本"[1]。1910年初，赵炳麟奏陈整顿财政学务事宜，将"学部图书局不作功课，挂名人员应予裁汰"[2]列为重要内容。

　　另外，这种学部编写的教科书不被买账的状况从1906年清政府第一次审定初等小学教科书中亦可看到。当时全国各地呈送的教科书有106种，其中民间出版机构编订的教科书有85种，仅商务印书馆一家就有54种，总数远远超过了学部所编的教科书，是国内当时出版教科书的佼佼者。

　　1912年1月，南京临时政府教育部颁发《普通教育暂行办法》，规定："凡各种教科书，务合乎共和民国宗旨，清学部颁行之教科书，一律禁用。"[3]清政府颁行的教科书从此退出了历史舞台。

---

[1] 清实录：宣统政纪　卷二八[M]. 北京：中华书局，1987：506.

[2] 清实录：宣统政纪　卷二六[M]. 北京：中华书局，1987：486.

[3] 教科书之发刊概况[M]//国民政府教育部教育年鉴编纂委员会. 第一次中国教育年鉴：戊编. 上海：开明书局，1934.

第三章

化学教科书的蓬勃发展（1912—1926 年）

1912

1911年，辛亥革命爆发，它推翻了腐朽的清王朝，终结了在中国延续两千多年的君主专制制度。1912年元旦，中华民国临时政府在南京成立，孙中山就任临时大总统，标志着资产阶级共和制度在中国的诞生。我国的教育事业进入一个新的历史发展时期，学校教科书也不例外。"教科书的发展已经能在一个新的基础上，在一个新执政阶级的光照下选择文化。"[1]改朝换代之际，各种新思想和新理念不断涌现，学校教科书也迎来了蓬勃发展的大好时机。

第一节
新政体下的化学教科书

1912年1月1日，中华民国临时政府在南京成立，实行资产阶级民主共和制，按照资产阶级的分权理论，建立起以美国总统制为模式的、不完全的三权分立体制。孙中山担任临时大总统，黎元洪为副总统。临时大总统是国家元首和政府首脑，行政各部直接对总统负责。1月28日，临时参议院成立，执行议会职权。南京临时政府在短短的3个月时间内，制定和颁布了《中华民国临时约法》和一系列有利于资产阶级民主共和制度的政策、法令。孙中山明确表示："民国者，民之国也。为民而设，由民而治者也。"这表明中华民国政府的设立，完全是为了代表全国各族人民管理国家，中华民国的国家主权应该属于全体国民。为了达成"民主""共和"的目标，南京临时政府开始寄希望于教育。

一、民国初期的教育改革和教育方针

1912年1月9日，南京临时政府教育部成立，蔡元培被任命为首任教育总长，他开始着手进行资产阶级性质的改革，涉及教育方针、学校制度、课程体系、教学方法等方方面面。

（一）民国初年教育改革举措

1912年1月19日，教育部颁布了《普通教育暂行办法》和《普通教育暂行课程标准》，这是中国资产阶级首次以中央政府名义颁布的教育文件。

《普通教育暂行办法》共14条，规定："从前各项学堂，均改称为学校，监督、堂长应一律通

---

[1] 王建军. 中国近代教科书发展研究[M]. 广州：广东教育出版社，1996：192.

称校长"；"初等小学，可以男女同校"；"凡各种教科书，务合乎共和民国宗旨，清学部颁行之教科书，一律禁用"；"凡民间通行之教科书……不合共和宗旨者，可随时删改，亦可指出呈请民政司或教育部通知该书局改正"。另外规定"小学读经科一律废止"；"小学手工科应加注重"；"高等小学以上体操科，应注重兵式"；"初等小学算术科自第三学年起兼课珠算"；"中学校为普通教育，文、实不必分科"；"中学校、初级师范学校均改为四年毕业"；"废止旧时奖励出身"；等等。[1]这为学校教育清除封建思想、弘扬男女平等、注重实用技能等资产阶级教育提供了指南，比较充分地反映了资产阶级的教育要求。

《普通教育暂行课程标准》共11条，规定了中小学课程内容及教学计划，对旧教育的内容进行了改革，具体有：初等小学校之学科目为修身、国文、算术、游戏、体操。视地方情形，加设图画、手工、唱歌之一科目或数科目。女子加课裁缝。高等小学校之学科目为修身、国文、算术、中华历史、地理、博物、理化、图画、手工、体操（兼游戏）。女子加裁缝。视地方情形，加设唱歌、外国语、农工商业之一科目或数科目。中学校之学科目为修身、国文、外国语、历史、地理、数学、博物、理化、图画、手工、法制、经济、音乐、体操。女子加家政、裁缝。师范学校（即旧制之初级师范学堂）之学科目为修身、教育、国文、外国语、历史、地理、博物、理化、法制、经济、习字、图画、手工、音乐、体操。女子加家政、裁缝。视地方情形加设农、工、商业之一科目。上述外国语科限从英、德、法、俄四种语言中选择。各级学校都配发有各种课程的学年分布和周教学时数表。[2]

上述两个文件，是民国初年教育改革的纲领性文件，对于新旧政权更替之际学校教育的平稳过渡发挥了重要作用。

（二）民国初年的教育方针

为新生的资产阶级共和国的教育作出新规划，是南京临时政府成立教育部的目的之一，故要确立民国教育方针。其中，蔡元培批判了清末"忠君、尊孔、尚公、尚武、尚实"的教育宗旨，认为"忠君与民主共和政体不合，尊孔与信教自由相违"[3]，主张教育的根本任务在于"养成共和国民健全之人格"[4]，而要培养这样"健全"的人，必须坚持"五育并举"的教育方针。"五育"具体包括军国民教育、实利主义教育、公民道德教育、世界观教育和美感教育。在蔡元培的努力下，教育部还确定了"注重道德教育，以实利教育、军国民教育辅之，更以美感教育完成其道德教育"的教育宗旨。

蔡元培曾对这"五育"做过非常详细的阐释："军国民主义者，筋骨也，用以自卫；实利主

[1] 舒新城. 近代中国教育史料：第二册[M]. 上海：中华书局，1928：37-38.
[2] 孙培青. 中国教育史：第3版[M]. 上海：华东师范大学出版社，2009：361.
[3] 朱有瓛. 中国近代学制史料：第三辑 上册[M]. 上海：华东师范大学出版社，1990：97.
[4] 高平叔. 蔡元培教育论集[M]. 长沙：湖南教育出版社，1987：40.

第一节 新政体下的化学教科书

义者，胃肠也，用以营养；公民道德者，呼吸机循环机也，周贯全体；美育者，神经系也，所以传导；世界观者，心理作用也，附丽于神经系，而无迹象之可求。此即五者，不可偏废之理也。"[1]蔡元培的"五育并举"教育方针突破了中国近代社会"中体西用"的人才培养模式，体现出对传统教育思想的继承、超越，以及对西方教育思想的主动汲取，是追求人的自由、和谐发展的教育思想。

蔡元培"五育并举"的教育方针包含德、智、体、美四大要素，彰显了学生身心和谐发展的思想，以道德教育为核心，以培养国民健全人格为首要任务，以军国民教育和实利教育引导体育和智育。这一教育方针成了民国初年资产阶级教育的宗旨所在，对民国初期教科书的发展起到了引领和导向的作用。

二、中华书局出版的中国首套适合民主共和政体的《中华教科书》

（一）中华书局的成立

1911年武昌起义后，革命风潮涌起，时任商务印书馆出版部部长的陆费逵"预料革命定能成功，教科书应有大的改革"，"商务同人有远见者，均劝菊生（张元济），应预备一套适用于革命后之教科书"。[2]但作为当时最大的民营出版商的领导人，面对同人编辑新式教科书的建议，张元济"提及革命，总是摇首"，"以为革命必不能成功，教科书不必改"。在这种情况下，陆费逵暗中组织人员秘密编撰适合资产阶级共和体制的教科书。

1912年元旦，在中华民国成立的当天，中华书局在上海宣告成立。书局初创时为三人之合资公司，分别是陆费逵、戴克敦、陈寅；后改为五人合资公司，沈颐、沈继方加入其中，大都为原商务印书馆同事。[3]

中华书局成立之初，就提出了"教科书革命"的口号，并宣传自己是"完全华商"，并于1912年1月25日在《申报》上刊登《中华书局宣言书》。"立国根本，在乎教育，教育根本，实在教科书。教育不革命，国基终无由巩固；教科书不革命，教育目的终不能达也。往者，异族当国，政体专制，束缚抑压不遗余力。教科图书钤制弥甚，自由真理、共和大义莫由灌输……民国成立即在目前，非有适宜之教科书，则革命最后之胜利仍不可得……兹将本局宗旨四大纲列左：一，养成中华共和国国民；二，并采人道主义、政治主义、军国民主义；三，注意实际教育；四，融和国粹欧化。"[4]可见陆费逵认为，教育是立国之本，而教科书又是教育之本。他秉承"教科书—教育—

[1] 蔡元培. 对于教育方针之意见[M]//陈学恂. 中国近代教育文选. 北京：人民教育出版社，1983：327.

[2] 蒋维乔. 创办初期之商务印书馆与中华书局[M]//张静庐. 中国近现代出版史料：丁编　下卷. 上海：上海书店出版社，2003：398.

[3] 钱炳寰. 中华书局大事纪要：1912—1954[M]. 北京：中华书局，2002：2.

[4] 石鸥，吴小鸥. 中国近现代教科书史：上册[M]. 长沙：湖南教育出版社，2012：177-178.

立国"这一逻辑思路来考察教科书的地位和作用，主张教育的改革必须以教科书的改革为突破口。正因为如此，中华书局把出版教科书放在非常重要的地位，成为民国时期出版教科书的重要基地之一，为我国教育近代化做出了突出的贡献。

（二）中国首套适合民主共和政体的《中华教科书》

1912年1月，中华书局迅速推出民国第一套教科书——《中华教科书》。1912年2月26日，《申报》刊登了陆费逵的《教科书革命》，文章称："清帝退位，民国统一，政治革命，功已成矣。今日最急者则教育革命也。本局自客秋以来，努力进行，小学用书今已出版。本最新之学说，遵教育部通令，以独立、自尊、自由、平等之精神，采人道、实业、政治、军国民之主义。程度适合，内容完善，期养成完全共和国民以植我国基础。"[1]

这套《中华教科书》是中华民国第一套教科书，剔除了封建伦理道德说教，是中国首套适合民主共和政体的教科书。中华书局力图通过这套教科书，倡行民主共和体制，鼓吹民主政治理念，宣扬民主政治法度，引导公民自治活动。整套书从1912年开始出版，到1913年全部出齐。

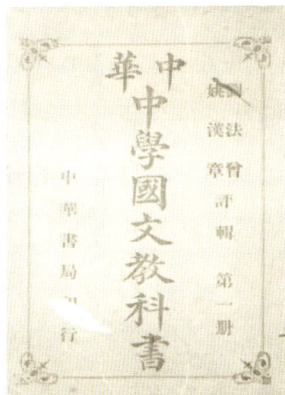

3-1-1

图3-1-1 中华书局编，《中华教科书》，中华书局出版，1912年

第一批《中华教科书》有初等小学的修身、国文、算术、习字帖、习画帖5种课本40册（各科分别出版8册），除此之外，还出版《中华共和国民读本》2册；配套的教授书《教学指南》3种24册。高等小学的修身、国文、算术、历史、地理、理科、英文、英文文法8种课本33册（其中修身、算术、英文、历史、地理均为4册，其他科目则为国文8册，理科3册，英文文法2册，共33册），配套的教授书6种28册。[2]

《中华教科书》努力剔除旧教科书中的封建因素，积极迎合共和政体，贴合教育宗旨，同时也融合了陆费逵多年来关于教科书改革的理念和思想，加之把握机遇，推出及时，一出版就大获成功。此时，其他出版机构的教科书，因含有封建思想的内容来不及修改，又适逢春季开学急需用书，《中华教科书》大行其道，几乎独占了当时的教科书市场。正如有的人所说："日间订出，未

[1] 吕达. 陆费逵教育论著选[M]. 北京：人民教育出版社，2000：100.
[2] 何瑶琴. 中华书局中小学教科书出版研究（1912—1937）[D]. 南京：南京大学，2012.

晚即罄，架上恒无隔宿之书，各省函电交促，未有以应。" "开业之初，各省函电纷驰，门前顾客坐索，供不应求。"[114]可以说，该套书在市场大受欢迎，独占鳌头。1913年，各省开展图书审查时发现，京师、直隶、奉天、山东、湖南、河南、陕西等省，《中华教科书》被采用率高占第一，贵州、山西、四川等省，《中华教科书》被采用率则占第二。[119]

中华书局站稳市场后，立刻出版了各学科的中学教科书，其中就有一册是化学教科书，也就是1914年6月出版的由钟衡臧编、沈煦参订的《中华中学化学教科书》。

图3-1-2　钟衡臧编，沈煦参订，《中华中学化学教科书》，中华书局出版，1914年

《中华中学化学教科书》根据教育部定章编纂，分量适中，专供中学校师范学校化学教科书之用。中学校师范学校课程规定，教授化学时间约为160小时，本书共5万字，以每小时教授300余字计之，按时授毕，无过多过少之嫌。从内容构成来看，该书遵照教育部课程标准，分为两编：第一编为无机化学，占全书的四分之三；第二编为有机化学，占全书的四分之一。从参考书目看，该书主要参考了日本池田清的化学讲义、田中伴吉的《化学教科书》、本多光太郎的《化学教科书》、龟高德平的《化学教科书》等。

《中华中学化学教科书》的第一编分为三章，第一章为总论，叙述关于化学变化之重要现象及定律；第二章为非金属，叙述非金属各元素及其化合物之性状制法效用；第三章为金属，叙述金属各元素及其化合物之性状制法效用。另外，全编于紧要处附列实验，以备教授为学生实际观察之用，附列内详述实验装置及其现象。第二编也分为三章，第一章概述有机化学之范围及有机物之性质分析等法；第二章、第三章分述有机化合物中重要者之性质制法及其弊害效用，详略适宜，条目清晰，以期学者易于学习，且能融会贯通之。

而在小学教科书中，没有专门的化学教科书，化学的内容包含在理科教科书中。1912年1月，中华书局出版了曹同文等编辑的《中华高等小学理科教科书》，

【曹同文简介】

曹同文（生卒年不详），字仁化，江苏无锡人，幼年肆业于江苏师范学堂。1905年，与钱基博等人共组理科研究会。后任九江府中学教员、黑龙江省烟酒公卖局科长等职。与他人合编《中华高等小学理科教科书》，并纂修《无锡盛巷曹氏家谱》三卷。

[1] 钱炳寰. 中华书局大事纪要：1912—1954[M]. 北京：中华书局，2002.

1913年2月中华书局又出版了彭世芳、顾树森等编辑的《中华高等小学理科教授书》（改正版）。

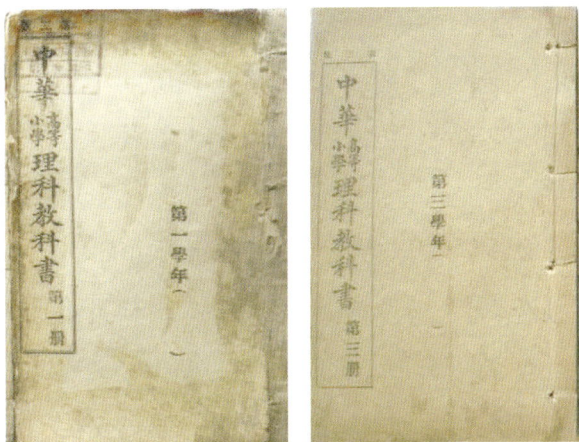

图3-1-3 曹同文等编，《中华高等小学理科教科书》，中华书局出版，1912年

【彭世芳简介】

彭世芳（1879—1940年），号型伯，江苏苏州人，清朝及民国博物学家、植物学家。彭世芳出身于一个苏州望族。他是清朝秀才，后来获官费留学日本，学习博物学，毕业于日本东京高等师范学校。归国后，他在北京的若干大学堂中任教。1912年至1916年，彭世芳任国立北京高等师范学校博物部教务主任，任职期间兼职教博物部的植物学和日语课程。

从小学阶段的《中华高等小学理科教科书》，再到中学阶段的《中华中学化学教科书》，都可以看出中华书局对学科教科书的重视，力求通过教科书教化公众，发展教育，进而推行民主共和体制的意图。

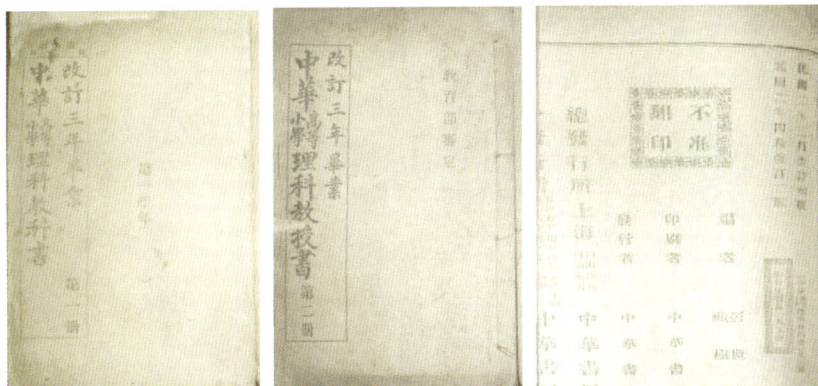

图3-1-4 彭世芳、顾树森等编，《中华高等小学理科教授书》（改正版），中华书局出版，1913年

总的来说，这套《中华教科书》，就风格来讲，充分考虑到儿童的身心特点，其特色有五："程度较旧本略浅，适合学龄儿童之用，一也；各科联络，初高小衔接，二也；各科不重复，不冲突，三也；修身用德目主义，尤注重共和国民教育，四也；高小各科略分二循环，有直进之益，无直进之损，五也。"[1]它之所以在中华民国成立后迅速流行，除政治因素外，也与其自身的质量相关，集中体现了陆费逵超人的眼光、胆识与追求，奠定了中华书局在近代中国教科书发展中的地位，也奠定了中华书局的百年基石。

[1] 陈寅. 中华书局一年之回顾[J]. 中华教育界，1913（7）.

三、商务印书馆出版的《共和国教科书》

辛亥革命前后，商务印书馆由于对政治形势的评估不准确，没能提前预备编写出版以"民主与共和"为宗旨的教科书，损失了大部分市场。中华书局横空出世，抢占先机成为其在教科书出版市场的强有力竞争对手。

尽管一时决策失误，但商务印书馆凭借其雄厚的人力、财力和物力，迅速调整出版策略。"本馆即将旧有各书遵照教育部通令大加改订。凡与满清有关系者，悉数删除；并于封面上特加订正为中华民国字样，先行出版，以应今年各学校开学之用。"

同时，商务印书馆紧跟时代潮流，随即编辑出版了适合民主共和政体的《共和国教科书》，同中华书局一较高下。

在《编辑共和国小学教科书的缘起》一文中，商务印书馆提出了该套教科书的十四条编辑要点，分别是：

第一条：注重自由平等之精神，守法合群之德义，以养成共和国民之人格。

第二条：注重表章中华固有之国粹特色，以启发国民爱国之心。

第三条：注重国体政体及一切法政常识，以普及参政之能力。

第四条：注重汉满蒙回藏五族平等主义，以巩固统一民国之基础。

第五条：注重博爱主义，推及待外人爱生物等事，以扩充国民之德量。

第六条：注重体育及军事上之知识，以发挥尚武之精神。

第七条：注重国民生活上之知识技能，以养成独立自营之能力。

第八条：联络各科教材，以期获教授上之统一。

第九条：各科教材俱先选择分配，再行编辑成书，知识完全，详略得宜。

第十条：各科均按照学生程度，循序渐进，绝无躐等之弊。

第十一条：关于时令之材料，依阳历编次。

第十二条：各书均编有详备之教授法，以期活用。

第十三条：书中附图画及五彩图，便与文字相引证，并以引起学生兴趣，而启发其审美之观念。

第十四条：初等科兼收女子材料，以便男女同校之用。

可以看出，商务印书馆编辑这套教科书不仅注重学科知识的科学性、贯通性，还强调了要培养学生的爱国之心。上述这些编辑要求在各科教科书及其编辑大意中有不同程度的体现。

1912年6月，商务印书馆只用了四个月时间，编出了新的《共和国教科书》。这套课本包括《新国文》《新修身》《新算术》《新算术（珠算）》等14种初等小学教科书；《新国文》《新理科》《新历史》《新地理》等16种高等小学教科书；以及《植物学》《矿物学》《物理学》《化学》

《动物学》《平面几何》《立体几何》等23种中学教科书。另外，还有初高等小学教授书15种，中学参考书9种。这是商务印书馆出版的第一套最完整的教科书。《共和国教科书》出版后，各校纷纷采用，至1929年，已重印300多次，销量达7000万册。[1]

《共和国教科书》中以各类国文教科书编得最好，出版后数年之内合计大约有2560个印次，印次之多可谓空前绝后。[2]

《共和国教科书》之所以销路畅通，就是因为它们从形式到内容都有较大的创新。就像有人评价道"本套教材质量较高，体例科学，图文并茂，深受教育界的欢迎，被称为当时文体教材之'巨擘'"[3]。

《共和国教科书》的出版，重新恢复了商务印书馆在中国教科书出版界的霸主地位。在世界书局出版教科书前，全国的教科书出版市场基本上被商务印书馆和中华书局两家垄断，其中商务印书馆占了60%以上。

就化学而言，商务印书馆出版了三部化学教科书，即王兼善编纂的《民国新教科书　化学》（1913年3月第1版）、许传音编译的《汉译麦费孙罕迭生化学》（1913年4月出版）、王季烈编纂的《共和国教科书　化学》（1913年9月第1版）。

（一）王兼善编纂的《民国新教科书　化学》

该书是依照教育部令编辑，专为中学校、女子中学校及师范学校、女子师范学校之用，其要旨在于传授重要的化学定律以及化学实验、化合物的性质，力争让学生通过学习自然现象的知识，领悟其中关于人生、自然的法则。

该书在封面标明了作者在国外获得的文凭和学位，在封底作了简单的本书评价：是书按新法令编辑，条理分明，文字简晰，理论实验相辅而行，且自首至尾，一线相贯，由浅入深，循序渐进，洵足以启学者之心思而引起其进取之兴味。

该书的另一特点是非常重视实验，设计比较简单可行，当时许多学校都愿意采用这本教科书。另外，这本化学教科书1913年出第1版，到1921年就已经再版19次了，可见其受欢迎的程度。

【王兼善简介】

王兼善（生卒年不详），字云阁，上海人。早岁赴英国留学，入爱丁堡大学，获文科硕士及理科学士学位。回国后，历任商部高等实业学堂教员、出洋考察政治大臣随员、天津造币总厂工务长、南京造币分厂厂长、天津造币总厂化验科科长、北京政府审计院协审官、财政部印刷局会办、国立北京大学理科讲师。著有《植物学》《物理学》《化学》等。[4]

[1] 《上海出版志》编纂委员会.上海出版志[M].上海：上海社会科学院出版社，2000：488.

[2] 李文慧.民国时期中小学教科书发展研究[D].保定：河北大学，2008.

[3] 吴洪成.中国学校教材史[M].重庆：西南师范大学出版社，1998：276.

[4] 徐友春.民国人物大辞典：上 [M].石家庄：河北人民出版社，1991：137.

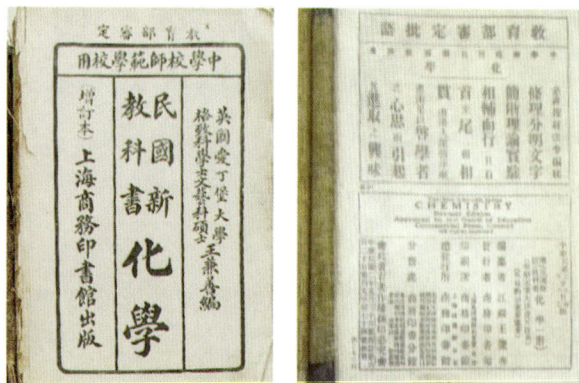

图3-1-5 王兼善编，《民国新教科书 化学》，商务印书馆出版，1913年

（二）许传音编译的《汉译麦费孙罕迭生化学》

【许传音简介】

许传音（1884—1971年），字澄之，安徽贵池人，13岁到南京求学，1905年毕业于汇文书院（金陵大学前身），并获得农学学士学位。1915年获庚子赔款留学基金资助，赴美国伊利诺伊州立大学读书，在该校获经济学（铁路管理方向）博士学位。1919年学成回国，相继在燕京大学、清华大学等高校任教，1928年担任铁道部营业司司长。1937年应邀担任世界红卍字会南京分会副会长。1946年作为南京大屠杀的重要见证人赴东京出席远东国际军事法庭作证。1971年病故，享年88岁。[2]

该书翻译自《化学基础研究》，原书是美国化学家麦费孙、罕迭生的合作成果。两位博士主讲化学，经验丰富，所以原书在美国也产生很大影响。不仅如此，原书还迅速传播到其他国家，中国就是其中之一，各个省份的中学以及师范学校中，以英文教授理科的老师大多采用这本教材。

该书一个突出的特色是在目录之前，列有化学课程分配表（表3-1-1），相当于现在的授课计划。

表 3-1-1 化学课程分配表 [1]

章数	标目	教授周数	实验次序
一	绪论	1	1，2
二	养	1.5	3，4
三	轻	1	5，6
四	轻养之化合物	2	7～9
五	原子理论	1	10
六	化学方程，化学算式	1	—
七	淡及稀少之原质	0.5	11
八	天气	1	12

[1] 许传音. 汉译麦费孙罕迭生化学 [M]. 上海：商务印书馆，1913：4-5.

[2] 乔剑. 东京大审判唯一中国证人许传音[N]. 安徽日报，2020-02-11.

（续表）

章数	标目	教授周数	实验次序
九	溶液	1	13
十	酸、盐基、盐、中和	1	14，15
十一	原子价	0.5	—
十二	淡之化合物	1.5	16~18
十三	可逆反应，化学平衡	0.5	—
十四	硫及硫之化合物	2	19~21
十五	周期律	1	—
十六	绿族	2	22~24
十七	炭及其简单之化合物	2	25，26
十八	火焰、燃料	1	27
十九	分子量、原子量、程式	1.5	28
二十	燐族	2	29~31
二十一	矽、锗、硼	1	32
二十二	金类	1	33
二十三	碱族之金类	2.5	34~37
二十四	碱土族	1.5	38，39
二十五	镁族	1	40
二十六	铝族	1	41
二十七	铁族	2	42
二十八	铜、汞、银	1	43，44
二十九	锡、铅	1	45
三十	锰及铬	1	46，47
三十一	金及铂族	1	—
三十二	简单之有机化合物	2	48，49
	温习	1	—
	总计	42	—

注：此实验次序指实验教程中试验之次序。

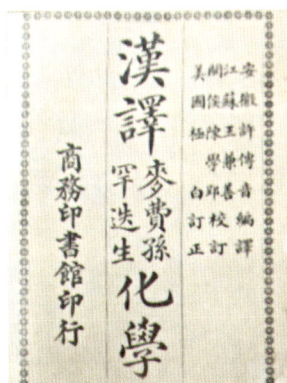

3—1—6

图3—1—6　许传音译，《汉译麦费孙罕迭生化学》，商务印书馆出版，1913年

（三）王季烈编纂的《共和国教科书 化学》

在该书序言中，王季烈首先结合自己的化学教学实践，讲述编写化学教科书过程的艰难："化学之输入我国，五十年于兹，教科书之编辑，十年于兹，顾周游书肆，除二、三译本外，求一编辑完善适合中学用之化学教科书，殆未易得，则以化学教科书之编纂，厥有数难，请试述之。化学现象，人所注意者甚少，学者无预备之知识，而骤语以非所习闻之事，则断然不能领会，必就其所已知者引伸之，则可供教授之材料，又苦无多，此编纂之始，即患无从入手，其难一也；教科书之要点，贵乎能执简驭繁，使学者易于归纳，而化学则各种反应，殊鲜定则，既不能一一铺叙，又不能牵强归并，此排比之际，每苦不能简赅，其难二也；吾人日常所述化学变化，似是而非之处甚多，如金银皆系原质、水中有轻养二气、食盐由盐酸与苛性曹达化合而成等语，乍聆之似无不合，细按之毕竟欠妥，然而此等语病，避之非易，此文字之间不易求其得当，其难三也。有此三难，是以与其编纂新书，毋宁翻译旧本，然而译本虽善，其编纂目的究非为我国学生而设，移甲就乙，终不免少有扞格。此余数年以来用译本教授化学所亲历之境。"

为改变上述困境，作者编撰了这本书，该书突出体现了以下特点：

第一，该书开篇首先论述燃烧，并称它为最容易见到的化学变化。其次，论述空气以及水，然后论述二氧化碳，这些都是学生在日常生活中比较容易见到的物质。在此基础上再论述化学的基础性、一般性理论。另外，比较难以理解的知识，比如电解质、可逆反应等，则在非金属后叙述。由此由浅入深，便于学生阅读。

第二，该书叙述了各种元素及其化合物，按元素周期表分族而论，一族叙述完毕后，将该族元素的普遍性和其他族的相同点、不同点略作叙述。这样让学生容易概括、比较，并且更便于记忆。

第三，该书还简单记载了一些对于工业、农业有突出贡献的科学家，又考虑到当时各地的工业不发达，不能参观工厂，所以增加了很多实验。相比于其他教科书，该书的实验描述更加详细。

第四，该书将近几年的重要发明一一叙述，比如人造靛青、人造丝等。书的最后更是介绍了镭的发现和电子假说，让学生不局限于获取旧知识，而是认识到化学的无穷奥妙。

第五，该书共有实验90多个，都出自几十年来经化学教学实践检验，不易失误，又无须复杂实验器材的实验，这为经济困难的学校提供了很大帮助。

第六，该书采用的均为已通行且恰当的化合物名称。至于有机化合物，除了使用一些已经通行的旧名之外，还将一些未通行的新命名记于旧名之下，待将来通行了再一律改用新命名。

第七，该书化合物的名称以及化学术语，都附记英文，为毕业后继续学习化学的人阅读英文化学书籍提供了便利。

该书共有三篇，用于各类中等学校教授。上篇论述化学通论以及非金属，共十三章，建议用70课时教授。中篇论述金属，共十章，建议用40课时教授。下篇论述有机化学，共十四章，建议用50

课时教授。

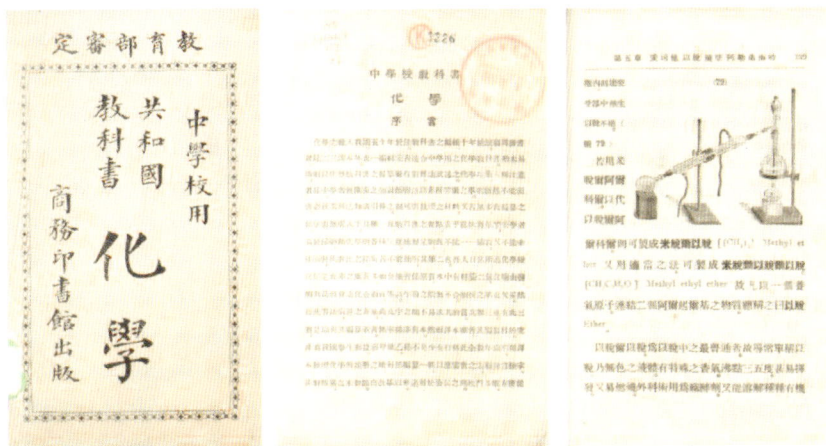

3-1-7

图3-1-7 王季烈编，《共和国教科书 化学》，商务印书馆出版，1913年

【杨国璋简介】

杨国璋（1845—1919年），字璧臣，广东大埔县人。1875年举乡试第四，1876年丙子成进士，1877年丁丑殿试后任户部主事。供职户部先后十余年，中间有南洋之役，回国后亦再返再上，不常住京师。1891年任顺天乡试武闱帘官。后曾任江西瑞昌县知县、宜春县知县、浙江新昌县知县、汕樟轻便铁路总办等职。

另外，鳌受书局1914年修订再版了龟高德平著、杨国璋编译的中学用的《普通教育化学教科书》。

该书分两编。第一编有二十八章，第二编有十二章。该书原本系日本师范学校及各种实业学校所用之书，但其宗旨、程度与1912年教育部第三十四号部令内所规定相符。

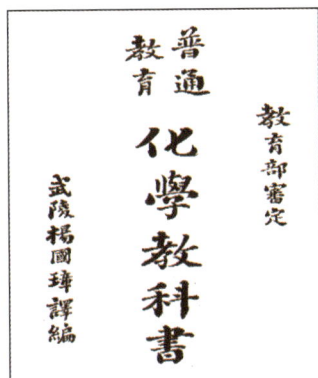

3-1-8

图3-1-8 龟高德平著，杨国璋编译，《普通教育化学教科书》，鳌受书局出版，1914年

第二节
新思潮背景下化学教科书的发展

一、新教育思潮与教科书的发展

（一）实利主义教育思潮

实利主义教育最早由清末资产阶级知识分子提出，在清末教育宗旨中就有"尚实"的规定。到民国初年，蔡元培在教育论文《对于教育方针之意见》一文中提出了"五育并举"的思想，包括军国民教育、实利主义教育、公民道德教育、世界观教育、美感教育。之后，实利主义教育思想经蔡元培、陆费逵、黄炎培等人的倡导很快就成为一个重要的教育思潮。

实利主义教育在1912年被教育部列为教育宗旨的主要内容之一。当时帝制刚刚废除，百姓对于科举的思想根深蒂固，学校教育与社会脱节严重，学生实践锻炼机会得不到保证，教育改革迫在眉睫。作为教育总长的蔡元培从时局出发，提出"五育并举"，其中关于实利主义，他认为："实利主义之教育，即是以人民生计为普通教育之中坚。"

陆费逵力挺将实利主义作为教育方针。他认为教育方针应当符合社会当下需求，他认为实利主义最为恰当，原因有三：一是人民需要生存技能和钱财以谋生，实利主义教育拥有这一功能；二是实利主义教育是其他"四育"的基础；三是实利主义教育有利于培养学生吃苦耐劳、自立自强的品质。正如他在《民国教育方针当采实利主义》一文中指出，"培养人是教育的第一要义，人之为人的标准是能否'自立'"。只有采用实利主义教育，才能达成此标准。陆费逵极力主张国民教育采用实利主义，以培养国民人格、发扬国民精神，其思想深刻影响了民国初期的教育改革。

为使教育能够更好地贴近社会生活、学生就业需要，黄炎培先后发表《小学校实用主义表解》和《学校教育采用实用主义之商榷》等文，提倡"实用主义"教育。他认为实业教育是"潮流所趋"，他用反证法生动形象地比拟当时的情况，之前的教育理念就像一件宽袍子，穿着不是很舒服，增设学科就像特制了一种运动衣，穿在外面，里面的袍子还是跟之前一样宽，那还是无济于事的。因此，他根据普通教育以及实业教育的实际情况，具体提出了各学科的改革方法，提出了实用主义教育方案。在众多有识之士的努力下，"实用主义"成为当时重要的教育思潮，是对实利主义教育的深化与拓展。

（二）实利主义教育思潮下的教科书

1. 商务印书馆出版的《实用教科书》系列

教科书随时代变化而变化。民国初期，实利主义教育已成为教育共识，商务印书馆顺应历史潮流，延聘名家编制中小学实用教科书，从1915年开始推出《实用教科书》系列。

到1915年12月，商务印书馆已出版春季始业用小学《实用教科书》9种及《实用教授书》9种，共计120册。[1]

其中与化学有关的是由北京教育图书社编纂，陈宝泉、杜亚泉、凌昌焕校订的《实用理科教科书》。

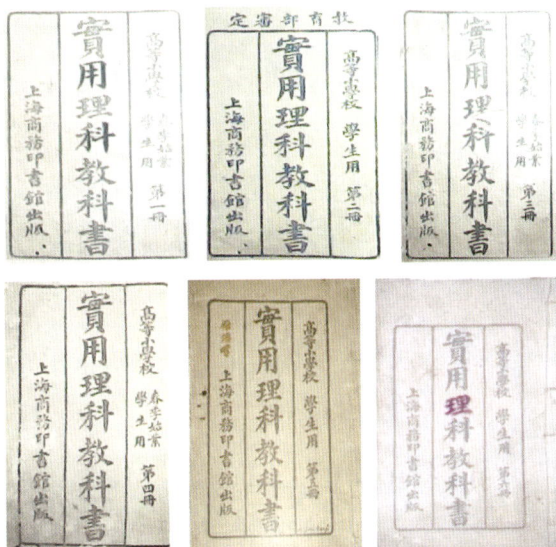

3-2-1

图3-2-1　北京教育图书社编纂，《实用理科教科书》（1～6册），商务印书馆出版，1915年

这套书遵照新颁高等小学校令及教育宗旨编撰，全书共六册，供高等小学校理科教科之用。这套书前四册以动植物及自然现象为主，五、六册以理化及生理卫生为主。该书顺应实用主义及自学辅导主义编撰，突出实用性，以解决实际生活问题。与《共和国教科书新理科》相比，二者都通过选取学生生活中熟悉的事物，简单而系统地传播科学知识，其编排方式也可见沿用的痕迹，都安排有复习和教授时数。除学生用书外，还有相应的教师用书，即教授书。对于这套教科书，教育部反映良好，正如其审定批词："教科书取材得当，文笔明洁。教授书颇合教授法。于小学理科应得之知识略备，准作为高等小学校教科用书。"[2]该套教科书也受到各地学校的欢迎，多次再版，使用多年。

2. 中华书局出版的《新式教科书》系列

为了适应实利主义教育思潮，真正贯彻国民教育，中华书局从1916年1月起陆续推出了《新式教科书》系列，以及配套的教授书。其中在当时创新性很强的一版教科书是蓝田屿编辑、吴家煦阅订

[1] 石鸥，吴小鸥. 中国近现代教科书史：上册[M]. 长沙：湖南教育出版社，2012：198.
[2] 北京教育图书社. 实用理科教科书：第2册[M]. 上海：商务印书馆，1915：封三.

第二节　新思潮背景下化学教科书的发展

的《新式理科教科书》，由中华书局在1916年出版。该套书共六册，适用于高等小学校。

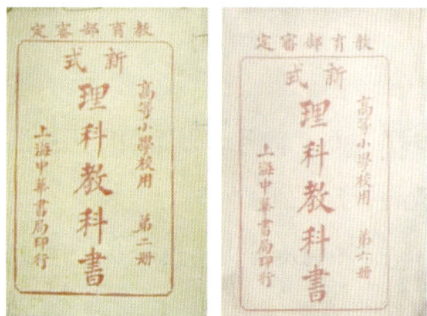

图3-2-2 蓝田屿编，吴家煦阅订，《新式理科教科书》（第二册、第六册），中华书局出版，1916年第1版

这套教科书作为春季始业用书，文字言简意赅，通过图画辅助理解，不仅能增加一定的美感，而且让学生身心得到适当的放松，同时有学科严谨之处，相应的学科术语、名词都正确地标识出来。

这套教科书的宗旨是："第一，教授学生关于自然物及自然现象的知识；第二，使学生洞彻自然物与人生的关系；第三，养成学生利用自然物的能力；第四，造就学生活泼的精神及高尚的道德。"从中可以看出，教科书的编写开始以儿童为中心，重在培养学生的开智、生存、修养、思想与道德方面的能力，由简单到复杂，尊重学生的自身发展的需要，注重实用价值，让学生能够更好地接触自然，适应社会。

内容是教科书的核心，是传递教科书价值的重要部分。这套书就内容而言，选取依据的标准为：第一，与学生的人生有着重要的联系，学生必须知道的、基本的常识；第二，可作为学生榜样和目标的科学领域的伟人、佼佼者；第三，学生容易理解且在生活中有大用处的知识；第四，可以引起学生兴趣，同时能够潜移默化地影响学生的修养和德行的内容。选取内容的范围有：能够引起学生爱国情怀的祖国物产、能够符合全国通用的，依照时令出现在各地的物质、能够启发学生的科学思维且易于进行的科学实验以及其他许多职业技能。最终目的还是实业救国，学习近代文明。

本书配备有教授书辅助教学，要求教师能够活用教材，因地制宜，根据当地特色、气候等改变教授的方法，或对内容进行增减，不需要拘泥于教科书中的内容。同时教师要安排一定的校外观察，去一些田野、山村、园圃等地方，进行实地指正，从而做到举一反三。

中华书局出版的这套高等小学适用的《新式理科教科书》，除了上述春季始业的版本外，还有秋季始业版本。该套书由吴家煦编写。

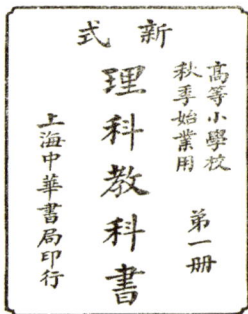

图3-2-3 吴家煦编，《新式理科教科书》（第一册），中华书局出版，1917年第1版

吴家煦编的《新式理科教科书》共有134课，插图246幅。其插图可分为外形图、概念方法图两大类。外形图主要是生物、矿物和器械的外部形态，也包括工作场景图；概念方法图揭示事物的结构与原理或实验方法。这套教科书的插图中，外形图占64.23%，概念方法图占35.77%，平均每课插图约2幅。[1]

这套教科书的宗旨是：第一，完备系统生活常识；第二，发挥自然真趣；第三，确定理科基础；第四，阐明天然公理；第五，陶冶学生品性；第六，激励国民意志。两版教科书进行对比，可以发现秋季始业用书开始以学生为本，表述从学生角度出发，不再是从掌控者的角度，而是"发挥自然真趣"，引导学生发现、感受。这一变化离不开作者吴家煦丰富的经历和见识，他接受过良好的传统教育，同样较早地接受现代新式教育，之后在日本

【吴家煦简介】

吴家煦（约1884—1962年），字和士，号冰心，江苏吴县人。吴家煦出身名门世家，从小接受了良好的教育。考中秀才时年仅8岁，堪称神童。

1902年吴家煦留学日本，先后进入早稻田大学会计科、师范博物科学习。1904年他回国后在吴中公学社担任生物学和生理学教员。1907年，吴家煦任中国图书公司理科编辑主任，此后历任民国第一图书公司总编辑、中华书局理科主任兼小学图书部部长、商务印书馆博物部编辑，从事编辑工作长达13年，主要编撰科学类教学用书，数量繁多，种类丰富。形式上，既有师生共用的教科书，也有教师单独使用的教学参考书和教本，还有学生使用的笔记册和自习书。内容上，既有植物学、动物学、矿物学、物理学和生理卫生学的单科性教科书，也有涵盖多学科的综合性教科书。使用范围上，既有小学，也有中学和师范学校。英国皇家学会的科学杂志根据其贡献称他为"中国科学教育的开创者"。[2]

早稻田大学进行了短暂的学习，这样丰富的经历让他能够更多地从实用主义的角度进行思考。

这套教科书最大的亮点就是立体的配置，即让学生在生活中找寻知识，研究分析，最后再应用于生产生活中，比如这本书第五册的主题是"晨起""沐浴""炊饭""热之传播"等，新颖别致，引人注目，陆费逵给予了很高的评价。它在市面上也颇受欢迎，可以称之为"实开小学理科之新纪元"。

二、新文化运动与教科书的发展

（一）新文化运动的兴起

新文化运动是由陈独秀、李大钊、鲁迅、胡适、蔡元培、钱玄同等一些受过西方教育（当时称为新式教育）的人发起的一次"反传统、反孔教、反文言"的思想文化革新、文学革命运动。

[1] 柴西勤. 民国初期小学科学课程与教科书的特色与启示[J]. 课程·教材·教法, 2015（8）: 120-125.
[2] 邓小泉. 近代小学科学教育专家吴家煦的成长及其启示[J]. 教师教育研究, 2021（2）: 88-94.

辛亥革命后，袁世凯在进行帝制复辟活动的同时，还大力提倡尊孔复古。这一举动引起了很多具有先进思想的文人墨客的激烈反对，以陈独秀、李大钊、鲁迅等为代表的民主主义者掀起了反封建的新文化运动，大张旗鼓地宣传资产阶级民主思想，同封建尊孔复古思想展开了激烈的斗争。1915年，陈独秀在其主编的《新青年》（原名《青年杂志》）上刊载文章，提倡民主与科学。1917年起，他们又举起"文学革命"的大旗，提倡白话文、反对文言文，提倡新文学、反对旧文学。

《新青年》从1918年1月出版的第四卷第一号起改用白话文，采用新式标点符号，刊登一些新诗，这对革命思想的传播和文学创作的发展起着重要的推动作用。其中影响特别大的就是鲁迅所著的《狂人日记》。《狂人日记》出版后，受到了很多先进思想家的赞赏，这篇文章无疑是给当时混沌的社会当头棒喝。在《新青年》的影响下，一些进步刊物改用白话文。这又影响到全国用文言文的报纸，一些报纸开始出现用白话文的副刊，随后短评、通讯、社论也都开始采用白话文和新式标点。所有这些文学改革，使全国报纸面貌为之一新。随着新文化运动的发展，《新青年》实际上成了新文化运动的思想领导中心。

这次运动沉重打击了统治中国两千多年的传统礼教，启发了人们的民主觉悟，推动了现代科学在中国的发展，为马克思主义在中国的传播和五四爱国运动的爆发奠定了思想基础。新文化运动要求推行新教育，取代旧教育，这一要求促进了国语运动的发展。白话文教学由此逐步兴起。在这种背景下，学校教科书也开始从文言文向白话文过渡。

（二）白话教科书的发展

1. 国语的推行和新式标点符号的使用

随着新文化运动的开展，白话文教学在国音、国语标准和师资培训等方面都取得了很大的进展。白话文取代文言文，已成为时代的潮流和必然的趋势。教育界强烈呼吁要言文一致。

1917年10月，第三届全国教育会联合会议通过了《请教育部定国语标准并推行注音字母以期语言统一案》决议，界定了国音、国语，指出"本案所谓国音，即注音字母规定之音；所谓国语，即从前所谓官话，近今所谓普通话"，[1]从而确定国音为注音字母所规定的音，国语也就是普通话，其目的在于根据这一规定统一全国各地的用语，让人们随时练习。

1919年4月，《国语统一进行方法的议案》中规定："统一国语既然要从小学校入手，就应当把小学校所用的各种课本看作传布国语的大本营，其中国文一项，尤为重要……'国语'一科以外，别科科目的课本，也该一致改用国语编辑。"[2]

1920年1月12日，北洋政府教育部下令用"国语"取代"国文"，并通令全国所有国民学校先将

---

[1] 黎锦熙. 国语学讲义：下篇[M]. 上海：商务印书馆，1919.

[2] 国语统一筹备会议案三件 [J]. 北京大学月刊，1919，1（4）：151.

一、二年级的"国文"改为语体文（白话文）；同年4月，又通令全国，1922年后，凡国民小学各种教科书一律改为白话文，文言文教科书逐渐被淘汰。

与此同时，新式标点符号也开始使用。倡导使用新式标点符号的先驱者是胡适。1919年4月，胡适、钱玄同、刘复、朱希祖、周作人、马裕藻等六人联名提议，要求政府颁行新式标点符号。1920年2月，北洋政府批准了胡适六人的议案，发布了《通令采用新式标点符号文》训令，标志着我国法定的新式标点符号正式诞生。

2. 新式白话文教科书的出现

（1）商务印书馆出版的《新体国语教科书》和中华书局出版的《新教材教科书国语读本》。

图3-2-4　庄适编，《新体国语教科书》（第一册），商务印书馆出版，1919年

1919年8月，商务印书馆陆续出版了由庄适编纂，黎锦熙、王璞等校订的《新体国语教科书》（共八册）。这套书经教育部先后两次审定，用于国民学校教授，属于春季始业用书。这套书在当时颇受欢迎，主要是因为其编辑体例新颖，课文材料组织口语化，且使用了新的标点符号。

紧跟商务印书馆之后，中华书局也于1920年3月出版了适应国语改革要求的《新教材教科书国语读本》（共八册）及配套的《新教材国语读本说明书》（共八册），经教育部审定发行，供国民学校用。

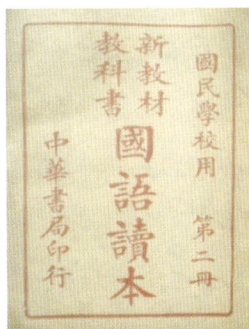

图3-2-5　黎均荃、陆衣言等编，《新教材教科书国语读本》（第二册），中华书局出版，1920年

上述两套教科书可以说是我国最早适应国语运动的两套教科书，但仅仅限于语文（国语）一科，并没有涉及其他学科。而真正在所有学科的教科书中全面推行白话文改革的是商务印书馆出版的《新法教科书》和中华书局出版的《新教育教科书》。

（2）商务印书馆出版的《新法教科书》和中华书局出版的《新教育教科书》。

1920年1月，商务印书馆开始出版《新法教科书》系列教科书，以引进翻译和综合自编为基础，涵盖了国民学校和高等小学的各个学科，另有配套的教授书出版。由于该套教科书在出版过程中碰上学制改革，小学分为前期小学和后期小学，高小改为后期小学，并由原来的三年改为两年，其教科书被改为后期教科书，并由原来六册改为四册。截至1923年3月，商务印书馆共出版前期小学用《新法教科书》12种93册，到1924年3月，出版后期小学用《新法教科书》9种30册。[1]其中与化学有关的是《新法理科教科书》系列。

图3-2-6　凌昌焕、杜亚泉编，《新法理科教科书》（第三册），商务印书馆出版，1922年9月第1版

就编辑的特点来说，第一，《新法理科教科书》系列适用于新学制下小学后期两年的理科学习；第二，在内容编排方面体现了"处处注重实用"的实利主义教育观，也反映了古代博物传统与新科学理性传统的杂合[2]；第三，对于该系列教科书前后之间的联系和对比以及相关重难点都特别提出，作为附录列在最后；第四，该系列教科书的文字除了理科专用术语和名词，其余地方全用白话文，同时使用了新式符号。

从内容设置上看，注重图文结合，该系列教科书共有132课，插图377幅，其中外形图占51.46%、概念方法图占48.54%，平均每课插图约3幅，[3]概念方法图所占比例偏高，表明内容的难度比较大。从内容组织上看，按专题安排内容，用衣食、树艺、畜牧、山林等生活主题组织教学内容，出现了章或单元，形成"学习单位"，后面安排有"复习"，建立了知识间的内在关系，利于学生形成普遍联系的观念。

就内容呈现来说，有关化学反应原理的内容多出现在第五册和第六

【凌昌焕简介】

凌昌焕（1873—1947年），江苏吴江人，近现代著名教育家，中华职业教育社、新南社社员，南社纪念会会员。1900年自家乡迁居上海，1906年入上海商务印书馆编辑所，1907年由黄炎培校长聘为上海浦东中学教员，1912年6月经杜亚泉介绍再入上海商务印书馆编辑所，任自然科编辑。1932年1月28日，商务印书馆等遭日本飞机炸毁，凌昌焕被解雇，时年六十。后在上海中华教育用具厂、南洋中学任教员及从事编译工作。

凌昌焕主要编译作品：《共和国教科书新理科教授法》（1913年出版）、《共和国教科书生理学》（1914年出版）、《中学新撰动物学教科书》（1916年出版）、《三好学植物学讲义》（1918年出版）、《自然》（1923年出版）、《新学制自然教科书》（1923年出版）。

[1] 石鸥，吴小鸥. 中国近现代教科书史：上册[M]. 长沙：湖南教育出版社，2012：216.
[2] 廖苗，吴彤. 百年小学科学教科书中的科学观变迁[J]. 科学技术哲学研究，2015，32（4）：88-98.
[3] 柴西勤. 民国初期小学科学课程与教科书的特色与启示[J]. 课程·教材·教法，2015（8）：120-125.

册，主要是通过将原理和具体的技术设计关联起来，从而联系到生活和生产中的事物。如在无机化学部分介绍火药和火柴，在有机化学部分介绍酒精、肥皂和消毒等。

官方对这套教科书比较认可，正如教育部对第三册的审定批示所说："是书言简而意备，宜于小学教学之用，应准予审定作为新学制小学校后期教科用书。"因此，这套书得到了广泛应用。

中华书局在1920年6月也开始编辑出版适应新形势需要的《新教育教科书》。该套教科书几乎包含了小学的所有学科，并配有相应的教案出版。在内容安排和教学要求上，非常注意循序渐进和直观教学。

以小学理科教科书为例，它"注重人生生活必需教材，于应用观察以期易于了解，兼养成职业之应用企业之思想"。这套教科书出版后很受欢迎。专家、教师、学生对其评价都很高，多次再版。

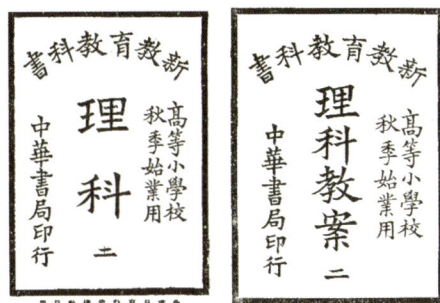

3-2-7　3-2-8

图3-2-7　吴传绂、黄以增、陆叔千等编，《新教育教科书　理科》（高等小学校用），中华书局出版，1921年
图3-2-8　吴传绂、黄以增、陆叔千等编，《新教育教科书　理科教案》（高等小学校用），中华书局出版，1921年

在这套小学理科教科书封面下方，标有"此书另有教案备教员用"，而配套的小学理科教案书每一课的内容构成为：教材，要旨，准备，教授（谈话、研究、图解、说明），整理（笔记举要、课余研究），次课预习，备考。

1920年9月，中华书局还出版了朱景梁编的适合中学用的《中等化学教科书》。

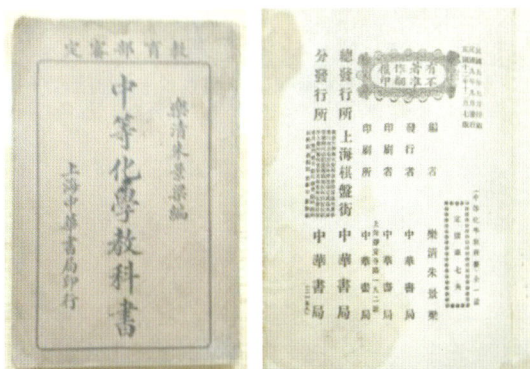

3-2-9

图3-2-9　朱景梁编，《中等化学教科书》，中华书局出版，1920年第1版

本书的特点如下：

第一，教材内容适量。全书所包含的知识和材料足够供中等学校教授，并且有次要教材，以备不同学习水平的学生使用。

第二，注重实验。本书以实验为主，辅以理论，主要是根据实验结果学习相关知识，并通过理论进行说明。本书的素材多取自常见的事物、生活现象，难度适中。

第三，加重有机化学占比。本书分成三编，第一编是非金属及化学之根本原理；第二编是金属及化学之浅近理论；第三编是有机化合物。本书作者认为现代化学的应用开始逐渐偏向有机化合物，但是国内其他化学教科书对这一方面还未察觉。本书作为唯一一本足够详细讲述相关内容的教科书，希望能够得到与无机化学一样的教学效果。

第四，教法详备。本套教科书另附一册教授草案，里面包括教材如何分配，预备哪些教学用品，实验装置如何组建，教授的具体方法，教学评价的相关事宜以及具体的注意事项等，内容非常全面。例如，本书教学时数的安排：每周4学时，一学年学完。具体分配：绪论1学时，第一编46学时，第二编48学时，第三编31学时，总计126学时。[1]

第五，联络他科。本书与物理学、植物学、矿物学、生理卫生及地理等都有联系、交叉和补充，对于其他学科比较缩略的内容，化学学科会详细讲解，不会重复它们的错误之处，有作为参考的功用。

---

[1] 朱景梁. 中等化学教科书 [M]. 上海：中华书局，1920.

第三节
新学制下的化学教科书

教科书不同于一般出版物，它必须随时跟着政局变动、学校教育制度与课程内容的改革不断修编。中华民国成立后，随着政权变更，修改清末学制被提上议事日程。1912年9月，南京临时政府教育部公布了教育会议决定的学校系统，称为"壬子学制"。自该新学制公布至 1913 年 8 月，教育部又陆续颁布了《小学校令》《中学校令》《师范教育令》《专门学校令》《大学令》《实业学校令》等各种学校规程，对各级各类学校的目的任务、课程设置、学校设备、入学条件、教职员任用、经费及领导管理都作了具体规定，对"壬子学制"有所补充和修改，形成一个全面完整的学制系统，史称"壬子癸丑学制"，又称1912—1913年学制。这个学制的总体框架一直延续到1922年。

一、民国初期的"壬子癸丑学制"

"壬子癸丑学制"设普通教育、师范教育、实业教育3个系统。

普通教育是该学制主系统，共分3段4级。第一段为初等教育，共计7年，其中初等小学校4年，为义务教育，高等小学校3年；第二段为中等教育，设中学校4年，不分级；第三段为高等教育，分预科、本科、大学院三个层次，其中大学预科3年、本科3~4年，专门学校预科1年、本科3年（医科4年）。学前儿童入蒙养院。大学毕业后可入大学院，肄业期限不定。小学前的蒙学院和大学本科后的大学院均不计入学制年限。[1]

除上述自小学、中学到大学的普通教育系统外，还有师范教育和实业教育两个系统。师范教育分师范学校和高等师范学校两级。师范学校本科4年，预科1年；高等师范学校本科3年，预科1年。实业学校分甲、乙两种，均为3年毕业，分农业、工业、商业、商船各类，分别实施完全和简易普通实业教育。[2]

小学教育以留意儿童身心之发育，培养国民道德之基础，并授以生活所需之知识技能为宗旨。小学的课程设置为：初等小学设修身、国文、算术、手工、图画、唱歌、体操，女子加设缝

[1] 陈学恂. 中国近代教育史教学参考资料：中册[M]. 北京：人民教育出版社，1987：164.
[2] 孙培青. 中国教育史：第3版[M]. 上海：华东师范大学出版社，2009：364-365.

纫；高等小学设修身、国文、算术、本国历史、地理、理科、手工、图画、唱歌、体操，男子加设农业，女子加设缝纫，并视地方情形加设英语或其他外国语。

中学校以完成普通教育，造就健全国民为宗旨，取消了清末的文实分科制度。中学课程为修身、国文、外国语、历史、地理、数学、博物、物理、化学、法制经济、图画、手工、乐歌、体操，女子中学加设家事、园艺、缝纫。外国语以英语为主，因地方条件可任选法、德、俄语之一种。

表 3-3-1 "壬子癸丑学制"关于中小学课程及周教学时数的规定一览表[1]

项目		初等小学	高等小学	中学
开设课程		修身，国文，算术，手工，唱歌，体操，图画（第一年不设），缝纫（第一、二年不设）	修身，国文，算术，本国历史，地理，理科，手工，图画，唱歌，体操，农业或商业（第一年不设），缝纫，英语（随意科，且只在第三年设）	修身，国文，外国语，历史，地理，数学，博物（第四年不设），物理、化学（第一、二年不设），法制经济（只第四年设），图画，手工，家事，园艺（女生，且第一年不设），缝纫（女生），乐歌，体操
每周总学时	第一年	22	30	男33，女32
	第二年	26	男30，女32	男34，女33
	第三年	男28，女29	男30，女32	男35，女34
	第四年	男28，女29	—	男35，女34

"壬子癸丑学制"缩短了学制年限，废除了读经讲经课，充实了自然科学知识，取消了进士出身奖励，手工、图画、唱歌成为必修课程，注重德、智、体、美诸方面和谐发展；第一次规定了男女可以同校；等等。该学制施行到1922年，是我国第一个资产阶级性质的现代教育学制。此学制的意义在于"革除前清学制之弊，开新学制之纪元，于全国教育整顿、办法分歧之时，赖此通令，得以维持，其影响实非浅鲜"。[2]

二、依据"壬子癸丑学制"编制的化学教科书

"壬子癸丑学制"还有一个明显的变化：将中小学春季始业改为秋季始业，还规定一学年度为三个学期，第一年8月1日至12月31日为第一学期，次年1月1日至3月31日为第二学期，4月1日至7月31日为第三学期，这也带来了教科书的变化。

（一）中华书局编制的《新制中华教科书》

中华书局尽管在民国初年凭借《中华教科书》抢占了先机，但随着教育改革政策和措施的陆续出台，原有的《中华教科书》与教育部新的要求还有一定的差距，需要根据新形势加以修订。因此，当1912年9月"壬子癸丑学制"公布后，中华书局迅速推出了适应三个学期的《新制中华教科

---

[1] 王博. 清末民初教育期刊与课程变革[M]. 长沙：湖南教育出版社，2016：177.

[2] 陈学恂. 中国近代教育史教学参考资料：中册[M]. 北京：人民教育出版社，1987：164.

书》，并编写了相应的教授书。

1. 高等小学适用的《新制中华理科教科书》

为适应新学制的需要，中华书局编制了适合高等小学校用的《新制中华理科教科书》。

全书共分为九册，每学期一册，供高等小学三年之用。由于新学制三学期中第一学期最长，第二、三学期较短，因此这套书第一、四、七册均设置十六课，其余各册各十二课，每星期授一课。这套书第一、二学年主要讲授动物、植物、矿物等自然物；第三学年则讲授理、化、生理卫生等知识。

全书所选教材注意的关键点有四个：一是与人类有关系的，二是在科学上有代表性的，三是在生态及生活上能够观察到的，四是适合时令而容易得到实物的。

这套书分教科书和教授书两种。教科书供学生使用，文字务求简洁明了，易于理解；教授书供教师使用，详细叙述教授次序、增补材料，二者相辅相成。[1]

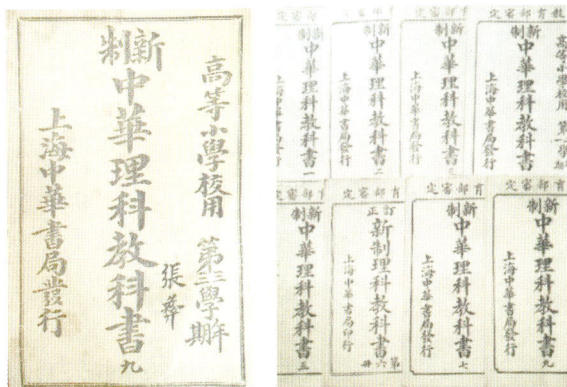

3-3-1

图3-3-1　顾树森编，《新制中华理科教科书》（第九册），中华书局出版，1913年1月第1版

【顾树森简介】

顾树森（1886—1967年），江苏嘉定人。1904年以后在上海龙门书院求学。1912年编辑《中华初等小学算术教科书》《中华初等小学修身教科书》。1917年担任《中华教育界》编辑部主任。同年5月发起成立中华职业教育社。1918年任中华职业学校首任校长。1927—1946年，先后担任武进县县长、南京特别市教育局局长、国民政府教育部普通教育司司长、国民教育司司长，并兼任中央大学职业教育一科教授。1946年8月，中华工商专科学校迁至上海后，顾树森任该校校长。1952年受华东教育部安排，调任江苏师范学院任教育学科教授，历时5年。后被江苏教育科学研究所聘为研究员。

此套书具有以下特点：第一，适应新学制变化，服务民众；第二，内容上紧跟教育宗旨，体现民主、共和，选材力求通俗务实，易于理解；第三，关注教师的教和学生的学，关注教材的内容联系，每册都配有教授书。[2]

总之，这套书体现了新教育的时代特色，在社会上反响很好，一出版就受到广泛欢迎，不断再版。

[1] 顾树森.新制中华理科教科书：第1册[M].上海：中华书局，1913：1.
[2] 石鸥，吴小鸥.中国近现代教科书史：上册[M].长沙：湖南教育出版社，2012：182-183.

第三节　新学制下的化学教科书

2. 中学适用的《新制化学教本》

就化学教科书而言，中华书局于1917年5月出版了适用于中学校、师范学校的《新制化学教本》，该书由虞铭新、华襄治编。

本教科书以新颖、完善、贯彻我国当时所需且程度适合为主旨，在内容上有以下特点：

第一，本书在绪论中就强调对简单物质的观察，使学生明白观察力是实验的先决条件。

第二，如果内容偏重纯粹理论，学习者常常会感觉到乏味，本书特地关注与日常生活有关系的事物，如金属的价格、煤的利用表、化学工业品一览表等，适当地列入书中，从而增加学生的兴趣，并且塑造学生将化学与工业相结合的观念。

第三，分子量和原子量对于初学者而言不容易理解，本书根据作者平时的经验，特地将分子、原子和阿札特罗（即阿伏伽德罗）的假说放在前面，将分子量和原子量放在后面，使学生易于理解。

第四，在各章末尾，提供正文所省略的知识给学有余力的学生学习，并且设置了习题，供教师使用。

第五，书中除了插入药品和实验装置的图片外，还列出了许多化学家的肖像，增进学生对化学史的兴趣，而且一翻开书就可以看到这些化学家，会使学生心生向往，激发他们学习化学的动力。

本书的体例有以下特点：

第一，本书共分为三编：首非金属，次金属，次有机化合物。

第二，本书将种种重要事项用简明图表列入，使读者一览了然，且便于记忆。

第三，各节项目及初见名词，本书特于其旁分别加上圆点及圈点，使读者注意。其教材之次要者，则低一格区别之。

关于本书名词的处理方式如下：

第一，书中的自然物质和无机物都采用国内原有的名称或最通用的名称，有机物的名字按照有机化学命名规则，如果有物质还没有命名规则，则依照命名的既定方法确定。

第二，各名词的英文名称，按照书中的先后顺序，特地列在本书末尾的中西方名词对照表中，以方便查找。[1]

图3-3-2　虞铭新、华襄治编，《新制化学教本》，中华书局出版，1917年

[1] 虞铭新，华襄治. 新制化学教本[M]. 上海：中华书局，1917.

（二）其他各书局出版的新制教科书

1913年5月，中国图书公司合资出版了由吴家煦、吴传绂编辑的高等小学《新理科教科书》，该套书共有9册，秋季始业。

为适应高小三年的新学制，文明书局也于1913年6月出版了钱承驹所编的教材《中华民国新理科》。

该套教科书遵照教育部新颁发的小学校教则第七条编辑，其要旨在于使学生略知自然物质和自然现象，领悟它们之间的相互关系及对人类生产生活的作用，同时起到训练学生的观察力、培养其热爱自然的情感的作用。第一、二学年主要讲授常见的植物、动物、矿物和自然现象，第三学年讲授常见的物理和化学现象、元素和化合物、简易器械的构造以及人体生理卫生。

3-3-3

图3-3-3　钱承驹编，《中华民国新理科》（第一册），文明书局出版，1913年

三、1922 年的"六三三"新学制

"壬子癸丑学制"因明显带有双轨制的特点，没有顾及我国的实际情况，在施行过程中暴露了多种弊端，改革势在必行。

1917年，蔡元培率先在北京大学发起大学改制。1919—1921年，蔡元培同中华教育改进社先后邀请美国著名教育家杜威、孟禄来华讲学，中国的教育由先前的单纯模仿日本转向全面学习美国。全国教育会联合会从1919年起多次集会讨论修改学制，在广泛征求意见、参考美国学制的基础上，1922年制定了《学校系统改革案》，并于1922年11月1日以大总统的名义公布，史称"壬戌学制"，又称"六三三"学制。

新学制制订的依据有七条：第一，发挥平民教育精神；第二，注意个性之发展；第三，力图教育普及；第四，注重生活教育；第五，多留伸缩余地，以适应地方情形与需要；第六，顾及国民经济力；第七，兼顾旧制，使改革易于着手。

新学制规定：小学为6年，分初、高两级（初级小学4年，高级小学2年）；中学为6年，其中初级中学3年，高级中学3年；大学为4年或5年，取消大学预科。因小学、初中、高中的肄业年限分别为6年、3年、3年，故又名为"六三三"学制。该学制中学分为初、高中两段，既提高了中学的水平，又减轻了大学的负担，使大学不再承担普通教育的责任，以便有更多的人力物力投入专业教育和科学研究。初中的设置便于中学教育的普及，高中文理分组加上职业选科（与中学平行的有师范学校和职业学校），可满足中等专业人才的培养要求。[1]

学制还有两项附则：一是注重天才教育，得变通修业年限及课程，使优异之智能尽量发展；二是对于精神上或身体上有缺陷者，应施以特殊教育。

[1] 郭保章，梁英豪，徐振亚. 中国化学教育史话[M]. 南昌：江西教育出版社，1993：112-113.

在学制改革的同时，全国教育会联合会组织了一个新学制课程标准起草委员会，袁希涛、金曾澄、胡适、黄炎培、经亨颐五人被推选为课程标准起草委员会委员。从1922年10月到1923年6月，先后在北京、上海、南京等地召开了4次会议，制定了小学和初中课程纲要以及高中课程总纲，并公布了《新学制课程标准纲要》。这是我国第一次制定以现代教育科学理论为依据的、体系较为严谨的中小学各科课程标准。这一课程标准虽然未经政府正式公布，但是，由于全国教育会联合会及课程标准起草委员会的权威性和代表性，使其被全国各地推崇并付诸实施，民国后来历次的课程标准修订均以此为基本模式和主要基础，这也成为编写新教科书的依据。

根据《新学制课程标准纲要》，新学制下中小学课程设置发生了较大变化，主要有：

小学阶段：用公民课替代修身课，增设卫生科；国语取代国文；体育取代体操；工用艺术替代图画；形象艺术替代手工；唱歌改为音乐；取消职业科目，初小无缝纫，高小无家事、农业、商业；增设公民、卫生、地理、历史（初小将这四科合并为社会）、自然、园艺。

初级中学阶段：以社会、言文、算学、自然、艺术、体育6科为必修科目组织教学。

高级中学阶段：分普通科和职业科，并设计公共必修、分科专修、纯粹选修三类课程，且普通科又分为两组，第一组注重文学和社会科学，第二组注重数学和自然科学。

教学时数从原来以钟点计时改为以分钟计时。

中学阶段实行选科制和学分制。

中小学各阶段课程设置具体如下：

表3-3-2 "壬戌学制"关于小学课程规定一览表

阶段	课程设置											
			社会									
	国语	算术	公民	卫生	地理	历史	自然	园艺	工用艺术	形象艺术	音乐	体育
初级小学	国语	算术	公民	卫生	地理	历史	自然	园艺	工用艺术	形象艺术	音乐	体育
高级小学	国语	算术	公民	卫生	地理	历史	自然	园艺	工用艺术	形象艺术	音乐	体育

注：初小一、二年级每周授课至少1 080分钟，课时较以前减少了5～8小时；三、四年级每周授课至少1 260分钟，较以前减少了8～9小时；高小每周授课至少1 440分钟，较以前减少了5～7小时。[1]

表3-3-3 "壬戌学制"关于初级中学课程规定一览表 [1]

课程名称	必修科目											选修他种科目（主要是职业科目）或补习必修科目
	社会科			言文科		算学科	艺术科			自然科	体育科		
	公民	历史	地理	国语	外语		图画	手工	音乐		生理卫生	体育	
应修学分	6	8	8	32	36	30	12			16	4	12	16
	164												
	180												

[1] 王博. 清末民初教育期刊与课程变革[M]. 长沙：湖南教育出版社，2016：181.

表3-3-4 "壬戌学制"关于高级中学课程规定一览表[1]

课程类型	公共必修							分科专修				纯粹选修
								第一组		第二组		
课程名称	国语	外语	人生哲学	社会问题	文化史	科学概论	体育	必修科目	选修科目	必修科目	选修科目	略
应修学分	16	16	4	4或6	9或6	6	10	≥24	≥32	≥34	≥23	≤30
	150											

注：高中职业科除学习与普通科相同的公共必修课外，还需修农、工、商、师范、家事等职业科，并可根据地方情形增设其他科。

可以说，"壬戌学制"下的课程方案，是我国第一个以现代教育科学理论为依据、体系较为完整的中小学各科课程方案。它打破了封建旧教育原有的课程结构体系，体现了较强的时代性、科学性，推动了中小学课程改革。

与"癸卯学制"和"壬子癸丑学制"不同，"壬戌学制"采用学分制、选科制，升级和毕业采用弹性制，以发展学生个性。可以说，新学制彻底清除了封建残余思想，符合学生的年龄特点和我国的实际情况。新学制是教育界在实践探索基础上对以美国为主的新教育模式的自主选择。这与五四运动以来民族主义的觉醒是分不开的。因为民族主义的觉醒，人们更多地开始从本国实际出发思考教育问题。[2]新学制的实施，标志着我国从近代教育向现代教育转型，促进了我国教育事业的发展，其基本精神一直沿用到现在。

四、各大书局的新学制化学教科书

（一）商务印书馆的新学制化学教科书

1923年开始，商务印书馆依照《新学制课程标准纲要》编辑出版了一套新学制教科书。这套教科书大部分在1923—1925年初次出版，个别高中教科书直到1928年还在编辑出版。这套教科书的种类和数量都非常庞大，据统计，截至1925年2月，初级小学教科书有9种72册；截至1926年7月，高级小学教科书有16种60册，初级中学教科书有16种51册；截至1928年，高级中学教科书有26种33册。[3]这些教科书集教育理论与实践工作者的智慧于一体，出版后反响很好。

就化学教科书而言，主要有马君武编的《实用有机化学教科书》（1919年出版），杜就田编撰的《化学》（1924年出版），麦费孙、罕迭生著，傅式说、胡荣铨译的《化学概论》（1926年出版），郑尊法、胡荣铨编的《近世无机化学》（1926年出版），周毓莘编的《教案式定性分析化学

[1] 王博. 清末民初教育期刊与课程变革[M]. 长沙：湖南教育出版社，2016：182.
[2] 许美德，巴斯蒂. 中外比较教育史[M]. 朱维铮，译. 上海：上海人民出版社，1990：22.
[3] 石鸥，吴小鸥. 中国近现代教科书史：上册[M]. 长沙：湖南教育出版社，2012：230.

教科书》（1927年出版），郑贞文编的《现代初中教科书　化学》（1923年出版），贾丰臻、贾观仁编译的《初等实用化学教科书》（1924年出版），郑贞文、郑尊法编辑的《新撰初级中学教科书　化学》（1925年出版）等。其中，后三本是当时为数不多的为适用于初级中学而编写的化学教科书。

1. 马君武译的《实用有机化学教科书》

马君武在这本书的序言中写道：欧洲大战争结束之后，民族之间的竞争必然十分激烈，竞争最锋利的武器是知识，而知识发源之地则是科学。有机化学是化学学科最重要的部分，我国制造局（江南制造局）所翻译的《化学鉴原续编》是化学传递到中国的开端。因为当时从事翻译的人都不太懂化学，名词的翻译不是根据其含义而是读音，或者直接取用化学符号来代表物质，导致名称非常冗长繁难，不方便阅读。并且这些书也比较陈旧，不再适用于现在的学校。我国近十年来十分流行贩卖日本相关书籍，但是好书很少，关于有机化学的书籍就更少了。于是我在年前翻译了伦孙所写的《无机化学》，现在又翻译了他的《有机化学》，书籍简明，适用于初学者。我重新命名的词语很多，方便后面的学者有方法可以依循，有机化学的基础就可以确定下来了。

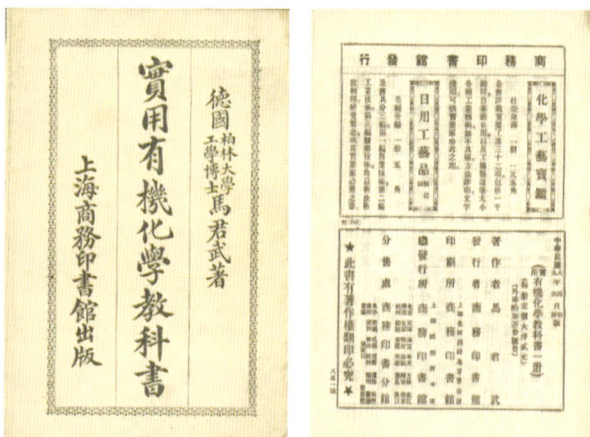

3-3-4

图3-3-4　马君武译，《实用有机化学教科书》，商务印书馆出版，1919年4月第1版，1920年6月第2版

该书结构非常简单，主体共分两章，包括：导言、第一章——泽气级炭素化合物、第二章——芳香级炭素化合物，并附有《德华有机化学名词对列表》。

2. 麦费孙、罕迭生著，傅式说、胡荣铨译的《化学概论》

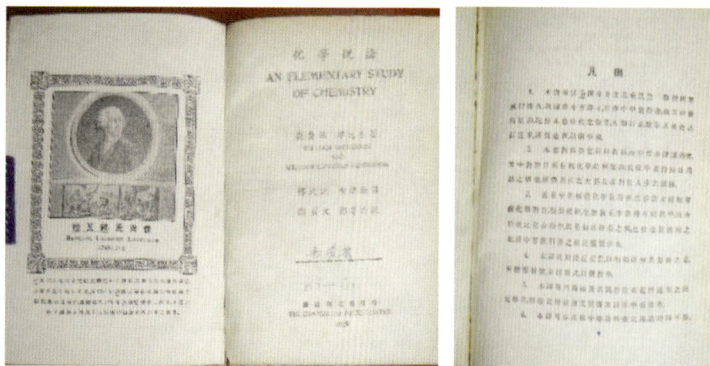

3-3-5

图3-3-5　麦费孙、罕迭生著，傅式说、胡荣铨译《化学概论》，商务印书馆出版，1926年1月第1版，1928年11月第3版

该书是横向排版，书中提道：

第一，本书原是由美国麦费孙及罕迭生二位教授所著，流行了很久，我国以前也有翻译本。作为中学教科书，本书在社会上十分受欢迎，如今为了适应时代的需要，作者对原本进行了订正，因此译者将最新订正本翻译出来，供学者使用。

第二，本书内容丰富，素材新颖，且难易适中。其中对于与日常生活有关的有机化学知识特地进行了详细介绍，目的在于使学习者能够知道生活用品的构造，领悟制备的主要方法，并且了解化学对于人类生产生活的作用。

第三，旧版的中等无机化学教科书，常在篇末附加几页有机化学的内容，这样显得割裂破碎，不成系统，本书将有机化合物作为碳的化合物来讲述，既避免枯燥细碎的缺点，而且连贯有逻辑，这是中等化学教科书的最好编制方法。

第四，本书意图用浅显的文字清晰地呈现原书的内容，标点符号全采用新形式，以方便教学。

第五，本书的专门术语和名称均选取最近所通用的名称，并将原文附注在书末以便于学习者参考。

第六，此译本作为高级中学教科书使用，如果课时不足，可以选择部分内容进行教授，所以用了两种字号进行区分印刷，以便于取舍。[1]

3. 郑尊法、胡荣铨编的《近世无机化学》

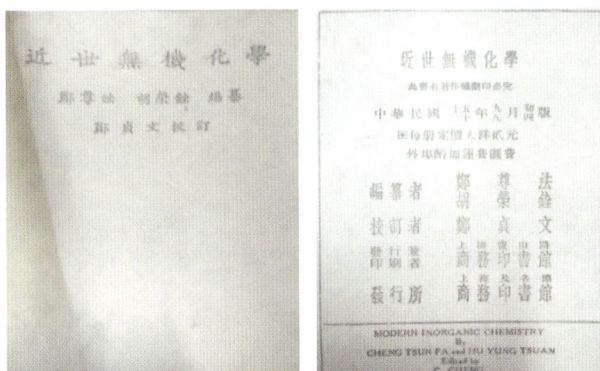

图3-3-6 郑尊法、胡荣铨编，《近世无机化学》，商务印书馆出版，1926年9月

【郑尊法简介】

郑尊法（1899—1970年），又名郑玉川，浙江镇海人。1917年毕业于浙江省立第四中学，同年9月去日本留学，先入东京东亚预备学校学习日语，次年入东京高等工业学校攻读应用化学，1922年3月毕业，1923年1月回国，同年进上海商务印书馆编译所任理化部编辑。回

该书的序言中交代了出版本教科书的背景：

学制改革之后，中学分为初高两级，课程也因此而改变，自然科学相关学科在初级中学课程中是混合与分科教学并用，在高级中学则只进行分科教学。编写这本教科书是为了使初级中学毕业生具有科学基础，达到智识水平，

[1] 麦费孙，罕迭生. 化学概论[M]. 傅式说，胡荣铨，译. 上海：商务印书馆，1928.

第三节 新学制下的化学教科书

国后，有志于发展民族工业，其时在五四运动以后，反帝爱国斗争蓬勃发展，提倡国货抵制洋货的浪潮日趋高涨。1925年前，我国市场上所销墨水大都由国外进口，当时虽然亦有国产墨水，但质量很差。有鉴于此，郑尊法1924年在上海集资创办民生墨水厂，任厂长，成为我国民族墨水工业开拓者。1966年更名为英雄墨水厂。[2]

系统地掌握学科知识的概念，往前看可作为升学进行专门研究的准备，往后看则也可进行实际的应用，两者都需兼顾，因此职责重大。编者郑贞文受商务印书馆的委托，曾经编写了两种初级中学教科书，正准备继续编写高级中学教科书，恐有志向却能力不达。恰好胡荣铨先生把倾其多年教学经验所写的无机化学原稿展示出来，其中对各元素的性质以及制备方法都叙述得很清楚，刚好适用于作为高级中学化学的教材；但是原稿理论方面稍显不足，因此经商议之后由郑尊法先生酌情增加理论部分，使得此书更适合新学制高级中学的标准。尤其是书中关于原子构造的理论，是当时最新研究成果，这也是民间教科书中所没有的，因此就把这本教科书叫作"近世无机化学"。

本书的《例言》中介绍了本书的特点：

第一，本书专供高级中学及农工业专门学校化学教学之用，并可作为中等学校教员及中学生之参考书，其范围以无机化学及重要之理论为限。

第二，本书用文言文叙述，共分三十五章；第二十章以前属于理论方面者居多，可视为化学绪论；第二十一章至三十四章为元素各论；第二十五章则略述最新的原子构造说，以期说明各元素间之关系，作为本书之结论。

第三，编者以元素之分为金属与非金属，实甚牵强，且因周期律对于元素有重大意义，故当叙述各元素时，其分类法一反其旧，率以周期表中之属位为准。

第四，本书说理，务求周到，凡化学上之高深原理及最新理论，如质量作用定律、相律、电化学、胶质化学、放射能以及原子构造说等，无不以浅显之词，简括地叙述。又因欲引起一般读者之兴味，故凡日常习见之实例，无不尽量采入。

第五，本书所用化学术语，悉本郑贞文先生所著之《无机化学命名草案》一书，故极有系统，甚易记忆。

第六，本书卷首附有最新万国原子量表，卷末附有索引及译名对照表各一，以便检查。

第七，本书所记温度，凡未特别标明者，皆指摄氏而言。[1]

4. 周毓莘编的《教案式定性分析化学教科书》

该书最早是周毓莘1918年在日本留学时编写，作为师范学校用书，由学海指针社出版。书中绪言大意为：当前科学兴盛，五光十色，灿烂辉煌，分析化学可以说是其中的一座桥梁，世界各国关

[1] 郑尊法，胡荣铨. 近世无机化学[M]. 上海：商务印书馆，1926.
[2] 张春海，戴雪林. 民生墨水厂创办人郑尊法[J]. 中国制笔，1996（Z1）：75-76.

于分析化学的书籍非常多，有很多在他人眼中已是善本，但对作者而言还是不够优秀。近几年中国化学教育逐渐兴盛，但关于分析化学的教学，还很少有好的教材，令作者感到十分地遗憾，于是作者编辑了这本书，现将定性分析先行出版，而定量分析则等另外的时间出版。全书系统使用教案格式，多用疑问句，以养成学生自主学习能力为目的，尤其是在分离和检验等知识点上。

1927年周毓莘将本书改版后由商务印书馆出版。改版绪言交代了改版的目的：

3—3—7

图3—3—7　周毓莘编，《教案式定性分析化学教科书》，商务印书馆出版，1927年3月第1版

【周毓莘简介】

周毓莘（1891—1952年），江苏江阴人，曾任淮安女中教务主任、江苏省教育厅督学、无锡师范学校校长等职，所著的《初中化学校本》《新生活初中教科书　物理》是国民政府教育部审定的教科书。

周毓莘曾留学日本，一生严谨治学、致力于教，闻名当时。汪伪时期，其留日同窗周佛海（汪精卫身边红人）多次逼其出任江苏省教育总长，被其断然拒绝。

欧洲大战以来，其与吾人以深切之教训者，非化学一科乎？当协约与同盟各国各举其倾国之师，相持于比法之郊，貔貅千万，其所恃以战胜攻取者，固不在枪炮之精利，飞机之灵敏，与夫师徒之众多也。毒气争战，实操其胜负之关键焉。夫当地丑德齐，智等谋埒之际，战士之勇，策士之计，皆无所施其技，转不得不乞灵于其化学家，各出其平素之研究，殚智竭力，制造毒物以杀敌，于是疆场之战，一变为化学实验室之战。今欧战已平，各国又凭其化学智识，制造日用品物，源源而东，吸我资财，愈彼疮痍。故化学一科，实兵战商战之利器，我固不得不取其攻我之术，为我防守之具。虽然，研究化学，以图化学工业之发达，非一蹴而就也，必先于化学教育树其基焉。化学教育，理论与实验并重，而分析尤为研究化学之阶梯，是书出版于民国七年，正值硝烟迷漫欧陆，转瞬七阅星霜，平和之神，已立于欧美大陆之上。返顾我国，则蛮触之争，兵匪之变，遍布神州，虽云天降之祸，抑亦人谋不臧，对于利用厚生之道未尽故耳。兹者应商务印书馆之约，将原书略加删正，再付剞劂，或能促进化学工业之进步，于福国裕民有几微裨益，则愚之大幸矣。

书中还特别强调了化学实验的注意要点，如清洁、整理、试药、药量、理解、备忘、娴熟等方面。

本书结构：概论；第一篇，玻管细工；第二篇，盐基类（金属）；第三篇，普通酸类之特别反应；第四篇，未知物之系统分析；附录。

5. 郑贞文编的《现代初中教科书　化学》

商务印书馆为适应新学制学科教学，还出版了一套中学教科书，称为《现代初中教科书》。这套书于1923年起陆续出版，到1925年已出版了19种34册。这套书按照新学制编辑，但适合初中分科之用。其中就有郑贞文编的《现代初中教科书　化学》。

图3-3-8　郑贞文编，《现代初中教科书　化学》，商务印书馆出版，1923年第1版

图3-3-9　郑贞文

根据《编辑大意》，本教科书的特点如下：

第一，本书鉴于学生的年龄和教授的时数，选择教材和配列次序，特加严密的注意，务使学生能得正确的化学观念，避却繁重的演算和复杂的方程式，以免学生难解以及强记的痛苦。

第二，本书编辑以采用发现的教授法为主，每述一事理，必先由观察自然现象入手，然后征诸实验，由其结果推出论断，更将应用实例列举一二于后，使学生于明了本书所叙述的事理之外，并得知研究自然科学的方法。

第三，本书以和人生最有密切联系的事项为主，一方面教授最重要的基础原理，一方面教授最重要的制造工艺；理论应用，相辅并进，新发明的事项，如原子数、活力素等皆搜罗在内，又有机化合物和日常生活关系较切，故叙述特详。

第四，本书选用精美插图，多至百

【郑贞文简介】

郑贞文（1891—1969年），字幼坡，号心南，晚号经余老人、龙山砚叟，福建福州人，化学家、编译家、教育家，为传播近代科学知识和发展教育事业作出了贡献。热心学术团体工作、献身编辑出版事业，在统一化学名词方面做了奠基性工作。1906年赴日留学，其间加入同盟会。1915年入日本九州帝国大学攻读理论化学，1918年获理学士学位。1918年秋，郑贞文应商务印书馆编译所所长张元济之聘，到该所任编辑，1919年任编译所理化部主任，负责主持化学及其他自然科学图书的编审工作。1932年6月，国民政府成立编译馆，郑贞文被聘为专任编审兼自然科学部和译名审查委员会主任。为了适应当时各中等学校教学需要，郑贞文除组织理化教科书的选编外，还亲自编写了一系列中学化学教科书。另外，郑贞文完成了我国中译化学名词的定名工作。他在徐寿、俞同奎、虞和钦、杜亚泉等人的基础上，潜心研究，写成了《化学命名原则（草案）》。该草案几经修订一直沿用至余幅，又插有三色版一张，表示化学上色的反应，以为实物教授的辅助，并引起学生研究化学的兴趣，非徒为观美而已。

第五，本书引用各专家人名，皆将其肖像插入，并附小传，使读者得仰见其丰采和其为人，对于所有事项，当可得更深一层的印象。

第六，本书多取有趣味而易解答的事项，尤以和日常生活有关系的事项以为问题，以养成科学的常识。

第七，本书所用名词概取有系统的学名，无机有机名词，概准著者所拟之无机化学命名草案和有机化学命名草案。

第八，本书卷末附有索引和译名对照表各一，以便检查。

第九，本书和周昌寿君所编《现代初中教科书　物理学》互相联络，已见于该书的教材，如放射能和电化学等部分，本书便不赘述，以节时间，采用本书的学校，务望注意及此。[1]

该书出版后很受欢迎，到1930年时，已再印到第105版了。

6. 贾丰臻、贾观仁编译的《初等实用化学教科书》

早期的初中化学教科书的编写，仅是为了与高中内容区分开。这导致初中化学教科书的编写出版没有赶上学制改革的步伐。从早期不多的几本初中化学教科书中可以看出，相较于高中化学，初中教科书弱化了概念原理等较难理解的内容要求。例如，商务印书馆出版，贾丰臻、贾观仁编译的《初等实用化学教科书》中，就没有旧制的中学校化学教科书和新学制的

3-3-10

图3-3-10　贾丰臻、贾观仁编译，《初等实用化学教科书》，商务印书馆出版，1924年

今，为化学的教学与科研提供了很大的便利。郑贞文管理能力出众，1920—1921年，曾任厦门大学教务长、代理校长。1932—1943年，任福建省教育厅厅长。郑贞文是中国生物化学先驱、开拓者、奠基人，中国近代最伟大的科学家之一。[2]

【贾丰臻简介】

贾丰臻（1880—1946年），字福骈，号季英。1904年，贾丰臻与沈恩孚、袁希涛等人被选派赴日本学习考察师范教育，次年回国后任上海苏松太道官立龙门师范学堂教员、学监。1912年，苏松太道官立龙门师范学堂改为江苏省立第二师范学校，贾丰臻任校长。辛亥革命后，1913年3月，被推举为上海市政厅议事会副议长，同年9月被推举为议长。1917年，中华职业教育社成立，贾丰臻是48位发起人之一。1927年辞校长职，为商务印书馆编"万有文库"。贾丰臻不仅在当时的中国教育界有一定影响，他还是一位研究宋学的专家，有代表作《中国理学史》。

[1] 郑贞文.现代初中教科书　化学[M].上海：商务印书馆，1923.

[2] 顾明远.中国教育大系：历代教育名人志[M].武汉：湖北教育出版社，2004：650.

高中化学教科书里常见的较复杂概念及原理，并将一些初中需要用到的概念原理知识放在了附录中，不作为学习内容。在元素化合物内容的选取上，相较于同时期的高中化学教科书而言，初中化学教科书在保留大部分内容不变的基础上，仅进行了部分内容的简单删减。有些教科书是在金属部分内容略微整合缩减，还有一些教科书是将有机化合物部分整体删除等。

这样简单删减高中教材形成的初中化学教科书，虽然对初级中学的化学教学起到了一定的积极作用，但是大量内容的删减，一方面破坏了学科系统性，另一方面未删减内容并没有与高中阶段的内容在难度上进行区分，对于学习的深度要求过高，针对性不强，不利于学生的学习。总之，其教材内容与难度与高中化学教科书的区别并不明显，知识的阶段性和教学的适应性不足，故此前出版的中学化学教科书在当时不少学校中仍被广泛使用。[1]

7. 郑贞文、郑尊法编的《新撰初级中学教科书　化学》

与郑贞文1923年编写的《现代初中教科书　化学》相比，郑贞文与郑尊法于1925年编的《新撰初级中学教科书　化学》，在主体内容、编排方式上并没有多大差别，只是后者强调"留教授者自由之发挥，不为课本所束缚"。

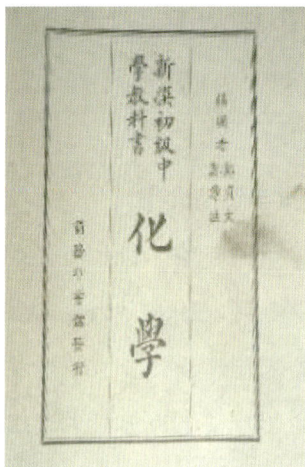

图3-3-11　郑贞文、郑尊法编，《新撰初级中学教科书　化学》，商务印书馆出版，1925年

本书特点：

第一，本书按照新学制初级中学的标准以及课时数编辑，包括提示纲要，给教师留有自由发挥进行实验验证的空间，使教师不被课本束缚，能够尽量施展自己的能力。

第二，本书用浅近文言系统进行叙述，取材新颖，希望可以让初学者对化学的有关概念有明确清晰的认识。

第三，本书对化学上最重要的基本原理，在能够采用浅显方法说明的范围内，近乎都进行了列举，以帮助学习者理解，并且使将来想要继续深入研究化学的读者形成明确的概念。

第四，本书关于化学应用方面的叙述也力求详细，使理论与实践相辅并进，既可让读者了解化

[1] 钟晓媛. 民国的初中化学教科书[N]. 中华读书报，2014-09-17（14）.

学对人类生活生产的价值，又可以避免干燥乏味的缺点。

第五，作者确信插图对于初学者来说是非常有益的，所以本书对于图片的选取非常严格；所有理论上可进行说明的以及有实际的应用价值的知识，都选入书中，并且罗列各个化学家的肖像，来激发学生对先哲的崇拜之情，书中的图像清晰，注释简洁明了。

第六，本书的习题，除少数必不可少的演算外，更注重理解方面，期望可以激发学生的学习兴趣，养成活用科学的习惯。

第七，本书所用的名词，都采用系统命名。

第八，本书卷首附有最新的万国原子量表，卷末附索引和译名对照表各一，以便于检查。

（二）其他书局和出版社的新学制化学教科书

与商务印书馆一样，中华书局也根据教育部新学制，迅速推出了适应新学制需求的中小学教科书系列《新小（中）学教科书》。这套书从1923年1月起陆续出版发行，包括初级小学教科书4种32册，教授书4种32册；高级小学教科书7种28册，教授书6种24册。[1]到1923年12月，出版《新中学教科书》（含师范教科书）23种34册，还有4种正在印刷中。[2]

这套书大都由名家学者编写，注重教学内容的实用性、科学性、引领性，编排新颖，教学设计充分考虑教师的教和学生的学，教学安排有弹性。新中学教科书每科有两种以上，由学校自行斟酌选用，注重激发学生的兴趣，培养学生的实践能力，颇受师生欢迎。

中华书局编制的新学制化学方面的教科书有：

（1）小学层面：钟衡臧、蒋镜芙、陆仲贤编的《新小学教科书　理科课本》（高小用，共四册），新学制适用，1923年2—4月陆续出版；张鸿英编的《小学高级文体理科教科书》（共四册），新学制适用，1924年7—12月陆续出版。

【蒋镜芙简介】

蒋镜芙，精通汉语与古典文学，并写得一手好字。20世纪30年代中华书局的主要编委之一，他和舒新城等一代文人，合作完成了最早的《辞海》，并独自出版了影响一时的学生词典，以及《国音字母标准体式》《标准国语应用会话》《新中华常识课本》等。抗日战争前后，蒋镜芙曾担任上海国语专修学校第二任校长，在此期间，他为普通话的推广及标准国语的教学，做了许多努力。1945年抗战胜利前夕，蒋镜芙病逝，终年49岁。[3]

[1] 石鸥，吴小鸥. 中国近现代教科书史：上册[M]. 长沙：湖南教育出版社，2012：239.
[2] 宋崇义. 新中学教科书·矿物学：全一册[M]. 上海：中华书局，1923.
[3] 蒋雄达. 弦上的梦[M]. 北京：新华出版社，2011：4-5.

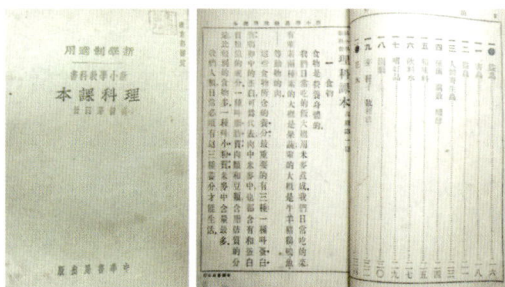

3-3-12

图3-2-12　钟衡臧、蒋镜芙、陆仲贤编，《新小学教科书　理科课本》，中华书局出版，1923年

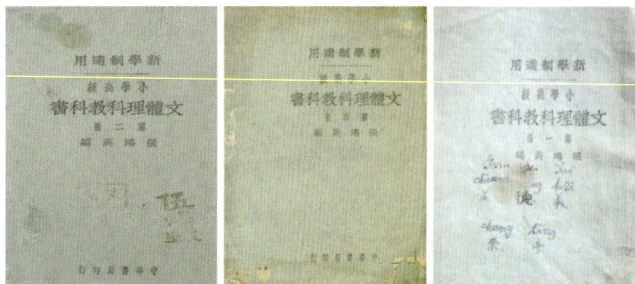

3-3-13

图3-3-13　张鸿英编，《小学高级文体理科教科书》，中华书局出版，1924年

（2）中学层面：钟衡臧编的《新中学教科书　化学》，1925年出版。

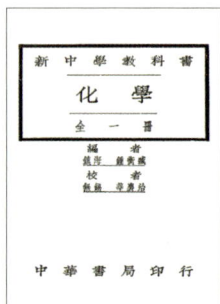

3-3-14

图3　3　14　钟衡臧编，《新中学教科书　化学》，中华书局出版，1925年

本书特点如下：

第一，本书遵照新学制编写，作为中等师范学校以及同等程度学校的化学教科书。

第二，本书共分为四章，章前的导言包括主要的术语、方程式、化学符号以及元素表等内容，为化学研究的开始奠定了基础；然后分章论述无机非金属和金属以及有机脂肪体与芳香体，叙述了形态、性质并且也阐述了化学原理；对于验证性实验有详细的实验步骤，使得教师在讲授和学生在听讲的过程中都没有障碍，从而能够激发学生的学习兴趣。

第三，本书对于元素名称的确定依据名词审查会；而对有机化合物的名词，进行了特别的斟酌，因为使用结构进行命名，虽然与研究方法相对应，但直接针对药品，名称和实际用途差别太大，学习中会感觉十分困难；如果主要通过物质来源来确定名称，当然适合于应用，但又缺乏研究的系统观念；所以本书不得不另外有主张，即在分类章目，主要以结构来确定名称，为研究提供方法；在各节举例说明物质形态与性质时，主要以来源确定名称，有时也附上流行已久的译名以方便应用。像这样兼用各种方法来代替统一的一种方法，才能实现教育的目的。

第四，本书对于名词术语的标记，都用特殊的字体起到醒目的作用，并附有英文，为进一步学习英文书籍作准备。

3-3-15

图3-3-15 阎玉振编纂，《中学校教科书 化学》，求知学社出版，1923年

3-3-16

图3-3-16 阎玉振

此外，求知学社于1923年出版了阎玉振编纂的《中学校教科书 化学》。该书原为阎玉振在女子高等师范附属中学教授化学时所自编的讲义，因其说理精详，排列适宜，文笔清新，使受教者获益匪浅，后大加改动成为中学适用教科书。

该书的特点如下：

第一，该书分上、中、下三篇，每周四学时，正好供一个学年使用。

第二，绪论的各节内容都是化学初学者所应该知道的，因此分列成十五节进行叙述。空气为日常接触的物质，所以首先教授空气。而空气的成分以氧氮为主，因此接着进行氧气和氮气两种气体的教学。氢和氧化合能成为日常使用的水，因此接着教授氢气和水。总的来看，教学的先后有连贯性，可以达到更好的效果。

第三，每次试验均让学生判断结果，来明确化学概念，契合启发式的教学方法。

第四，本书对单质及化合物的制备方法、性质、用途都分别进行了清晰叙述，希望教师和学生双方都感到便利。

第五，教材内容的组织使用了归纳法，由浅入深、循序渐进，可以激发学生的进取心。

第六，本书对各种物质的重要用途及普通常识方面，都斟酌选择了重要内容编入，以增加学生的学习兴趣。

第七，本书重要练习题有一百多道，分插在书中，让学生有课外训练的标准。

第八，本书物质命名采用最通用的名称，有的物质使用两个名称，需要一起记忆。

第九，本书对于有机化合物仅选取摘要进行叙述，适合于中等程度的学校。

第十，周期律的旋形表示法、火焰识别方法、中西名词对照表以及单质和化合物的通用名称表，都以附录的形式放在了书末，以供参考。

此外，针对新学制的化学教科书还有沈溯明编著的《无机化学》（中等学校用，北京和记印字馆1923年出版），王鹤清、阎玉振编写的《高级中学化学教科书》（北平文化学社1926年出版）等。

总之，民国初期，由于新的资产阶级政体的诞生，民主、自由的思想开始深入人心。随后的五四运动，提倡民主与科学，反对专制、愚昧和迷信；提倡新道德，反对旧道德；提倡新文学，反对旧文学。教育领域深受五四运动及杜威等人教育思想的影响，致力于教育的民主、平等、普及。同时，受教育独立论的影响，各级政府并没有过多地干涉教育。当时的北洋政府采取放任式的管理方式，不干预学校内部管理事务，对学生的要求是好好读书，不要过多关心国家大事以免造成社会

第三节 新学制下的化学教科书

动乱，因此学校享有一定的治理自主权。这种相对宽松自由的环境同样有利于教科书的发展。另外，民国初期政府对教科书的管理实行审定制，审定结果定期公之于众，使得教科书的编辑、出版、发行等呈现良性竞争，教科书的发展呈现出多姿多彩的局面：有与时俱进，适应新政体的教科书；有密切配合，适应新学制的教科书；有积极改革，适应新思潮的教科书；等等。各种不同教科书的出现，促使教科书不断走向繁荣。

【阎玉振简介】

阎玉振（1895—1945年），字金声，河北玉田人，幼读私塾，后入河北省立第五中学。1919年在北京高等师范学校（北京师范大学前身）理化部毕业，1923年又在该校化学研究科攻读毕业。毕业后即同初诰、吴鉴、凌锡濂、杨泽民、陈文华、李澄等北师大毕业的同学，创办北京私立志成中学校（即今北京市第三十五中学、女部为丰盛中学的前身），由李大钊、邓萃英等十五位教育界名流担任校董。1929—1931年任河北遵化省立五中校长。后到北师大任总务科长，不久即回志成中学、师大附中任教。1938—1940年任志成中学校长。

阎玉振在物理、化学方面造诣极深，20世纪二三十年代在师大附中等校任教时，编有课本《初中物理》《初中化学》《新标准教材高中化学实验》《修正标准高中化学》（上、下册），均由北京华成书局等出版发行。

第四章

化学教科书的范型初定（1927—1949 年）

1927

1927年，南京国民政府成立。为了维持和巩固国民党的统治，南京政府在政治上极力推行"党化运动"，"党化运动"的内容包括"党化公务员""党化司法""党化军队""党化教育"等。在教育上加紧制定新的方针、政策，以确保教育为其政治经济服务。

在1927—1937年的十年间，中小学课程先后做了四次大的调整。伴随着课程标准的颁布、实施、修订，中小学教科书编写体系日益规范和成熟。

1937年抗日战争全面爆发后，教科书发展受到严重的影响。为"适应抗战的需要"和"推行战时课程"，南京政府加强了对各级学校的管理和控制，教科书呈现出模式化趋势。在国统区，对学校教科书的审查力度持续加强，"标准本""国定本教科书"等应运而生。

总的来说，在1927—1949年间，南京国民政府制定了一系列促进中等化学教育发展的政策，先后颁布了五个中等化学课程标准。课程标准作为化学教科书编写与化学教学、考核的参照，在一定程度上促进了当时化学教育的发展。课程标准虽然经过多次修改，但是仍然存在很多的问题，比如学时太少、没有指导思想等。南京国民政府时期，国人自编教材成为化学教材的主体，改变了清末民初以来国外化学教科书为主流的局面。

第一节
化学教科书的成熟与定型

1922年，新学制的颁布，使得辛亥革命后教育上的混乱状态得到了整治。然而，由于这一时期化学教育还不规范，不少地方还需要调整和提高。南京国民政府成立后，开始了一系列教育改革，从1927年到1937年抗日战争全面爆发之前，在学制和中小学课程标准方面进行了一系列的修订和补充，使化学教育得到了发展，化学教科书也越来越走向成熟。

一、课程标准规范下教科书的成熟与发展

（一）中小学课程标准的修订与完善

课程标准是编辑教科书的重要依据。1923年颁布的《新学制课程标准纲要》尽管为各级学校提供了一个可供参照的统一课程标准，但经过几年施行，存在不少问题，如各级学校修业年限减少而所修科目却大为增加、课程设置繁杂、选修课设置过多等等。主要是过于理想化，脱离当时社会的

教育现状，缺乏可操作性。因此，对课程标准的修订已成为当务之急。1927年，南京国民政府顺应历史潮流，开始了中小学课程标准的修订工作。

1. 1928年，大学院修订《小学暂行条例》和《中学暂行条例》

1927年10月，南京国民政府仿效法国的教育管理体制，在中央成立了管理全国教育事业的大学院，取代原来的教育部，由蔡元培任院长。大学院尽管存在时间不长，但在学制方面进行了一些改革。1928年2月，南京国民政府大学院院长蔡元培先后签发了《小学暂行条例》和《中学暂行条例》。

《小学暂行条例》共八章29条，其中规定小学教育应根据三民主义，按照儿童身心发展程序，培养国民基本知识技能，以适应社会生活。小学修业年限6年，前4年为初级小学，后2年为高级小学。小学教学科目有三民主义、公民、国语、算术、历史、地理、卫生、自然、乐歌、体育、党童子军、图画、手工。小学教科书须采用中华民国大学院所审定者。

该条例特点：一是小学课程和科目之多前所未有，二是增加了"三民主义""党童子军"课程，三是初小和高小科目相同，只是高小可酌情增加职业科目而已。

《中学暂行条例》共25条，其中规定中学教育应根据三民主义，继续小学的基础训练，以提高学生的智能，为预备研究高深学术及从事各种职业，以达适应社会生活为目的。分为初级和高级中学，修业年限各为3年，但也可依设科性质定为初级4年，高级2年。初级中学实施普通教育，亦可视地方需要兼设各种职业科；高级中学分设普通、师范、农业、工业、商业、家事各科，亦可依各地情形单设一科或兼设数科。教授科目分必修和选修。采用大学院审定的教科书。对入学修业及毕业、上课及休假等也作出规定。

1928年5月，中华民国大学院在第一次全国教育会议上提出《整理中华民国学校系统案》，颁行"戊辰学制"。该学制基本上沿袭了1922年的"新学制"，只是在中等教育方面进行了较大的修订。一是中学修业年限仍为6年，分初、高两级各3年，但须依地方或设科情况而定，也可为初中4年，高中2年。二是初中为普通教育，亦须依地方情形开设各种职业科。三是高中为分科，分为普通科和农、工、商、师范、家事等科，根据地方情况普通科可以单设，其他各科也可单设为高级职业学校，修业年限为3年。四是中学三年以上的酌行选科制。五是高中普通科取消文理分组。

2. 1929年，教育部颁布《中小学课程暂行标准》

1928年10月24日，大学院裁撤，所有改革制度取消，教育部与旧有教育制度恢复。1929年8月，教育部颁布《中小学课程暂行标准》。该标准由《小学课程暂行标准》《初级中学课程暂行标准》《高级中学普通科暂行课程标准》三部分构成。其中规定：中学实行学分制，三年以上酌行选科制。

就化学课程设置而言，该标准规定：初级中学在三年级开设化学课程，每两周理论讲授5学时，实验1学时，即平均每周3学时。高中在二年级开设化学课程，每周6学时（理论讲授和实践各占3学时）。同时，对化学教材的内容和要求也作了明确的规定，使得教师的教和学生的学有法可依。

总的来看，本标准重点在高中普通科进行了改革，取消了文理分科，纠正了当时的重文轻理之弊，对物理、化学、生物三科给予适当重视，强化了基础知识训练。在课程设置上，增加了必修科目，减少了选修科目，不利于学生个性发展。另外，各级学校普遍开设党义课，以取代公民课，强化了国民党"党化教育"。

3. 1932年，教育部公布实施《中小学课程标准》

1932年，南京国民政府教育部成立了"中小学课程及设备标准初订委员会"，基于全国各地实施《中小学课程暂行标准》的情况及总结报告，将中小学暂行课程标准修改成正式课程标准，于1932年10月公布了《中小学课程标准》。虽说换了名称，但实际内容变化不大。该标准一直指导和影响着民国时期中小学课程改革，直到1949年中华人民共和国成立。

该标准规定小学设置10门课程，即公民训练、卫生、体育、国语、社会、自然、算术、劳作、美术和音乐。此外，还对小学教科书的编写工作作了详细的规定，以强化控制。

至于中学的课程设置，取消选科制，废除学分制；改党义课为公民课；加强语文、算学、史地等科的分量。就化学课程而言，1932年，把初中理化课程分为物理、化学。化学在初中、高中二年级各开设一学年。初中二年级上学期化学每周3学时，下学期化学每周4学时；高中二年级上学期化学每周7学时，下学期化学每周6学时。相比于暂行课程标准，中学化学课程的内容和时数大大增加。化学得以重视和加强的另一个原因是教育部在1932年开始规定中学毕业生实行会考制度。初中、高中毕业生会考都要考化学。同时，各类大学新生入学考试科目中也有化学。

另外，为配合课程标准的实施，教育部于1934年颁行《中学化学设备标准》，促进了各地中学化学设备的改善，推动了中学化学教学方法的改进和化学教学质量的提高。

4. 1936年，教育部公布《修订中小学课程标准》

1936年4月，教育部针对1932年课程标准实施中存在的问题，在征求多方意见的基础上公布了《修订中小学课程标准》，主要是调整各科教学内容，减少各科教学时数，减轻学生过重的负担，增加学生自己研究的时间。

就化学课程而言，仍在初中二年级和高中二年级开设，只是初、高中化学每周课时略有减少，每周分别为3学时和6学时。

同年，教育部还颁布了《六年制中学课程标准草案》，规定中学化学教学目的为：第一，使学生获得化学的基本知识和明确的概念；第二，使学生了解化学与衣食住行和国防的关系；第三，引起学生对自然现象的浓厚兴趣，养成随时随地重视自然现象的好习惯；第四，养成学生敏锐的观察力和精确的思考力。同时，还规定初中化学和高中化学分别为每周6学时和12学时。

（二）新课程标准下的化学教科书

从1928年至1936年，我国的中小学教育发展较快。就中等教育而言，学校数由954所增至1 956所，增长了1倍之多；学生数由188 700人增至482 522人，增长了1.5倍多。中学的发展不仅体现在数量的增长上，而且体现在质量的提高上。

中小学课程标准的不断修订和完善，促使中小学教科书也不断地修改和规范。教科书的出版机构也在不断增加，主流由原来的三大书局发展到商务、中华、世界、开明、大东、正中、北新七大书局，当然，还有其他一些小书局。

1. 新课程标准下商务印书馆的化学教科书

商务印书馆依据不断修订的中小学课程标准，不断推出相应的教科书。1929年8月，教育部颁布《中小学课程暂行标准》，商务印书馆依据其要求编辑了一套《基本教科书》。该套书共13种，主要是小学各科教科书，中学基本教科书仅见国文。1931年7月开始陆续出版，后因1932年商务印书馆遭日本飞机轰炸，损失惨重，该套教科书保存下来很少。

1932年1月28日，"一·二八"淞沪抗战爆发，次日日军轰炸了商务印书馆，2月1日，日本浪人又纵火烧毁了商务印书馆所属的东方图书馆，使得商务印书馆所珍藏的大量善本孤本图书毁于一旦，成为中国近代文化史上一大劫难。遭此大难的商务印书馆并没有沉沦，反而强调"为国难而牺牲，为文化而奋斗"。商务印书馆提醒人们"勿忘国耻""共赴国难"，从注重儿童体格、德性、经济、政治的综合训练及能力培养入手，主张培养出具有"科学素养"和"自主探究"能力的公民，并希望以此为民族复兴积蓄现实性的支撑力量。

商务印书馆在极其困难的条件下，汇聚了210余人的编撰校订队伍，从1933年5月开始推出"复兴教科书"工程，以此守望中华传统文化，弘扬民族自信力和民族精神。商务印书馆这套教科书被誉为"民国教科书发展史上一座里程碑式的山峰"，也是中国教科书史上唯一以"复兴"命名的教科书。

这套《复兴教科书》气势恢宏，所出版的各种教科书均冠以"复兴"二字。至1933年8月，商务印书馆出版了整套的小学《复兴教科书》及教学法、初中《复兴教科书》及教学法、部分高中《复兴教科书》。其中小学用书27种，初中教科书27种，准备书、辅导书14种；高中教科书25种，指导书1种。该套教科书由王云五等主编，是商务印书馆规模最大、科目最齐全的一套教科书。

涉及化学这一学科的有：韦镜权、柳大纲编的《复兴初级中学教科书　化学》（1933年出版）和郑贞文编的《复兴高级中学教科书　化学》（1934年出版）。具体如下：

（1）商务印书馆出版的《复兴初级中学教科书 化学》。

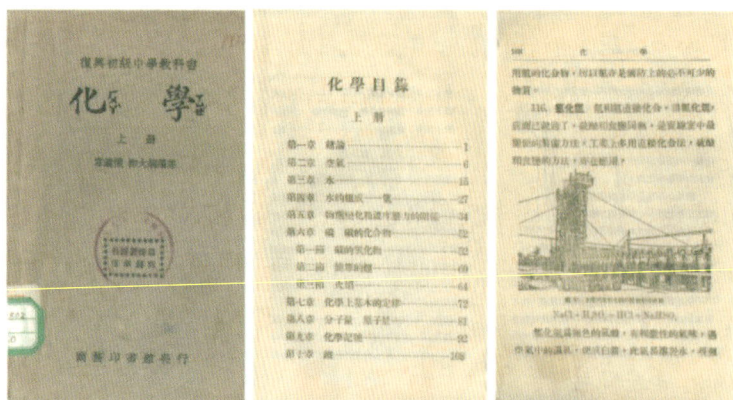

图4-1-1 韦镜权、柳大纲编著，《复兴初级中学教科书 化学》（上册），商务印书馆出版，1933年7月第1版

在内容编排上，《复兴初级中学教科书 化学》分上、下两册，32开单色印刷，约15万字。正文342页，书前附"万国原子量表（1932）"，附录13页。全书三十二章，除第六章"碳 碳的化合物"因内容较多分为"碳的氧化物""简单的烃""火焰"3节外，其余各章不分节，直接进入知识点（全书流水编号），章后附有习题。全书共255个知识点，81幅插图，136道习题。内容以无机物知识为主线，包含常见的金属、非金属元素及主要化合物，有机物只选入与生产、生活关系较密切的醇、酯、醚、糖、油脂和蛋白质的相关内容，同时单独设章介绍实用性突出的燃料和食物。上册穿插了物态变化、化学基本定律、原子量、分子量、化学符号、化学平衡等基本概念和理论的内容，下册加入了氧化还原、电解质、元素周期律等理论性内容。

该书的特点：

第一，本书编制完全依照教育部1933年所颁布的新课程标准。

第二，本书的教材都经过慎重选择，对于国内情形、学校设备、教学时间、学生智力都经过充分注意，以切合时代的需要。

第三，本书对于重要术语、基本原理，都在可能的范围内，尽量收罗。并用简明清晰的词句，深入浅出，使学生容易领悟。本书可以称之为学习更加高深化学的桥梁，因此，学生在学习的过程中绝不应该因为本书简易就将本书忽略。

第四，本书对于日常生活之有关化学的事物，皆触类旁通，加以讨论。

【韦镜权简介】

韦镜权（1902—1968年），字乐忍，四川青神人，工业化学家。早年就读于东南大学（现为南京大学），1925年毕业，获学士学位。先后在中央研究院化学研究所、国立交通大学（现上海交通大学）、兰州大学等单位工作。韦镜权是一位优秀的实用化学家，他的研究题目涉猎广泛，上至石油、军用活性炭等战略物资，下至废弃马口铁的再利用，发表多篇学术论文。1931年，韦镜权与李乃垚合著了《农业制造学》。1933年，韦镜权与柳大纲合编了《复兴初级中学教科书 化学》。他本人还编写了《化学教员准备书》《化学实验》等教科书。

第五，本书对于国产和国防，特别注意，一方面能够使学生明晰国产材料和国内的化学工业状况，一方面能够使学生知道发展国产之有待于科学，以及国防化学和工业之间的连带关系。

第六，本书所采用的度量衡，全部都是依据政府颁布的标准制定的。名词依据教育部新颁布的化学命名原则，本书中间的附录采用的均是传统的概念，以此来作为参考。本书末尾的附录有汉英对照表，以此来方便读者进行查阅。

第七，本书中所罗列的问题，都能引人入胜，对每一个问题的解答，能使学生更加充分了解实际事物，并且可以增进学生运用知识解决实用问题的经验。

第八，本书所采用的教学方法，以实验和发现为主。但鉴于国内各地学校设备的情形不同，因此没有编制实验栏目，并且避免使用复杂的实验器械，这就需要教师因地制宜，使学生多进行实验参观，这样就能够使他们充分获得受科学训练的机会。

第九，本书对于有机化学部分，选择了很多有关日常生活的内容，都采用最新的学说和研究成果，这能够使学生有正确的了解。

第十，本书所附插图，不仅清晰美观，而且因为很多都附有国货工厂照片，可以使学生明晰我国化学工业实况。

【柳大纲简介】

柳大纲（1904—1991年），江苏仪征人，化学家。1925年毕业于东南大学化学系。1948年获美国罗彻斯特大学博士学位。中国科学院化学研究所和青海盐湖研究所研究员。1955年被选聘为中国科学院院士（学部委员）。1957—1967年和1977—1981年分别任化学研究所代所长、所长，1981—1991年任化学研究所名誉所长。

早年从事分子光谱研究，判定双氰分子处于两种共振状态，是中国化学家研究光谱最早者之一。参与解决核燃料前、后处理中的化学问题，有诸多贡献。开拓了中国盐湖资源及其化学基础的研究，组织综合队伍考察，并组建了青海盐湖研究所。勘测研究了察尔汗盐湖区富藏钾镁资源，发现了柴旦盐湖区柱硼镁石资源以及柴达木盆地若干点的锂资源等，提出了从盐湖卤水分离制钾和直接提取硼锂资源的有效工艺，为盐湖开发和西北地区建设作出了贡献。

图4-1-2 韦镜权

图4-1-3 柳大纲

第一节 化学教科书的成熟与定型

（2）郑贞文编著的《复兴高级中学教科书 化学》。

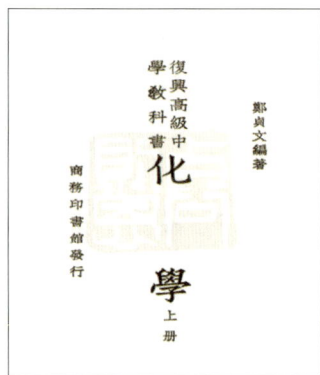

图4-1-4 郑贞文编著，《复兴高级中学教科书 化学》上册，商务印书馆出版，1934年8月第1版

在内容编排上，《复兴高级中学教科书 化学》分上、下两册，32开单色印刷，20余万字。正文473页，书前附"万国原子量表（1934）"，无附录。全书49章，章以下设节，节内为各知识点（全书流水编号），章后附习题。全书共508个知识点，77幅插图，265道习题。教科书先介绍空气、氧气、氮气、稀有气体、氢气、水等物质，再集中讲化学基本定律、原子-分子论、气体的性质、化学式、化学方程式、溶液等化学概念和理论；接下来介绍其他无机元素和有机物，穿插质量作用定律、电化学、热化学、固体的性质、营养化学、胶体化学、周期律、容量分析等理论性内容；最后讲元素的放射性、原子结构和国防化学。

本书特点如下：

第一，本书的编制依照教育部最近颁行的高中化学课程标准，这本书被用作高级中学校的教科书，并且作为师范学校的教本或者参考书目。

第二，在这本书出版之前有《新时代高中化学》出版，印过数十版，被很多学校采用，并且根据各个学校的教师提供的建议，本书一方面保全新时代高中化学的精华，一方面参酌近年实地教授者的意见，进行删减修改，加入新的材料，使得从前采用《新时代高中化学》的学者都改用本书。

第三，初中毕业生学力不一。本书向学生说明化学现象，是由浅显平易处入手，一切定理定义，都叙述十分详细，循序渐进，以确立学生化学的基础知识，将化学上的主要反应、基本理论、实际应用及最近进步情形教给学生，把问题简明扼要地提示出来，使学生在升学时能够得到充分的预备知识。

第四，本书关于理论化学陈述的道理是十分深刻的。本书为说明化学反应有关内容，有很多必要的篇幅，如原子说、离子说、质量作用定律、热化学等，都只是叙述了大概内容，但规避了高等数学，使学生更加容易理解。

第五，应用化学与日常生活关系密切，本书非常注意这一点，如酸、碱、盐类的制造，金属的冶炼、燃料、染料、药品化学兵器及其他有机化合物的合成等，都采用最新方法图示说明。

第六，分析化学的内容需要另定时间来教授实验。本书仅说明了其原理以及计算方法，使学生仅仅知道分析化学的应用而已。

第七，挽近化学，以胶质、新荣养素、放射性物质及原子结构理论等最为进步，本书对这部分特加注意，选择最新的学说对其进行论证，用了大量的篇幅进行解释，以此来引起学生研究化学的兴趣。

第八，本书编辑以教授法为主。先举若干具体实例，而后归纳概括导出一般性质及普遍原理。全书以周期律篇为中心，将理论应用到教材的各个方面；本书前后五十二章，互相衔接，从而能够使读者获得新物质观和化学的整个观念。最后介绍了化学在战争中的应用，使学生了解化学与国防之间的关系。

第九，本书由于篇幅有限，一些实例记录得比较简单。比如制备物质的方法，主要列举了最常用的方法，其余的都没有列举。又比如物质的性质，如果没有特别需要强调的就没有一一列举。

第十，本书所用的化学名词，都是依据教育部公布的化学命名原则所命名的，因此，是有确定完善的系统的。

第十一，本书在每章之后都有若干个问题，这使学生能够根据所学习的原理来解释自然现象，命题全部很重视实用，命题的含义也是非常浅显的。所有有关计算的问题、应用数学方面，都是很简单的，并且附有答案，学生可以自己进行检验。

《复兴教科书》在编写过程中依据中小学生的年龄特征，贯彻新的教育理念，注重学生实践和探究能力的培养。在教学内容的取舍上，注重以学生为中心，贴近学生生活；内容安排由浅入深，循序渐进。在教学目的上注意体育、德育、智育等多方面的训练，以培养健全的公民。这套以"复兴"为名的教科书很受欢迎，大多数用到新中国成立，有的甚至之后还在修订使用。

同时，商务印书馆还出版了《复兴中学教科书　化学实验》。

（3）谭勤余编著的《复兴初级中学教科书　化学实验》。

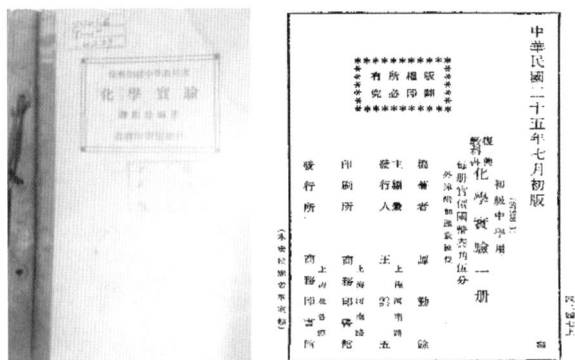

4-1-5

图4-1-5　谭勤余编著，《复兴初级中学教科书　化学实验》，商务印书馆出版，1936年7月第1版

本书内容及特点如下：

第一，本书完全遵照教育部最近修订初中化学课程标准第三项实验教材编成，共计15题。各实验之后，都加了若干问题，启发学生彻底了解各实验的内容，并且领会有关问题。

第二，本书所用理化名词和单位名称，悉以部定物理学名词及化学命名原则为准。

第三，本书各题内容与复兴初级中学化学教科书有着密切的联系，使讲授与实验容易联络，学生的印象更加深刻。但采用其他教科书的人，本教程也是适用的。

第四，部定标准初中化学实验每两周一次，每次一小时。因此本教程取材，以简要的初步化学实验为准。

第五，本书所需仪器及药品，以适用教育部颁行中学化学实验设备标准为原则。此种标准特附于书末，以资购备。

第六，本书装订成活页，学生将各次实验的结果交给教师批阅后，仍可以收集还原，并将其订成一册，留作成绩。

4-1-6

图4-1-6 谭勤余

【谭勤余简介】

　　谭勤余（1895—1968年），原名谭文英，曾用名谭卓夫。贵州清镇人。1917—1925年留学日本。1925年学成回国后在商务印书馆专门从事化学教科书的翻译和编写工作，长达二十多年。1946年，谭勤余开始步入教育界，陆续在贵州大学工学院、贵阳医学院、贵阳师范高等院校兼课，担任兼职的化学教授。1956年加入中国共产党。1959年被调到贵州大学化学系任教，历任化学系主任、化学系党总支委员、校党委委员等职。曾担任贵州省政协第一、第二、第三届委员，省科协委员，省化学化工学会副理事长。

　　谭勤余一生著译文献资料达40余种，其中《有机化学》《最新化学工业大全》《地球化学》《染料概论》《化学实验》等影响较大。特别是《地球化学》的翻译出版，他用自己的智慧和汗水，为我国地球化学的发展史写下了光辉的一笔。[1]

（4）王义珏等编的《复兴高级中学教科书　化学实验》。

4-1-7

图4-1-7　王义珏、陈水丰、金仲眉等编，《复兴高级中学教科书　化学实验》，商务印书馆出版，1935年1月

本书特点：

第一，本书是根据教育部课程标准以及参照江苏教育厅编印的教学进度表编制而成的。

第二，本书编制注重归纳法，每一个实验必须先谨慎详细地观察，才可以推出结论，适合启发式的教学方法。

第三，本书内容重视观察和讨论，这能够帮助学生将学校所学到的知识运用到实践中去。

第四，本书关于定量方面的材料也不在少数，这能够使学生思考更加精密，操作更加准确，以

---

[1] 肖学军. 我国第一部《地球化学》译著的译者：谭勤余[J]. 矿物岩石地球化学通讯，1990（3）：217.

此可以矫正学生粗心大意敷衍了事的坏习惯。

第五，本书的实验结果，都留有让学生填入的空白，学生既可一边做实验一边填写，又可以避免写很长的实验报告，是化学实验书籍的创新之处。

第六，本书内每个实验的后面，都有五道习题，大多都是新颖创作，用简单的词句就可以解答，通过这个来沟通实验和教本之间的关系。最后列有一项问题讨论，这能够使学生做完实验后，任意探讨，自由发表他们的心得或疑议。

第七，本书内应用的仪器药品，都选择性价比最高的，符合中等学校的经济水平，使中等学校都有能力购买这些仪器药品。

第八，本书采用活页装订，在每个实验的第一页右上角，都印有标签，学生做完一个实验，就可以将它抽出，用夹针夹好，填写姓名、组别、日期，上交给教师，然后离开实验室。

第九，本书内一切化学名词以及术语，都遵照1932年11月教育部公布的命名原则，这是第一个采用最新标准编制的化学实验教本。

（5）郑贞文、黄开绳编的《复兴高级中学教科书　化学实验教程》。

图4-1-8　郑贞文、黄开绳编，《复兴高级中学教科书　化学实验教程》，商务印书馆出版，1934年10月第1版

【黄开绳简介】

黄开绳（1895—1957年），字直斋，福建闽清县人。自幼学习勤奋，成绩优异。1916年留学日本，入东京第一高等学堂，1918年升入九州帝国大学，获化学硕士学位。1923年回国，先后在河北省立工业学院和厦门集美学校任教。1931年受聘担任上海开成硫酸制造厂工程师，曾主译《最新化学工业大全》第九册，受到当时国内工业界的重视。其中对硫酸制造工艺的改进及试产的成功，使我国的硫酸生产摆脱了对舶来品的依赖。

1933年经福建省当时的教育厅厅长郑贞文推荐，黄开绳被委任为福建省科学馆馆长。他坚持开放馆内各部的实验室，供各大中学校师生实验之用，并经常举办学术讲座

本书是按照1932年11月民国教育部颁布的高级中学课程标准编制，全书共28个实验。其中包括加热装置及玻璃管使用法、过滤和蒸馏。

本实验教程中所记载的实验，都遵循简明正确的要求，在实验实施时，各个学校可依据自身的实际情况，随机应变、灵活处理。为确保实验顺利进行，还列出了"实验须知"。从"实验前之准备""实验时之注意""实验结果之尊重""实验后之整理"四个维度，详细交代了做化学实验应注意的事项。

第一节　化学教科书的成熟与定型

和科学展览会，为普及科技知识作出了贡献。他在任内还先后被聘任为福建省师专、省立医学院、私立协和大学教授，编写了《工业分析》《燃料工业》《高中化学实验教程》等著作，其中《高中化学实验教程》为当时全国各地高级中学所普遍采用。

抗日战争期间，黄开绳积极创办省立科学仪器制造厂，克服种种困难，研制中小学各种理化教学仪器设备及生物标本，共计15类387件（种），服务当时的中小学科学知识的教学。同时还开办科学教育仪器制造训练班，为社会培养技术人才以及教育人才。

2. 新课程标准下中华书局的化学教科书

1933年，中华书局开始依据1932年教育部颁布的中小学课程标准，编写出版了一套相应的教科书，即"新课程标准适用课本"。该套书的特点：一是在编排方式上采用单元排列，还力求兼顾心理的排列和论理的排列；二是在内容选择上依照课程标准的教材大纲的要求，注重科学性、时代性，兼顾知识和技能、自然和人文的融合。

（1）蒋拱辰编著的《新课程标准适用 初中化学》。

4-1-9

图4-1-9 蒋拱辰编，《新课程标准适用 初中化学》，中华书局出版，1934年2月第1版

本书的特点如下：

第一，本书是按照初级中学程度编辑的，其他程度相当的学校，也可用作教本。

第二，本书内容遵照教育部新订的初中课程标准严格排列，并以尊重标准的精神编辑，用作教本，非常容易领会。

第三，天然品的利用和工艺品的制造，都是化学的重要使命，本书特别注意这一点，使学生在学习时，能够明确地了解我国化学工业的现状和地位，能够激发学生努力学习的志向。

第四，本书将日常和化学有关系的事项尽量收集在书中，并加以说明，能够让学生知道基本的化学常识，所以本书除做教本以外，还可以用作小学教师的参考书。

第五，插图能够补充说明的不足之处，在我国学校设备数量不充分的时期，非常需要。本文特意精选插图资料，插入书中适当的地方，以备读者参考。

第六，为提供完备的化学知识，本书特意编入补充材料，使读者对化学有更深切的认识，这些部分均用小号字排印，以便教学时因时间关系，可以适当对内容进行选择。

第七，本书各项附表，大多数和教材有密切的关系，希望同时参照。

（2）黄德溥编著的《新课程标准适用　高中化学》。

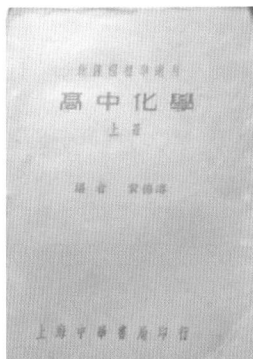

图4-1-10　黄德溥编著，《新课程标准适用　高中化学》，中华书局出版，1934年10月第1版

本书遵照教育部最近颁布的新课程标准编辑，全书分上、下两册，共四十三章。具体为：

上册共19章：第一章，物质、化合物、元素；第二章，空气；第三章，氧、臭氧；第四章，氮、氩及氦；第五章，化学的基本定律及假说；第六章，化学式；第七章，气体的性质；第八章，氢；第九章，水、二氧化氢；第十章，溶液；第十一章，反应速度、平衡；第十二章，卤素；第十三章，硫及其化合物；第十四章，氮的化合物；第十五章，磷及其化合物；第十六章，砷、锑、铋；第十七章，固体的性质；第十八章，矽、硼；第十九章，窑业。

下册共24章：第二十章，碳；第二十一章，碳化氢；第二十二章，醇、醚、醛、酮；第二十三章，有机酸、脂；第二十四章，醣；第二十五章，蛋白质；第二十六章，精油、樟脑、植物碱；第二十七章，胶体化学；第二十八章，热化学；第二十九章，金属及合金；第三十章，碱族元素；第三十一章，铜族元素；第三十二章，碱土族元素；第三十三章，镁族元素；第三十四章，电化学；第三十五章，铝；第三十六章，锗、锡、铅；第三十七章，铬、钨；第三十八章，锰；第三十九章，铁族元素；第四十章，铂族元素；第四十一章，原子的构造；第四十二章，元素周期律；第四十三章，国防化学。

（3）华襄治编著的《修正课程标准适用　新编初中化学》。

图4-1-11　华襄治编著，《修正课程标准适用　新编初中化学》，中华书局出版，1937年8月初第1版

1937年，中华书局又根据1936年4月教育部公布的《修正课程标准》，编制了一套《修正课程标准适用　新编教科书》系列，该系列教科书注重现代文明传播和日常生活需要，务求浅显实用，引

导学生行为。

本书分上、下两册，共26章。其编排方式及特点如下：

第一，本书依照修正课程标准编辑，供初级中学化学教学使用。

第二，本书编制，兼顾学习程序与学习系统，关于学习程序的，由浅入深，方便教学。关于学习系统的，互相关系的教材，在说明和排列上都有联系。

第三，取材以日常生活为中心，以适合程度为标准，尤其注意本国物产及国防方面，使读者能够清楚化学对人生的重要意义。

第四，说明务求清楚，不涉及含糊其词的内容以免引起理解上的困难，在叙述制法时，以实验室制法为主，工业制法为辅。

第五，实验在设备和时间上均有关系，方法以简易而正确为原则，并经过慎重的选择和分配。

第六，我国地大物博，天然富源和化学工业有关系的很多，本书特别注意这一点，以此来激发学生的学习兴趣。

第七，插图对于文字，有极大之助力，本书力求精密显明，对于比较复杂的内容，都在下面附注说明，使这些更加一目了然。

第八，各章的最后，附有提要和问题，能够使学生温习所学知识，检验学习的成果。

第九，书中的名词和术语，以化学命名原则为标准。

第十，书末附有中西名词对照表，以便查考。

该书于1937年初版，之后于1941年、1946年、1947年等多次再版。

3. 新课程标准下世界书局的化学教科书

1929年，世界书局为适应新形势、新课程标准的需要，出版了一套"初级中学教科书"。

（1）钱梦渭编著、陈之霖校订的《钱氏初中化学》。

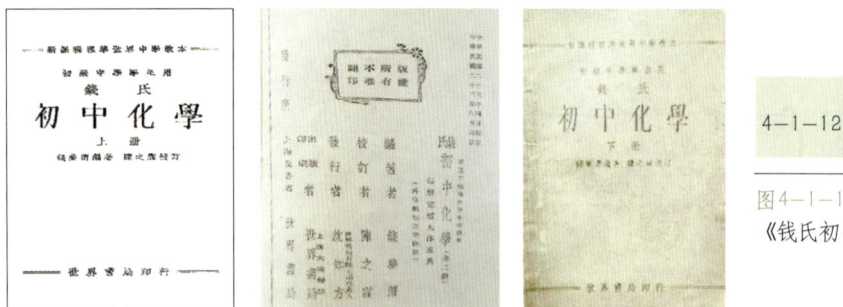

图4—1—12　钱梦渭编著、陈之霖校订，《钱氏初中化学》，世界书局出版，1934年

本书分上、下两册，共二十一章。书中叙述了本书编写的依据、编写的特点等。

第一，本书遵照最近教育部新颁的初中化学课程标准，再凭借编者平日的教学经验编辑，选择适当材料，严密排列，务使适合初中生的年龄和程度；得到生活上必要的知识和技能，并研究化学的正确观念和态度。

第二，本书采用材料，均和日常生活有密切关系；关于衣食住的如衣料的识别、食量的标准、居住的环境，详加说明；关于日用的如肥皂、火柴、墨水的制造，指示实验方法；使学生确认化学为日常生活必要的学科，从应用面研究到学理，引起研究的兴味，培育科学的基础。

第三，本书注重发现的教学法，讨论一种事物，如某物质的制造和性质，先用发问式标题，引起学生研究的动机，然后指导其实验，随时加以问答，促进学生的观察和思考；从实验的结果，归纳到原理原则，使学生不但可以充分了解寻常习见的事物和现象，并熟悉研究事物的方法，并养成自主研究的习惯。

第四，本书注重实验，凡物质的制法和性质，平常容易实验的另列专项，指明应用的器具材料及简易法则，以方便教师实验，或指导学生分组实验；器具复杂、多费时间及比较危险的实验，均不列入，以免过于复杂，不容易让学生领悟。

第五，本书采用了大量的精美图表，凡实验上的装置，以及工厂制造上的设备，都要插入，使学生依法装置，减少操作困难，并知道工厂中的实际情形。

【陈之霖简介】

陈之霖（1898—1986年），浙江新昌（今南明街道）人，我国著名化学家。

1918—1929年留学日本，先后在东京高等师范、京都帝国大学及研究院深造。1929年6月学成回国，任浙江大学文理学院化学系副教授。后来，在多所大学工作过，历任广西大学、北平女子大学、西南联大、四川大学、同济大学、山东大学的教授、系主任、校常务委员、代校长等职。

"九一八"事变后，陈之霖积极投身抗战。他急抗战所需，因地制宜，积极从事防毒研究，创造性地用核桃壳制成高效活性炭，广泛应用于抗日战争中，受国民政府的嘉奖并获得专利。

1932年与曾昭抡、郑贞文等发起成立中国化学学会，是我国化学学会创始人之一。

中华人民共和国成立伊始，任华东化工学院教授，应国家之需从事浓硫酸研究，于1951年研制成高效钒催化剂，解决硫酸生产的关键技术。

他一生从事化工研究和化学教育，成就卓著，出版《化学本论》《物理化学及胶体化学》等专著，与钱梦渭合著《钱氏初中化学》，发表了大量学术文章，在国内外享有相当高的声誉。[2]

第六，本书对于化学领域大发明家的肖像，特搜罗插入书中，使学生得景仰其为人，增加研究的志趣。

第七，本书在每章后面，列入与日常生活有关系的问题，以便学生练习，借资考查其对于该章所研究事项，对于未知事项，能否切实去研究，从问题上可以启发他们思考，增进他们的新知识。[1]

全书最大的特点就是所有单元都是以学生较为熟悉的物质为题，"水""盐酸""硫黄""石膏""火药""石英"等内容也与高中化学有较明显的不同，每章开始的关注点都落在学生日常生

[1] 钱梦渭. 钱氏初中化学[M]. 上海：世界书局，1934.

[2] 唐樟荣. 我国著名化学家陈之霖[N/OL]. 今日新昌数字报，2014-02-25[2021-07-21]. http://xcepaper.zjol.com.cn/html/2014-02/25/content_5_2.htm.

第一节 化学教科书的成熟与定型

活的衣食住行上，甚至部分内容并不严格属于化学学科体系，而属于常识类知识。但是，有些内容仍有高中教科书的影子，文字叙述上仍较为生硬和学术化，知识点的词条形式仍较严重，对于化工生产知识以及较为复杂的概念原理内容并没有进行简化。[1]

此时的初中化学教科书已经是从最初的沿用旧制教科书阶段，到简单删减、略有增减阶段，再到注重生活、兼顾初高中衔接的阶段。

（2）朱昊飞编著的《朱氏初中化学》。

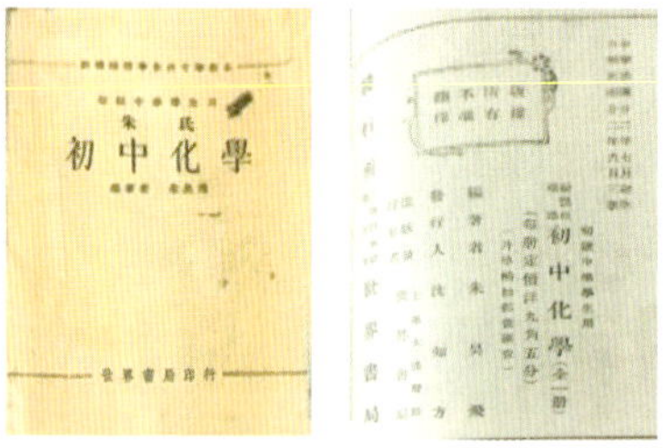

图4-1-13　朱昊飞编著，《朱氏初中化学》，世界书局出版，1933年7月第1版

本书为全一册，共十二章。第一章，空气；第二章，水；第三章，食盐；第四章，盐酸；第五章，硫磺和硫酸；第六章，硝酸及氮化物；第七章，碳及碳化物；第八章，磷及砷；第九章，矽、玻璃及陶瓷；第十章，铁；第十一章，金属及合金；第十二章，化学元素的概要和分类。相对于其他初中化学教科书而言，内容比较精练。

本书编写上的特点如下：

本教科书和作者编的初中物理学教科书相辅相成。作者认为，教科书是预备给学生读的，最好学生可以完全不要教师的帮助，主动看下去。坊间已出版的教科书，过于板滞，和学生心理太不相称。好像私塾里谈四书五经，除了教师指导以外，学生毫不感兴趣，也很难明了个中底细。所以作者主张在初中教科书里，可以省略不必要的内容。就本书的总材料而言，仍旧和部颁的课程标准相符合；因此，本书的教授时数，也可按部定的标准。

【朱昊飞简介】

朱昊飞（1892—1934年），字谨良，浙江磐石镇人。1917年，毕业于北京大学，至天津女子师范学校任教。第一次世界大战结束后去德国留学，在柏林大学研读化学四年。获化工博士学位，其间结识朱德。回国后，历任北京大学、中山大学、武汉大学、浙江大学理化教授职位。1933年以后，任世界书局编辑，有物理、化学方面的专著和中等学校教科书多种。另著有《理化小丛书》30种，可惜并未出版。

本书内各个实验，多是实际上已经试验过的。书中也有很多实验的方法，是编者按照领悟心理学，分别深浅，有步骤、有顺序而编入的。实验不是为实验而实验，而是为求了解事实或事理的必要。因此碰到一种复杂实验的时候，就应该将其分成好几层来进行，使学生易于悟解。

---

[1] 钟晓媛. 民国的初中化学教科书[N]. 中华读书报，2014-09-17.

（3）吴冶民编著的《高级中学学生用　高中化学》。

图4-1-14　吴冶民编著，《高级中学学生用　高中化学》，世界书局出版，1931年8月第1版

本书内容及特点如下：

第一，本书依据实地教授经验编辑，专供高中教学及初中师生参考使用。

第二，本书全一册，共分四十一章：前二十余章多叙述化学上的基本理论；末三章叙述元素的分类，放射性元素及原子构造的新概念；其余部分叙述非金属、金属，以及关于燃料，食物中重要的有机化合物，排列精密，首尾一贯。

第三，本书实用与理论并重，对于单质及化合物的制法、性质及用途，叙述特别详细。学生除学习化学上的基本理论知识及应用知识外，还要学习我国现时所应提倡及最需要的化学内容。

第四，本书主张用归纳法叙述。例如与定律有关的事实未明了及未熟悉以前，不轻易提出某项定律，定律一经提出后，则继续让学生学习与定律有关的其他事项，使学生深切地了解定律的内容。

第五，本书前后照应。如果第一章已叙述过相关内容，第四、五章再出现，即特别指出；又如果后面的章节在说明上必须引证事实和应用实验，在可能的范围内，必须引证前几章已经叙述过的内容，能够使学生更加容易领悟。

第六，本书关于高深原理和最新理论的说明，莫不深入浅出，力避艰晦；其他应该有参考的地方，大部分都附有底注。教员使用时可以不用翻阅其他书籍，学生自己阅读时，也能够无师自通。

第七，本书所列的性质实验，多采用问答式，以此来引起学生注意，使学生的印象更加深刻。

第八，本书所用的化学名词，都是来自中国科学社厘定的无机及有机化学命名草案，非常系统化和结构化，避免了繁杂。

第九，本书所用名词和术语，均用黑体字排印，并附注英文以便对照，重要字句下加波浪线，以使学生注意。

第十，本书每章末尾，附有许多重要问题，以便学生练习，有助于记忆。

第十一，本书卷首附有最新万国原子量表，卷末附有索引及译名对照表方便学生检查。

本书在编写和设计上还有一些突出的特点：

第一，目标。本书取材，实用与理论并重。理论方面如原子学说、电离学说、分子式与化学方程式、周期律、放射性元素及原子构造说等；实用方面如各物之制法、用途，照相术，青色印像术，电气镀金术以及自然现象与日常生活于化学攸关之事项等，均皆罗致靡遗，叙述特详。此外，还叙述了本国及世界化学工业的现状，并指出本国当前所应提倡和最需要的化学知识与国家经济所受到的影响，使学者一方面可以学习化学基本理论和应用的知识，一方面明确为国效劳的方针和选择职业的标准。故本书与最新教育原理及部颁标准相符。

第二，教材。本书讲解学习材料，都是从实验入手，例如解释物理变化，化学变化，物质不灭定律，混合物、化合物及气体的定律时，都是先做实验，然后引出界说或定律，能够激发学生的学习兴趣。与部颁标准相符。

第三，编制。本书用归纳法叙述，例如在说明各物质的性质时先罗列多个性质实验，再综合实验结果，作性质的总论，便于学生领悟与记忆。在定律有关的多数事实未明了及未熟悉以前，不轻易提出某项定律；但定律一经提出后，即继续让学生学习与定律有关的他项事实，使学生能深入了解定律的内容。

（4）朱昊飞增订、吴冶民编著的《朱吴两氏　高中化学》。

【吴冶民简介】

　　吴冶民，又名吴国贤。我国著名中学化学教学大家。1923年应聘到直隶七中（现为河北正定中学）任教，任化学教师。翌年升任教务主任，仍坚持满课时讲授化学，同时一直致力于中学化学教材和教学方法研究。吴冶民1931年编著的《高级中学学生用　高中化学》由世界书局出版，被国内大多数中学采用为高中化学课本。浙江大学教授朱昊飞曾对吴冶民所著《高级中学学生用　高中化学》给予很高的评价。吴冶民终其一生献身化学教学和科研，堪称全国中学化学教科研成就首屈一指的大家。他晚年仍在台湾一所中学任化学教师，并编著出版了供中等职业学校、高等专科学校化学课专用教材。

4-1-15

图4-1-15　朱昊飞增订、吴冶民编著，《朱吴两氏　高中化学》，世界书局出版，1933年9月第1版

本书是朱昊飞在吴冶民先生初版《高中化学》的基础上修订而成，之后多次再版。

朱昊飞首先对吴冶民先生的《高中化学》给予高度赞扬，认为"吴氏《高中化学》材料丰富、文笔通畅，在坊间现行高中诸化学教科书中，当推上驷，宜其出版以后，博得社会之美誉，能不胫而走也"。他又对当时其他的高中化学教科书进行了深刻批评。他认为：现时坊间高中化学教科书的唯一缺点，即将高中视为规模较小的大学，高中教科书就为大学用书的袖珍本；凡是大学教科书所罗列的内容，高中教科书中无不应有尽有；但削肉去筋，留皮保骨，让学生极感枯燥无味，难以主动研究；让教师感到教学时处处为难，如果遇到重要的教材，增不胜增，遇无用的教材，删不胜删；这使老师和学生都相当苦恼，科学式活动性的教科书，一变而为必须待注解之五经正文，其留恶影响于社会。

该书的内容编排及授课安排：本书分四十章，计465节，共28万字，插图204幅，内容可称充实。但实际教授的内容，如果按部定规程，可确保于一年之内教授完毕。书内有150节用小字排印的内容，可以让学生自主参考，不必由教师详细讲解；其余315节，每周教授4小时，每学期授课20星期，一学年计160小时，每小时以平均授完两节计算，很有可能在一学年之内结业。[1]

又按部章高中应有实验化学课程，每星期一次，以一学年为度。与本书并行，另编有高中实验化学一册，用活页本装成，采用此书，很有自由选择的余地。

4. 开明书店出版的新课程标准化学教科书

（1）程祥荣编著的《新标准初中教本　化学》。

4-1-16

图4-1-16　程祥荣编著，《新标准初中教本　化学》，开明书店出版，1933年第1版

该书全一册，共有二十六章，插图100幅。本书的编辑要旨如下：

第一，依照教育部颁布的初中化学课程标准编辑，供初级中学化学科教学之用。

第二，以常见的物质为教材中心，循序渐进，借以说明人与自然的关系而启发化学的普通常识。

第三，实验的方法如果过于繁杂，则容易耽误授课时间，徒取新奇，也不利于准确理解。本书所列举的各种实验，装置简单但是仍然能够充分表现化学反应的原理。

第四，抽象的理论力求简明，但原子说、分子说及化学方程式及其计算方法，都是化学的基础，因此另设专章，叙述它们的大概要点，使学生学习时能够集中注意力，方便反复温习。

第五，全书章次不墨守非金属和金属的分类，例如钠的化合物为极普通的化学用品，因此在食盐那一章首先提及，而且将氢氧化钠、氢氧化钾和消石灰等碱类物质一并叙述，又将碳酸钠、碳酸氢钠与其他碳酸盐一并叙述。

第六，自第十五章至第十九章所讲述的各种常用金属，以冶金法和单质为主；化合物的硫酸盐等，则于前数章各该项目下作总括的记载。

[1] 朱昊飞，吴冶民. 朱吴两氏高中化学[M]. 上海：世界书局，1933：绪言.

第七，燃料不单与日常生活有密切关系，也是近代工业上的重要问题，故另设专章，叙述其中的大概内容，并附带说明有机化学的初步知识。

第八，关于有机物质的教材，在普通中学教本中，或插入于无机教材，或依照有机化学固有次序缩编专章。前者有分散注意力的嫌疑，后者与日常生活隔离，都不适合初中学生的学习；本书编辑时经多方考虑，除炭化氢先于燃料章中记述外，仍将有机物质的教材集合编述，但其次序以接近日常生活为主，与有机化学固有的次序几乎完全相反，首述淀粉和糖而推及其他教材。

第九，附加明晰的插图以及适当的练习问题，以便讲解和自习。

第十，在每章后随时插入必要的参考教材，以便授课时间的伸缩及学生的自习参考。

第十一，各种元素化合物及术语名词均依照1932年11月教育部公布的化学命名法原则。[1]

（2）赵廷炳编的《新课程标准适用　初中化学教本》。

【程祥荣简介】

程祥荣（1901—1989年），字寿柏，浙江衢州人。16岁公费留学日本。22岁回国，与方光焘、丰子恺等在上海立达学园任教。编写中学化学课本和讲义，刊行于世。后任复旦大学化学系教授。

1937年3—4月，任北平警察局秘书，提供日本在中国制毒贩毒的详细材料，由北平新闻社总编卫士生寄往日内瓦世界禁烟会议，揭露日本帝国主义的丑恶行径，使日本代表狼狈不堪。后出任国民党中央军校自然科学主任教官、教授，直至抗日战争胜利。1945年秋受聘于台北大学，任化学系主任、教授。后任台北师范学院院长。50年代曾多次出席世界化学年会。晚年移住美国洛杉矶。

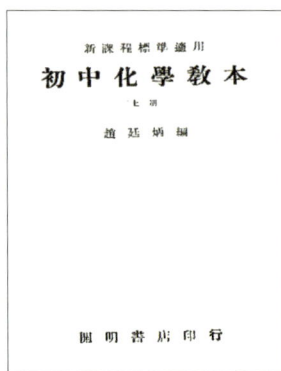

图4-1-17　赵廷炳编，《新课程标准适用　初中化学教本》，开明书店出版，1934年8月第1版

赵廷炳是最早把国防化学知识编入教材的化学教育家之一。该书下册专设"国防化学"一章，编入了毒气、纵火剂和烟雾剂、防毒、消毒和消防等内容。与之配套的实验教材《初中化学实验》中编入了防毒口罩的做法，极具战时实用价值。赵廷炳在书中指出："因现在国难时期，著者本十年教训之意，特地搜集此种教材，以备将来实行毒气战争时，真正供后方民众防毒之用，不徒做化学实验已焉。"其备战目的已非常明确。

---

[1] 程祥荣. 新标准初中教本：化学[M]. 上海：开明书店，1933.

本书特点：

第一，内容上的特点：

①注重化学常识，使学者读此书后，对于日常所见的事物，有相当的认识。

②不适合初学的教材，要完全删去，遇到学理较深之处，需要用非常浅显的文字叙述，务必使读者容易了解。

③酌情增加国防化学的常识，以适应"九一八"事变以来时代的需要[1]。

此外，本书内容丰富，知识面宽。全书共有二十一章，包含150个概念，不仅有理论知识，而且有联系工业实际和生活实际的知识。如：本书编入一张化学工业图，分原料、中间产品和最终产品三个阶段，列表介绍三者之间的关系和流程。

第二，编辑上的特点：本书编辑以"发现的教授法"为主，每遇一事理，先用发问式的标题，然后设置一个实验，再就实验的结果，推出论断，最后归纳出各种原理或定义。

第三，价值取向上的特点：本书注重与日常生活有关的事项，所以以水、火、空气三者开其端，以衣食两事殿其后；次则关于农艺化学或工艺化学的浅近学理和方法，也大概涉及一部分，以此作为职业教育的基础。其中那些不适合初学的内容（如钠、钙、铝、磷等的制法，以及反射炉、回转炉、石灰炉等的内容和原理）以及外国化学家的肖影及小史，虽然是坊间教本必须要有的材料，但是本书一概删除，腾出篇幅，目的是介绍其他重要的材料。

此外，本书注意介绍本国的矿产资源和工业生产，进行爱国主义教育。该书的编辑大意里提出："东四省之铁矿和石油储量暨大豆产额等，亦均随时插入，以适应国难之教育。"在改订版序言里强调："近年吾国新兴之化学工业渐多，特随时介绍，以引起读者学以致用的观念。"

第四，为了激发学生的学习积极性，本书在每章的末尾，除练习的问题以外，都设置多个判断正误的测验题，一是可以启发学生的思想，并免除他们的误会；二是借助学生注重习题的心理，把较重要的或书中脱漏未讲的一二学理，放在这里叙述，可以使学生格外注意。

【赵廷炳简介】

赵廷炳（1892—1966年），又名赵丹若。浙江嘉善人。国内著名分析化学专家，复旦大学分析化学教授。曾就读于浙江高等学堂。1918年毕业于北京大学化学系。1924年任北京女子师范大学教授、理科主任。任职期间，曾随鲁迅等组织校务维持会，保护进步同学留校就读，邀请教师义务任教，反对当局迫害学生。1927年任浙江大学教授。1930年赴美国康奈尔大学研读分析化学及农业化学，1933年获美国康奈尔大学博士学位。回国后，任中央大学、南京药学专科学校教授。1949年8月起，任上海复旦大学教授。1951年加入九三学社。长期从事分析化学的教学和研究工作。于20世纪30年代在国际上首先提出阴离子系统分析法。发表《阴离子系统分析》《稀有元素之定性分析》《阳离子第三组分析新法》等论文30多篇，著有《阴离子分析法》，合译《定性分析化学》等。[2]

[1] 赵廷炳. 新课程标准适用：初中化学教本[M]. 上海：开明书店，1934.

[2] 徐友春. 民国人物大辞典：下[M]. 石家庄：河北人民出版社，2007：2276.

5. 大东书局出版的新课程标准化学教科书

周毓莘编著的《初中化学教本》。

图4-1-18　周毓莘编著，《初中化学教本》，大东书局出版，1931年8月第1版

本书为全一册，共有二十二章，123幅插图。本书在编辑大意里对本书的形成、选材、意义、使用等作了如下说明：

第一，本书参照教育部暂行课程标准，结合江浙各省试验结果所提修正意见，以及个人多年教授经验，编辑而成。

第二，化学为解决民生问题的锁钥。本书注重衣食住行的实际问题，与从前呆板的编制有很大区别，以民生为经，常识为纬，延展小学时代的知识，进而为自营工业之用。

第三，初中时代教授化学的任务，在于引起学生对化学的兴趣，明了日常生活的化学常识，了解化学的要领。本书依此主旨，以浅显词句来解释化学定律，精选日常生活的素材，说明化学现象，每章末都附有问题，以此来唤起学生探究的动机，又插入适当的图画，以此来增进教学的效能。

第四，化学最重视实验，本书附有显明的插图和实验方法、装置说明，其中详细的内容需要教师加以补充。

第五，本书采用弹性编制，分四号字和五号字排印，如果感到教授时间不足，可以将五号字的部分省略。

6. 正中书局出版的新课程标准化学教科书

（1）王义珏编著的《初级中学　化学》。

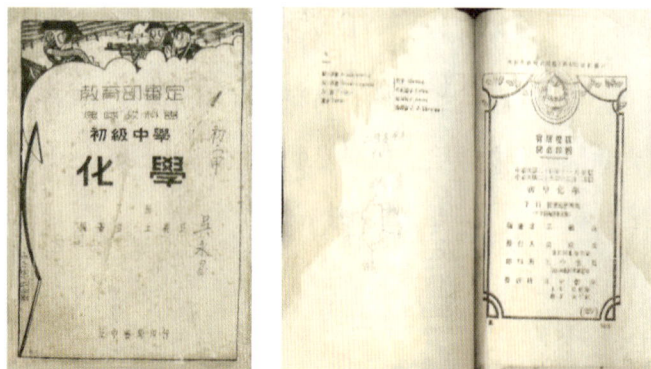

图4-1-19　王义珏编著，《初级中学　化学》（上、下册），正中书局出版，1935年7月第1版（上册），1935年11月第1版（下册）

本书分上、下两册，共二十二章，本书的编写依据和特点如下：

第一，本书遵照1933年部颁初级中学课程标准编辑。

第二，本书内所用术语及译名，均依据教育部最近公布的化学命名原则。书的末尾并附有汉英对照表，以方便检阅。

第三，本书编辑都以实验为出发点，以日常生活为中心点。

第四，本书教材内容都符合初中学生的年龄和程度，避免教材内容复杂和繁重。

第五，本书对于实用物品的制造和性质，特别详细地进行说明，有时附有精密图表，以此来引起初学者的注意。

第六，本书注重科学本国化，凡国产矿物及本国有希望的化学工业，叙述均较为详细。

第七，本书内所列的习题，大多数都是新颖创作，绝对没有东抄西袭的陈旧题目。

第八，本书每章完毕后都附有提要，有利于学生复习和记忆。

第九，本书附图，绘法精细，图下都注有说明，使初学者可以确实明了实际的状况。[1]

（2）黄素封编著的《建国教科书高级中学 化学》。

【正中书局简介】

正中书局是一家国民党党营出版机构。1931年10月由陈立夫创立于南京，1937年11月因抗日战争迁往重庆，抗日战争胜利后，1946年春迁回南京，1949年5月迁往台湾。

建立初期，正中书局以编辑中学教科书和课外读物为主，后来逐渐扩大到学术专著、民众读物、儿童读物、字典等。抗日战争初期，应形势需要，正中书局编印大量战时读物，后仍以教科书、自然科学、三民主义的著作为主。总之，正中书局的营业以印行教科书及参考书为主。抗战期间，除本局编印之审定本教科书外，国立编译馆还编发国定本教科书一套（小学及初中书），由本局与商务、中华、世界、大东、开明、文通等七家书局在渝组织国定本教科书七家联合供应处（简称七联处）联合印销。

据统计，从1931年到1949年，正中书局共销之各种书籍约计：国定本教科书37种231册，自编教科书125种230册，各种参考用书1021种1074册。[2]

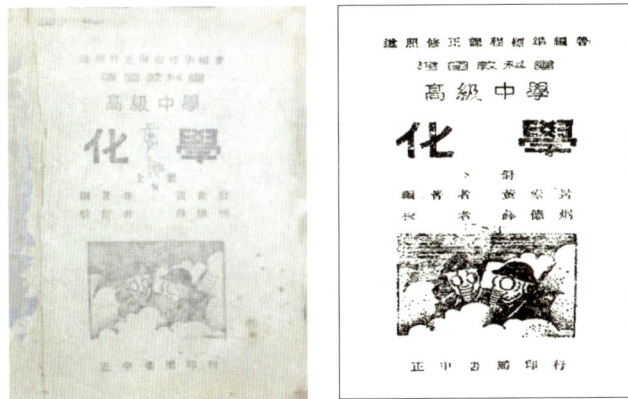

4-1-20

图4-1-20 黄素封编著，《建国教科书高级中学 化学》，正中书局出版，1937年7月第1版

[1] 王义珏. 初级中学化学[M]. 南京：正中书局，1935.

[2] 王京芳. 正中书局概况[J]. 出版史料，2013（1）：111-116.

第一节 化学教科书的成熟与定型

第四章　化学教科书的范型初定（1927—1949年）

本书的内容及特点如下：

第一，本书遵照教育部1936年6月所颁布高级中学化学课程标准编成，全书分上、下两册，共五十六章，其中上册为第一章至第三十一章，下册为第三十二章至第五十六章。全书约二十万字，足够教师讲授一年时间。

第二，在内容设置上，除了将化学的基本事实与原理循序说明外，还将化学对于工业、农业、医药、卫生、国防和日常生活有重要关系的事项，有选择地进行介绍，将理论与实践相结合，以此来满足高中学生的需要。例如：最后一章是化学与国防。具体内容有化学与国防，火药，毒剂的种类，毒剂的用法，毒剂的防御，发烟剂，纵火剂，等等。

第三，根据学生身心特点来安排内容。初中毕业的学生，学力尚恐不足，所以编者对于化学现象，都从浅显容易的地方入手，说明时力求简明，至于一切定义和定理，都循序渐进，详细叙述，以此来确立化学基础知识。

第四，注重学生思维能力的训练。化学是一种理论和实践平行并重的科学，在初步定量分析操作上，能使用计算方法来解释化学原理，编者对于这点都进行了解释，使学生可以养成应用实验事项和有法则的思考方法，以推求结论的习惯。

【黄素封简介】

黄素封（1904—1960年），又名黄雪楼，江苏徐州人。我国著名化学史家、医药学家、教育家。毕业于金陵大学化学系。黄先生毕生悉心研究，在化学、化学史、医药、教育、文学等方面均有不少著作行世，给后人留下了宝贵的精神遗产。化学方面的主要著译作有《实用有机化学》《高中化学》《师范化学教本》《化学俄文自修书》和《化学检验手册》。

黄素封先生十分热爱并积极投身华侨教育事业。1928年，他在印度尼西亚直葛市创办直华初中部和高中部，任该校校长并亲自讲授中文和化学课程。1932年，他还去北加浪岸华英中学执教。还编写了南洋高小卫生、高小自然、高小语文和初小常识共4门课程的教科书和教学法（均由商务印书馆出版）。在印度尼西亚的6年（1928—1934年）中，他创办学校，亲自授课，使许多华侨子弟得以受到正规的学校教育，深受当地华侨的崇敬和爱戴。

黄素封先生热爱祖国，为人正直，思想进步。1934年，他自印尼回国，在上海从事著述，不久他结识了时任中共上海地下党组织负责人的吴克坚、姚文辉夫妇，并多次得到他们的关心和帮助。上海沦陷后，他因痛恨日本侵略者并拒绝为日伪效力，而被奸细告发致使被捕入狱。1940年，他在上海创办了化学制药厂并任经理，尔后又任生化制药厂总经理。这位富有正义感的科学家，不畏艰难险阻，千方百计地设法将药品送往延安，并通过种种途径将工人及好友送往延安，对抗日根据地制药工业的发展起过积极作用。

20世纪50年代黄素封先生被选为上海市人大代表，还担任了化工部医药工业研究所工程师兼顾问，为新中国制药工业的发展做出过重要贡献。[1]

[1] 谢振声. 潜心著述　遗益后人：纪念著名学者黄素封先生[J]. 科学，1990（3）：223.

第五，介绍最新的化学前沿知识，吸引学生学习。最近化学进步，以放射性物质、原子结构理论、胶体化学、营养化学、生理化学、病理化学及毒气化学最为显著，本书都酌情将相关内容选入教材，将已经证实的新学说详加说明，以此来引起学生的兴趣。

第六，关注化学历史演变及其与生活的关联。化学史迹和化学与人生的关系，均在本书适当的地方粗略叙述，使学生能够了解以往化学家努力的经过，与化学研究的目的和收获。

7. 北新书局出版的新课程标准化学教科书

（1）吕冕南编的初级中学《北新化学》。

图4-1-21　吕冕南编，《北新化学》，北新书局出版，1931年8月第1版

本书遵照教育部所颁发初级中学化学课程标准而编辑。本书为全一册，共十五章，其特点如下：

第一，内容组织力求创新。本书内容的组织和现行的初中教科书完全不同，不以原素的类别为次序，而以寻常习知习见的事物为出发点，触类旁通，涉及有关系的物质，使学生明了化学对于日常生活的重要意义，而引起其求知的兴趣。

第二，内容取材和安排力求适合学生的心理特点。编辑初中化学，最忌讳字典式的叙述，使学生感觉记忆的困难而生厌恶的心理。本书取材以常识为中心，将化学上的知识和原理融冶其中，每述一事理，必用实验证明。对于物质的用途，必处处加以实际说明。一方面使学生明了实验对于科学的重要性，一方面使学生确认化学与生活的关系。

【吕冕南简介】

吕冕南（1894—1971年），字菡生，江苏宜兴人。1910年在上海商船学校读书，1915年考入北平大学，受五四运动影响，笃信民主，以科学救国为信念。1920年毕业后因品学兼优留校任教。1927年到江苏省立南通中学任校长。1930年自费赴法国留学，获南希大学分析化学博士学位。1933年学成回国，任南京建设委员会矿业试验室主任。1935年资源委员会成立，吕冕南等一批专家成为资源委员会的技术骨干。1937年，任广西平桂矿务局总务处长兼化验室主任。1940年应聘云南锡业股份公司，任厂矿管理处事务室主任兼化验室主任。1949年中华人民共和国成立后，吕冕南历任云南锡业公司副经理，滇南大学、昆明工学院教授。他治学严谨，注重理论与实际相结合，善于启发学生独立思考，为师生所敬重。曾当选为云南省第一届人大代表、第三届省政协委员。1971年7月20日因病去世，终年77岁。[1]

[1] 徐友春. 民国人物大辞典：上[M]. 石家庄：河北人民出版社，2007：319.

第三，注意培养学生对工艺化学的兴趣。本书对于实用物质的制造和性质，特加详细说明，并附精美的图表，以引起学生的注意，有助于学生理解和记忆。例如：水泥、肥皂、漂白粉、火柴，等等，均指示制造的方法和应用的手续，以培养学生对于工艺化学的知识和兴趣。

第四，注重对学生的实验技能和动手能力的培养。本书对于实验的手续和仪器的装置，用简明清晰的图样指示，并以极简括的文字叙述，使学生自行实习时，对于应用的仪器材料，均能得心应手，运用自如。

第五，内容难度适中，符合学生的实际情况。本书选择的材料，适合初中学生的年龄和程度，凡是繁难的演算和不易明了的方程式，一概避免，以省脑力，避免了强行记忆的苦痛。

【北新书局简介】

北新书局是1924年在北京成立的一家民营书局，创办人李小峰、孙伏园，出版书籍以新文艺书籍为主导，旁及社会科学丛书。北新书局一开始是依靠《语丝》同人杂志的帮助，尤其是鲁迅、周作人兄弟的大力支持和鼓励。1931、1933年两度被查封。此后总局迁往上海。启封后一度改名青光书局，不久恢复旧名。鲁迅在广州时，曾开过北新书屋，专售北新书局和未名社出版的书刊。

北新书局的全盛期是在1925—1937年。在这12年中，北新书局的出版事业经历了从新文艺书籍到教科书、儿童用书的转向。据统计，北新书局在1949年之前（主要是1937年之前）的文学类书籍出版达到了545种，其中，中国文学（包括古代文学与新文学）达到401种，外国文学翻译达到144种。1953年北新书局与广益、大中国等合并为四联出版社，公私合营后，并入上海文化出版社。

第六，绘制精美图表，帮助学生理解知识。本书图表有130多幅。例如炼钢的情形，维生素对于动物发育的影响等等，均用精美的照片，使学生明了实际的状况，而免空谈模糊的弊病。

第七，帮助学生巩固知识、运用知识。本书于每章之后，附以提要，给学生以概括的观念，而助其记忆。每章后又附有和本章有关系的问题，以资练习，并启发思想的能力。

（2）吕冕南、王义铨编的《初中化学》。

图4-1-22　吕冕南、王义铨编，《初中化学》，北新书局出版，1933年

本书是在吕冕南《北新化学》的基础上稍加修改和扩充而成。本书全一册，共有十六章，插图145幅。相比于原来的《北新化学》，本书在内容上增加了一章，插图多了十余幅。

8. 其他出版社出版的新课程标准化学教科书

（1）北平文化学社出版的化学教科书。

①王鹤清著《初中化学》。

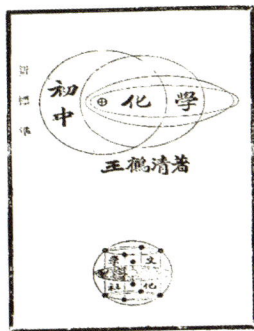

图4-1-23　王鹤清著，《初中化学》，北平文化学社出版，1930年5月第1版，1934年第6版

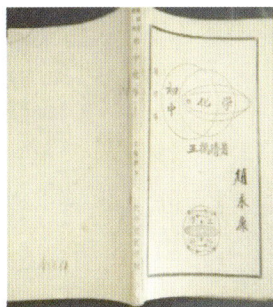

图4-1-24　王鹤清著，《初中化学》，北平文化学社出版，1947年8月第11版

　　该书有多个版本，全书共分为十八章，内容紧凑，脉络贯通。这本书没有涉及高中化学中复杂的元素化合物知识和比较深入的概念和原理，而是以话题整合的形式进行编排，分别从非金属、金属、农业、服装业、食物和居住等角度介绍相关的化学知识。其中既有基础知识的介绍，也有相关概念和原理的讲解，还有一些生活常识类的知识。

　　王鹤清编写的《初中化学》特点如下：

　　第一，本书的内容以学生日常生活中常见的事物或现象为基础，系统科学地讲述了化学知识，使学生从常识开始学习化学，以培养学生的学习兴趣。

　　第二，本书根据当时教育部最新颁布的初中化学课程标准和学生已有的生活经验编写而成，既是小学自然学科教材的深化，又是王鹤清和阎玉振合编的高中化学教材的基础，从而实现教材内容的一脉相承，避免了内容的重复和教材中不符合学生身心发展规律的知识的出现。

　　第三，本书注重实验，每提出一个理论或者概念之前都先引导学生动手实验，观察现象，从而得出结论，这不仅可以提高学生的动手操作能力，而且可以培养学生敢于创新的精神和良好的实验习惯。

　　第四，本书注重民生问题，在第十五章、第十六章和第十七章中对衣、食、住、行方面的化学知识进行了详细的讲解，又专门设置第十四章——土壤与农业，以适应当时社会发展的需要。

　　第五，本书一共128幅插图，可作为实际教学时的重要素材，而且每一章的最后设置有习题，以便学生及时复习，在整本书的最后也设置有题目，以便学生进行总复习，将前面所学知识融会贯通。而且习题的选择方面注重实用性，和学生的生活经验结合，提高学生的学习兴趣。

第六，本书内容浅显易懂，以便学生自学或者预习。

第七，本书选材新颖，大多选择的是现代化学的新发明、发现，比如食物中的化学元素、放射性元素以及原子构造等，这些既可以让学生获得常识，又可以让学生了解化学前沿，提高学生的学习兴趣。

②阎玉振、王鹤清编的《新标准教材 高中化学》。

图4-1-25 阎玉振、王鹤清编，《新标准教材 高中化学》（上册），北平文化学社出版，1934年8月第1版

全书分上、下两册，总共四十一章。本书特点如下：

第一，本书是在当时教育部最新颁布的《高级中学化学课程标准》的指导下，对原版的高中化学教材进行修改而编成的。

第二，本书内容力求在最大程度上符合新的标准，而内容的选择和编排顺序则是根据编者的经验决定的。

第三，本书的取材注重理论和实验并重。

第四，本书关于重要元素及其化合物在工业上的制法、性质和用途描述特别详细。

第五，本书特别注重化学和物理学以及矿物学的联系，尤其是关于我国的矿产描述特别详细。

第六，本书在涉及化学家时都附有图像和小传，让学生对化学家的发明和发现留下深刻的印象。

第七，本书的每一章最后都附有纲要和习题，以促进知识的记忆和迁移，而且习题的选取注重实践应用，培养学生的综合能力。

第八，本书的名词都附有相关外文，以供学生参考。

③沈星五著《初中化学》。

图4-1-26 沈星五著，《初中化学》，北平文化学社出版，1935年8月第1版

该书分上、下两册,共二十一章,共有109幅插图。上册是第一到七章,主要包括绪论、空气、卤素、硫元素及其化合物、氮元素及其化合物等,而下册主要包括酸、碱、盐类物质,金属、非金属元素及其化合物,以及酒精、食品、棉、纸等生活中的化学用品。

④沈星五著《高中化学》。

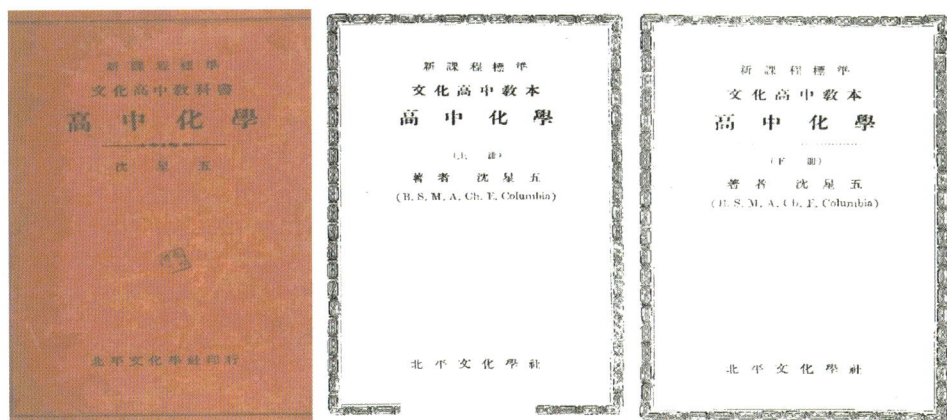

图4-1-27 沈星五著,《高中化学》,北平文化学社出版,1935年1月第1版

本书分上、下两册,共三十六章。本书特点如下:

第一,本书的内容是根据当时教育部最新颁布的《高级中学化学课程标准》编写而成的。

第二,本书同样注重理论和实践结合。

第三,对于重要元素及其化合物的性质、用途和工业制法等描述非常详细。

第四,本书也很注重化学与物理学和矿物学的联系,以使学生触类旁通,促进知识的理解和迁移。

第五,本书的定义力求精简准确,实验力求直观可操作,习题力求实用。

第六,为了降低学生学习的难度,提高学生学习兴趣,本书尽量呈现一些名词定义的发现过程,帮助学生理解。

第七,对于现代化学上的新发现,比如胶体、生活素、放射性元素以及原子构造等,都有最新的内容加入本书中。

第八,本书特别注重化学与工业、农业、医药、卫生等方面的联系,尤其是对国防与化学的关系描述特别详细。

第九,本书中的原子量是以美国化学社1931年学报上刊登的原子量为根据的。

（2）百城书局出版的化学教科书。

高同恩、薄善保编的《新标准初中教本 化学》。

图4-1-28 高同恩、薄善保编，刘拓校订，《新标准初中教本 化学》，百城书局出版，1932年8月第1版

图4-1-29 刘拓

本书为全一册，共二十六章，插图有114幅，在选材、内容设置和编辑方面的特点如下：

第一，本书的选材以化学与生活实际相联系的内容为主，以重要的基础原理为辅，而且本书选材新颖，放射性元素、原子构造、毒气等内容都包括在内，使学生可以学到丰富的知识。

第二，本书的编写是以最新的教学法为基础的，先让学生进行观察，再引导学生根据现象推出结论，让学生在学到系统化学知识的同时掌握科学研究的方法。

第三，本书在教育部最新颁布的初中课程标准的基础上，适当地增加了土壤、肥料、毒气等与化学相关的内容，

【百城书局简介】

百城书局创办于天津，最初位于天津日租界浪速街2号，后来搬迁至天津法租界29号路36号。在当时天津的各大书店中，它可以说是独树一帜。与天津其他专注于销售的书店不同，百城书局还兼顾出版发行，也正是因此，该书局非常重视知识产权，比如自家出版的图书上都印有出版标识，而且其对外称如果有侵害其财产、名誉及其他一切权益的现象出现，该书局都会请律师追究法律责任，也可见其法律意识之强。

【刘拓简介】

刘拓，字泛驰，湖北黄陂人。1920年毕业于北平师范大学，并留校任教。不久，考取留美公费生，获博士学位。回国后，任北平师范大学化学系教授。从1931年起相继任化学系主任和理学院院长等职。1937年全面抗战爆发后，随校西迁入陕，历任西安临时大学、西北联合大学和西北大学教授、化学系主任、理学院院长、文学院院长等。[1]

[1] 姚远.民国西北大学历任体育学教授[M]//李云峰，王民权.民国西安词典.西安：陕西人民出版社，2012.

以适应当时我国社会发展的需要。

第四，本书在每一章的最后都设置了若干习题，既可以培养学生良好的思维习惯，还可以提高学生的研究能力。

第五，本书的编者为了适应初级中学学生的发展水平，在课时安排和内容选择上力求科学合理。

第六，本书的表述力求浅显易懂，以便学生自学或者预习。

第七，本书所涉及的化学家都配有插图，这也是重要的教学素材，可以激发学生进行化学研究的兴趣。

第八，本书中出现的名词都是使用的最新说法。

第九，本书将常用的原子量及化学工业品一览表列于附录中，以供学生查阅。

（3）著者书店出版的化学教科书。

刘孟真编的《初中教科书 化学》。

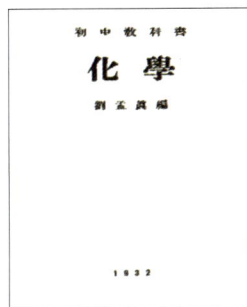

图4-1-30 刘孟真编，《初中教科书 化学》，著者书店出版，1930年5月第1版，1932年8月第3版

本书为全一册，共有二十四章，插图71幅。第一章先讲变化，接下来的几章讲述空气、氧气、氮气、水和氢气等常见物质，还讲了碳的有关化合物和硫的有关化合物，也涉及了卤素、碱金属、碱土金属、金属（铁、铜、银、金、镁、锌、铝等），在这些基本知识之间还穿插了火药、玻璃、石膏、石灰等章节，足见此书编者十分重视化学在实际生产生活中的应用。

【刘孟真简介】

刘孟真（1895—1968年），名葆圃，河南新野人。刘孟真终生执教，追求知识，热爱科学，是河南省化学界的老前辈和著名教师。幼年家贫，1912年考入上海南洋中学，1919年考入北京工业专科学校化学科。1922年毕业后即在开封任教，先后在甲种工业专科学校、北仓女中和开封女师当教师。

刘孟真一生热爱科学，为了普及科学知识，他著有《初中化学》《有机化学汇集》《化学语集》，译有《化学试验》等书。他与友人合办过化工厂，还利用星期日在开封行宫角摆摊，当众进行化学实验。中华人民共和国成立后，他又担任河南省博物馆科技馆的副馆长和科普部部长，对普及科学知识作出了一定贡献。

第一节 化学教科书的成熟与定型

（4）燕北理科教育研究社出版的化学教科书。

①于一峰编的《高中化学算术》。

图4-1-31 于一峰编，《高中化学算术》，燕北理科教育研究社出版，1935年5月

该教科书为高中化学补充用书，不仅降低了化学计算题的难度，而且增进了学生对化学基本原理的了解。本书为全一册，共九章。第一章为与气体定律有关的计算，比如讲到了波义耳定律以及绝对温度和摄氏温度等；第二章为和物质组成有关的计算题，如定比定律和溶液浓度等；第三章为和测定分子量相关的计算题；第四章为关于化学方程式的计算题；第五章为关于化学当量的计算题；第六章是溶液中的计算；第七、八章分别为测定原子量和确定分子式的相关计算；第九章为关于化学平衡的计算题。

本书的绪言中提到，当时中等化学中的计算题越来越受到大家的重视，大学入学考试会涉及计算题，进入大学后也会进行相关学习，所以急需编撰相关的教材供教师和学生使用，但这不是一件容易的事情，编者接过重任，着手整理、补充，分门别类，最终编成此书。

②于一峰编的《高中化学实验》。

图4-1-32 于一峰编，《高中化学实验》，燕北理科教育研究社出版，1937年5月

本书共包括46个实验，本书的特点大致如下：

第一，本书是以部颁高中化学实验标准三十题为基础编写而成的，每周做一次实验，一年可选做三分之二，教师既可根据学校已有的人力物力进行取舍，也可以根据自己的经验和教学安排进行自由选择。

第二，本书中，如果是需要时间太长或者对学生能力要求高的实验，都标有"任选"，以符合实际的教学安排和学生已有的知识和经验，而对于过程复杂、对设备要求高的实验，则标有"教师表演"。

第三，本书每个单元包括连续的四大页，将实验方法、问题、记录和报告合为一体，以为写作和评阅提供便利。

第四，本书的每单元都包括封面、仪器药品、实验方法、实验报告等。

第五，本书的报告体裁介于"论文式"与"填字式"之间，前者冗长杂乱，后者草率玩忽，本书则在适当的位置留下空白，让学生填写，这样既保证了"论文式"的完整，又兼顾了"填字式"的简易。

第六，本书为活页装订，所以方便和其他教科书结合使用。

第七，关于高中化学的实验设备（仪器药品等），教育部在1936年颁有相关标准，本书所需用品，与其大致相符。国内各科学仪器药品商店都备有标准设备的详细目录，可供参照购置之用。当时国人自营规模较大的仪器药品商店如下：

三和科学商行	北平东四南大街，又天津法租界3号路
商务印书馆	上海河南路211号
科学仪器馆	上海四马路144号
实学通艺馆	上海河南路163号
中华教育用具厂	上海昆明路721号

第八，学生在做实验之前要清点仪器药品，所以本书附有"学生自用仪器单"，为学生进行实验提供了便利，而且也可免于教师临时编印。

第九，本书的编写，还有其他人参与。教材中的一部分是由潞河中学管漱涛先生协助编写而成的。其中插图的部分为铭贤中学王文福先生所绘。

第十，本书的完成得益于众多人的帮助。如：北京大学曾叔伟教授、燕京大学窦维廉教授、协和医院马玉铮先生、北平研究院张泳泉先生、育英中学周虞廷先生、汇文中学林季韬先生和崇慈女中赵寄琛先生等。[1]

（5）理科丛刊社出版的化学教科书。

①阎玉振编的《新标准初中化学》。

图4-1-33　阎玉振编，《新标准初中化学》，理科丛刊社出版，1937年第2版

[1] 于一峰. 高中化学实验[M]. 北平：燕北理科教育研究社，1937.

本书为全一册，共三十四章，93幅插图。本书的特点有：

第一，本书是根据当时教育部颁布的初中化学标准编写而成的。

第二，本书留下适当空白，以便学生备注。

第三，实践与理论并重，以激发学生对自然现象研究的兴趣。

第四，本书对元素及化合物的制法、性质、用途等讲解详细，以便利教学双方。

第五，各章习题，除了本章知识的复习外，都补充有适量的相关常识。

第六，凡是有危险的实验，都用特殊字样标注。

第七，本书所用名词都以部颁化学命名原则为标准，如果有多种命名，都有另表注明。

②王鹤清著《新标准高级中学　实用化学》。

图4-1-34　王鹤清著，《新标准高级中学　实用化学》，理科丛刊社出版，1937年第2版

本书分上、下两册，共三十八章，插图257幅。本书的特点如下：

第一，本书是根据当时教育部最新颁布的高中化学课程标准编写而成的。

第二，本书编制以实验为经，理论为纬，以期适合学生的认知发展，并培养其对科学研究的兴趣。

第三，本书取材注重实用，贴近国情。凡是关于国防、工业、农业、医药及卫生等方面的内容都有所涉及和讲解，以让学生明确化学与生产生活有密切的联系。

第四，本书所用的化学名词，以教育部最新颁布的化学命名原则为标准。

（6）其他书局出版的化学教科书。

①陈步青编著的《初中化学纲要》（华北科学社出版）。

图4-1-35　陈步青编著，《初中化学纲要》，华北科学社出版，1941年3月第1版

本书为初中化学辅助教本，全一册，共有十一章，涉及化学中的重要定律、化学常识、化学重要名词等内容，其特点如下：

第一，本书是根据编者多年的教学经验编写而成的，可供初中生作辅助教材使用。

第二，所涉及的内容都以实用为主。

第三，所搜集的问题虽然数量不多，但是涉及面广，使学生易于顿悟。

第四，书中关于元素及化合物的制法、性质及用途的描述都清晰有条理。

第五，本书中的实验都有趣易操作，学生可以随时实验。

第六，本书前面有原子量表、原子价歌，以便记忆。

②阎玉振编的《新标准教材　高中化学实验》（华盛书局出版）。

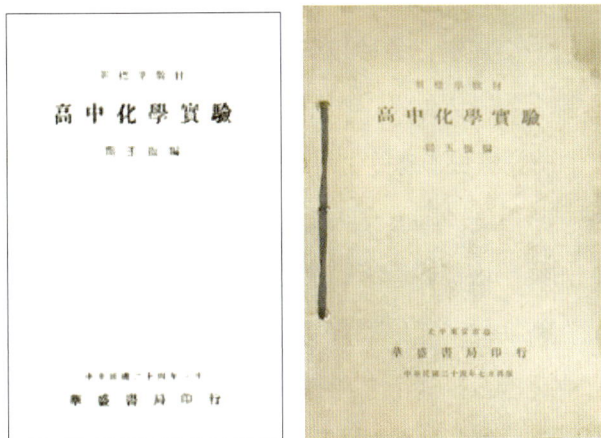

图4-1-36　阎玉振编，《新标准教材　高中化学实验》，华盛书局出版，1935年1月

本书为全一册，共有四十五章，其特点如下：

第一，本书内容以阎玉振和王鹤清合编的化学实验讲义为基础，以中外相近于高中程度的化学实验课程作参考，以适合新标准为原则。

第二，本书次序和高中化学新标准教材的次序符合。

第三，实验现象部分适当留下空白，使学生注意观察，随时填记，以培养学生的观察能力，并激发其自主意识。

第四，本书注重根据实验现象，进行归纳总结而得出结论，以陶冶学生的科学思想、培养学生的科学探究精神。

第五，本书是活页装订，每次实验完毕时，可以将对应部分交给教师，以免学生另外再写实验报告，也可减轻教师携带教材的负担。

第六，本书中化学名词以教育部公布的化学命名原则为标准。

第七，每周两小时，一年可学习完毕，教师可根据实际情况进行调整。

二、"党化运动"背景下教科书的泛政治化、模式化

（一）"党化教育"的由来及实施

1924年，孙中山为了改变国民党对政权控制涣散无力的局面，借鉴苏联十月革命的成功经验，开始改组国民党，提出了"以党治国"的方针。1924年国民党于广州实施"联俄容共"，教育开始改走政党化的道路。1926年8月，国民党拟订了《党化教育之方针、教育方针草案》。1927年，南京国民政府成立。为了维持和巩固国民党的统治，南京政府努力构建以三民主义为核心的主流意识形态，在各个领域大力推行"党化运动"，"党化运动"的内容包括"党化公务员""党化司法""党化军队""党化教育"等，即便是原来有相对独立地位的教育领域也概莫能外。1927年8月，国民党又制定《学校实行党化教育办法草案》，在影响所及的省市推行"党化教育"。为确保"党化教育"在学校里贯彻落实，南京国民政府明文规定：各种教科书唯有通过审查后才能采用。审查的基本标准为：所有教材的指导思想必须符合国民党党义。中小学"党化教育"盛行，"以一党之信仰，作宗教式之宣传"，进一步强化了国民党意识形态的主导地位。

"党化教育"缘起国民党革命时期的一种非常措施。国民党正式执政的初期，也遭到当时具有科学和民主意识的自由知识分子的强烈抵制，如蔡元培、胡适等坚决抵制"党的孩子"教育，任鸿隽指出"党化教育"的种种危害，等等，因而在初期的"党化教育"中也插有公民教育的内容。虽然1928年曾经召开全国教育会议，决议取消"党化教育"这个名称，以"三民主义教育"取代之。但后来，随着国民党专制政治的加强，"党化教育"愈演愈烈。

1928年8月，中华民国国民政府颁布了《各级学校增加党义课程暂行通则》，其中规定："各级学校除在各种课程内融会党义精神外，须一律按照本通则之规定增加党义课程。""各级学校党义教学内容：大学讲授内容为建国方略、建国大纲、三民主义、国民党重要宣言、五权宪法之原理运用；中学为建国方略概要、建国大纲浅释、五权宪法浅释；小学为民权初步、孙文学说浅释、三民主义浅说。""各级学校党义课程的教授时间，每周至少两小时。""各种党义课程之教本须由中央训练部会同全国最早教育行政机关编审颁行之。"等等。[1]

虽然用"党义"教育取代"党化"教育，是一种折中的做法，但是仍然削弱了原来的"公民"教育，仍受到教育界有识之士的批评。故在民国政府1932年的课程标准中，又重新改作"公民"教育，但是国民党对意识形态和文化教育的控制却在持续不断地加强，要求各科教学尤其是国文、史地等科应注意渗透。事实上这种以一党意识形态的"三民主义"一直延续到国民党专制（在台湾）结束。中国近代教育，从此改变了方向，开了历史倒车，对后来产生了不良影响。学校教科书也逐步被政府和国家权力控制，进入了相对稳定时期。

---

[1] 各级学校增加党义课程暂行条例：1928年7月[A]//中国第二历史档案馆. 中华民国史档案资料汇编：第五辑第一编 教育. 南京：江苏古籍出版社，1994：1073.

（二）"三民主义"教育宗旨下的教科书

随着国民党南京政府对"党化"教育的推行，各大书局顺时而动，迅速推出了秉承"三民主义"宗旨的教科书。

1. 商务印书馆的《新时代教科书》

为达成"使儿童适应社会生活，为国家培养良好的国民"的教育目的，商务印书馆从1927年起陆续出版了依据"三民主义"教育宗旨编纂的《新时代教科书》。截至1927年8月，商务印书馆出版了适用初级小学的《新时代教科书》9种72册，教授书8种60册。截至1927年6月，商务印书馆出版了适用高级小学的《新时代教科书》4种16册，教授书4种16册。[1]

平心而论，依据"三民主义"教育宗旨编纂教科书，对文科类教科书影响较大，对理科类教科书影响没那么强烈。因此，商务印书馆适用于初中的《新时代教科书》没有编写理化生之类的理科新时代教科书。它出版的初中《新时代教科书》有：三民主义3册，综合编制三民主义3册，国语6册，本国史2册，世界史2册，本国地理2册，世界地理2册等。[2]但令人费解的是，在高中阶段却出版了理科类的新时代教科书。例如：由周寿昌编著的《新时代高级中学教科书　物理》，由郑贞文编纂的《新时代高级中学教科书　化学》。

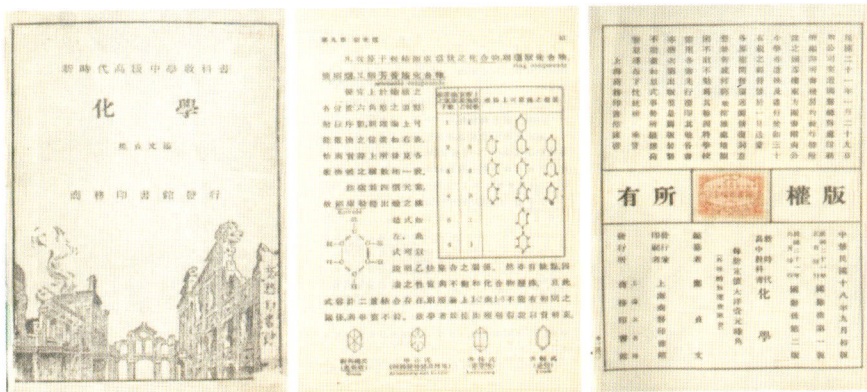

4-1-37

图4-1-37　郑贞文编，《新时代高级中学教科书　化学》，商务印书馆出版，1929年9月第1版

《新时代高级中学教科书　化学》为全一册，共有五十二章，其特点如下：

第一，本书供高级中学校高级职业中学校教科书及参考书之用。因初中毕业学生，学力不一，故说明化学现象时，由浅显平易处入手，一切定理定义，均从详叙述，循序渐进，以确立化学之基础知识。

第二，本书包含无机化学、有机化学两部分，不用以前的分篇方法，将含碳化合物，各从其类，概括成章，如造盐元素之置换体，列入造盐元素及其化合物章内，磺酸列于硫之含氧酸节中，卤类列入卤精之后等，内容设置合理，且章节排列井然有序。

第三，理论化学，陈义较深。本书所采者以说明化学之必要范围为度。如原子说、离子说、相

[1] 王强. 新时代常识教科书初小第二册[M]. 上海：商务印书馆，1929：封二.

[2] 石鸥，吴小鸥. 中国近现代教科书史：上册[M]. 长沙：湖南教育出版社，2012：343-345.

第一节　化学教科书的成熟与定型

则、质量作用定律、热化学、分光化学等，均述其梗概。

第四，应用化学与日常生活有密切关系，本书尤为注意。如酸、碱、盐类之制造，金属之冶炼、燃料、染料、药品、化学武器及其他有机化合物之合成等，均采用最新方法，图示说明。

第五，分析化学，须另定时间教授实验，本书仅示其原理及计算方法。

第六，挽近化学以胶质新荣养素、放射性物质及原子构造理论等最为进步。本书特加注意，择最新学说之已证实者，详为解释，以引起研究化学之兴趣。

第七，本书编辑以采用发现的教授法为主。先举若干具体实例，而后归纳概括出一般性质及普遍原理。全书以周期律为中心，将无机有机理论应用于各方面教材，适宜配列，使前后五十二章相互衔接，最后以新物质观殿之，以作结束。

第八，本书限于篇幅，记事务从简约。如物质之制法，只举现代最适用者为主，余不悉录。又物质之性质及生成法无特述之必要者，不列专条。

第九，本书之主要教材，以五号字排印，为高中学生必修部分。其次要之教材，或理论较深奥者，用六号字排印，可以从略。教师视授课时间及学生程度斟酌损还之可也。

第十，本书所用化学名词，依拟拟之化学命名法，有一定之系统。

第十一，本书所用权度从万国通制，温度从摄氏计法。

第十二，本书术语，下附注英文，以便对照。主要名词用黑体，重要字句下加波浪线，以促读者注意。

第十三，本书所用原子量，依照1925年万国原子量表。至本年英德美各国单独发表之原子量，亦附记篇首原子量表中，以资参考。

第十四，本书篇末附有计算问题集，务令学生演习。至复习问题，则由教师随时举问，兹不赘举。

第十五，本书篇末附索引及译名对照表，以便检查。[1]

另外，郑贞文编写的这本化学教科书，是我国化学家自编的第一本高中化学教科书。该书提纲挈领，深浅适度，循序渐进，深受中学师生欢迎。该书出版后，风行全国，连续再版多次，成为20世纪三四十年代我国广泛使用的高中化学教材之一。

商务印书馆这套《新时代教科书》在"适合儿童教育之范围内尽量提倡党义"[2]，课文内容取材注重时代性，注重爱国、革命、进步等思想灌输和熏陶，政治色彩浓厚；同时关注社会现实与学生生活，强调学生的参与，注重培养学生科学、实用的技能。

总之，《新时代教科书》在第一时间回应了国民政府对三民主义教育的要求，同时也发挥了商务印书馆编写教科书的优势经验，使得该套教科书出版后大受欢迎，多次再版，成为商务印书馆出

[1] 郑贞文. 新时代高级中学教科书：化学[M]. 上海：商务印书馆，1929：编辑大意.

[2] 新时代社会教科书：初小第一册[M]. 上海：商务印书馆，1927.

版史上又一套发行量较大的教科书。

2. 中华书局的《新中华教科书》

为践行三民主义教育宗旨，中华书局从1927年起，也开始出版《新中华教科书》。该套书最初以"新国民图书社"的名义编印，由中华、文明、启新三家书局经销。这套教科书共编有小学教科书（含初级小学和高级小学）41种，中学教科书（含初级中学和高级中学）55种。[1]

《新中华教科书》的特点：一是教科书编排形式多样。一般教科书采用圆周式编排，如《新中华历史教科书》。有的教科书还采用旅行体编排，如《新中华自然教科书》。二是教科书的内容选择依据三民主义教育的要求，取材注重民族、民权、民生三项，内容密切联系学生社会生活的方方面面，强调政治性、通俗性、实用性的融合。

就化学教科书而言，新国民图书社1932年8月出版了黄德溥编的《新中华化学》。

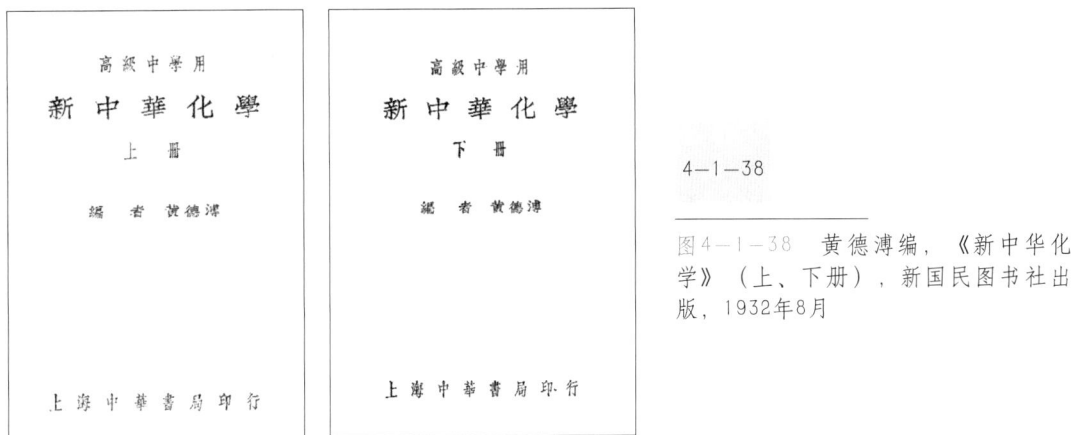

高級中學用
新 中 華 化 學
上 冊
編 者 黃德溥
上 海 中 華 書 局 印 行

高級中學用
新 中 華 化 學
下 冊
編 者 黃德溥
上 海 中 華 書 局 印 行

4-1-38

图4-1-38 黄德溥编，《新中华化学》（上、下册），新国民图书社出版，1932年8月

该书在封面标注上海中华书局印行，在封底版权页上标明出版者是新国民图书社。

该书特点如下：

第一，本书根据当时教育部最新颁布的课程标准编写而成，全书共43章，分上、下两册，可供高中两学期化学教学使用。

第二，上册前三章主要讲解化学基本定律、学说和化学式，以建立学生的化学基础。

第三，挽近化学虽将无机及有机打成一片不分畛域，但如脂肪、蛋白质等较为复杂之有机化合物非初学者所易了解，故特编入下册最后数章，使师生均不感艰难。

第四，对于分子运动、渗透压，以及光、热、电、放射性等均扼要记述，使学生明了化学与物理的关系。

第五，本书各章除阐明原理外，还附有种种实验使学生不仅能洞悉学理且得以实验。

第六，国内各书所用化学名词迄未统一，本书所用者概系最近习用之名词，且多数附有原名。

第七，各章后附记重要问题若干条以资学生整理及练习之用。[2]

[1] 石鸥，吴小鸥. 中国近现代教科书史：上册[M]. 长沙：湖南教育出版社，2012：348.
[2] 黄德溥. 新中华化学：上册[M]. 上海：新国民图书社，1932：编辑大意.

3. 世界书局的《新主义教科书》

随着三民主义在全国教育领域的强势推行，世界书局也快速响应。1927年开始陆续出版了一套符合三民主义要求的教科书。相比商务印书馆、中华书局，世界书局更为直接彻底，他们把这套教科书直接命名为《新主义教科书》。不过这套教科书只出版了小学的，包括初级小学国语八册、常识课本八册、社会课本八册等，高级小学国语四册、自然四册、历史四册、地理四册等，没有相应的中学教科书。

除上述三大家书局之外，一些小的书局也顺应时代要求，编写了以三民主义为宗旨的系列教科书。如广州共和书局1926年出版了由戴季虞编写的《初级小学三民主义教科书》（四册）。

此外，为配合"党化教育"、三民主义教育运动的开展，国民政府在中小学实施训育，主要通过党义课、公民课和军训来进行。1932年10月，教育部公布了《小学公民训练标准》。1936年，教育部还拟定了《中学训育标准》，希望通过严格的学校训育制度，培养出在思想、道德、行为等方面符合国民政府的标准和要求，忠于国民政府的"健全公民"。为此，国民政府还组织编写了训育教科书、党义教科书等。

在"党化教育"背景下的中小学教科书，极力宣传"一个政党""一种声音"，认为三民主义是拯救中华民族危机的最好良方。不可否认，在当时结束军阀混战，极力抵御外侮的时代背景下，通过学校教科书，以三民主义来凝聚人心，对于规整社会的意识形态等方面具有一定的积极作用。同时，随着社会的发展，教科书在编制和设计上更为成熟，使得国民教育进入稳步发展和逐步定型时期。

但是教育有其独立性，"党化教育"也受到当时不少有识之士的批评和质疑。胡适、任鸿隽等公开批评国民党的政治灌输。胡适认为："有了'党化'，必定没有'教育'；反过来说，要有'教育'，必定要除去'党化'。"在蒋介石邀请竺可桢去当浙大校长时，竺可桢提出了这样的条件："财政须源源接济；用人校长有全权，不受政党之干涉。"[1] 任鸿隽认为："教育的目的与党的目的完全不同。大概说来，教育的目的，在一个全人的发展，党的目的，则在信徒的造成。教育是以人为本位的，党是以组织为本位的。在党的场合，设如人与组织的利益有冲突的时候，自然要牺牲人的利益以顾全组织的利益。"[2]

回顾历史，明确以"党义"命名的教科书的出现仅仅三四年时间，而且种类与数量也不多。但是伴随着"党化教育"的实施，教育即教科书的发展逐渐丧失了原来的独立地位，开始被政治力量强势干预，教科书受意识形态的控制和支配也越来越明显了。

[1] 王绍贝. 解读民国大学之"魂"[N]. 南方都市报，2012-06-17（5）.
[2] 任鸿隽. 党化教育是可能的吗？[N]. 独立评论，1932-06-05（3）.

第二节
化学教科书的维持与巩固

1937年7月7日，卢沟桥事变之后，中国进入了全面的抗日战争时期。其间存在着三种不同性质的政权。一是共产党领导的抗日民主根据地，二是国民党领导的国统区，三是日本实施殖民统治的占领区（或称沦陷区）。在不同体制共存的特定时空里，中小学教科书的编辑与出版均被不同政权强力控制。在抗日战争时期，教科书作为宣传国家意识形态的重要手段和主要工具，其发展已经偏离了教科书自身的发展。

由于历史的原因，中国共产党领导的抗日民主根据地重点关注成人教育、干部教育，中小学教材建设重点在小学各科；而沦陷区推行的是奴化教育，所以本书讨论的重点放在国民党统治区的化学教科书的建设与发展上。

一、国民党统治区教育政策的调整

1937年抗日战争的全面爆发，使得中国的教育事业遭到前所未有的打击。在国统区，为适应抗日战争和建国形势的需要，中小学不仅在公民、国语、历史、地理等教科书中增加了民族意识、爱国主义等内容，还增加了一些战时必备的知识。

与此同时，国统区还加大了审查教科书的力度，并于1942年推出国定本教科书，由商务印书馆、中华书局、世界书局、正中书局、大东书局、开明书局、文通书局等七家书局联合组织"国定中小学教科书七家联合供应处"统一印刷发行。

（一）"战时须作平时看"的方针

1937年8月，国民政府通过了"战时须作平时看"的教育方针，要求采取战时应急措施，颁布了一切仍以维持正常教育为主旨的《总动员时督导教育工作办法纲领》。其中规定全国各地各级学校及其他文化机关务必力持镇静以就地维持课务为原则，强调维持正常的教育和管理秩序。

1938年4月，国民政府通过了《中国国民党抗战建国纲领》，对战时教育实施也作了具体规定。其中有：第一，改订教育制度及教材，推行战时教程，注重于国民道德之修养，提高科学的研究与扩充其设备；第二，训练各种专门技术人员，予以适当之分配，以应抗战需要；第三，训练青年，俾能服务于战区及农村；第四，训练妇女，俾能服务于社会事业，以增强抗战力量。同时，还制定了《战时各级教育实施方案》，包括九大方针和十七项实施要点。九大方针有："一曰三育并进；二曰文武合一；三曰农村需要与工业需要并重；四曰教育目的与政治目的一贯；五曰家庭教育与学校教育密切联系；六曰对于吾国固有文化精粹所寄之文史哲艺以科学方法加以整理发扬，以立民族之自信；七曰对于自然科学依据需要迎头赶上，以应国防与生产之急需；八曰对于科学取人之长，补己之短，对于原则应加整理，对于制度应谋创造，以求适合于国情；九曰对于各级学校力求目标之明显，并谋各地之平均发展，对于义务教育，依照原定期限，以达普及，对于社会教育与家庭教育，力求有计划之实现。"[1] "十七要点"包括：可酌情变通现行学制，通盘计划学校之迁移与设置，特别重视师资训练，彻底整理各级学校各科教材及中小学教学科目，制定各级学校训育标准，整理体育教材，使之与军训、童训连贯等。

遵循上述方针，国民政府在日军大举进犯的关键时刻，为保存实力，将一批重点高校迁往西南西北，调整重组，坚持教学。截至1938年底，共迁址调整大学55所，其中有西南联合大学、西北联合大学等，为中国教育保存了精英力量。

此外，在中等教育方面，由政府资助，保障部分学校正常办学。1938年7月颁布了《国立中学规程》，要求国立中学收容战区公立私立中学及师范学校男女学生，必要时可收职业学校学生。至1945年抗日战争胜利，公办国立中学有34所，国立人专院校附中有16所，国立师范学校和职业学校有14所，为流亡青少年求学提供了便利，促进了大后方的稳定。[2]

"战时须作平时看"的教育方针是一项并不短视的教育决策，使中国的教育事业在残酷的战争环境中得以保存，在西南西北地区还有所发展。但是，这一方针仍然在强调教育目的与政治目的的一贯性，教育同样是作为国民党以党治国、控制思想、压制民主的工具。

（二）重新修订课程标准

1940年，为适应抗战新形势的需要，教育部对1936年的中学课程标准进行了修订。主要是增设选修课，将英文改为选修。初高中学生均分为甲、乙两组。初中的甲组自第二年起增加2小时的职业选修课，乙组三年中都要选修英语。两组均开设化学课程，每周6课时。高中自第二年起分组，甲组侧重理科，化学每周10课时；乙组侧重文科，化学每周8课时。[3]各校视地方情形自第三年起酌情设置简易职业科目。

学制方面做了一些灵活处理。初等教育形式多样，有一年制、二年制和六年制等。中学三三

[1] 孙培青. 中国教育史：第3版[M]. 上海：华东师范大学出版社，2009：430.

[2] 张家治，张培富，张三虎，等. 化学教育史[M]. 南宁：广西教育出版社，1996：444-445.

[3] 《中国化学五十年》编辑委员会. 中国化学五十年：1932—1982[M]. 北京：科学出版社，1985：330.

制、四年制、六年制并行。

此外，从1941年4月起，教育部修订了小学课程标准。

（三）逐步完善教科书审查制度

中华民国成立之初，为树立民主共和的思想，肃清封建残余，南京临时政府于1912年5月颁布了《审定教科图书暂行章程》。1929年，国民政府教育部颁布了《教科图书审查章程》《审查教科图书共同标准》，对各级各类学校教科书的采用作了严格规定，即必须要经过教育部的审查。同时规定了审查的政治标准、内容标准、组织形式标准、语言文字标准和印刷装帧等。1933年4月，国民政府重申学校教科书编纂的国定制和审定制，明确了教科图书初审、复审、终审的三审制，以及初审、复审发生争议时的特审制。

1937年抗日战争全面爆发后，为加强对学校教科书的监管，国民政府成立了各级学校各科教材编订委员会，规定："中小学及师范学校所用之公民、国文、历史、地理教科书，应由国家编辑，颁发应用。"1943年11月，教育部重申中小学的公民、国文、历史、地理四科教科书，都必须采用国立编译馆统编的国定本。至此，我国中小学教科书由审定制转变为国定制和审定制并存。1945年8月，教育部颁布了战后复员紧急办法。国立编译馆对各书局自编的教科书重新开始审定，仅在1947年一年内，共审查小学用书45册，中学用书84册，师范用书2册，职业用书15册，补充教材及参考图书26册，共计172册。[1]

纵观国民政府逐步完善教科书审查制度的过程，其主要目的是借助教科书来贯彻和落实"党化教育"和三民主义精神，实行思想控制。但客观上讲，审查制的建立，规范了整个教科书体系的编写和出版，促进了教科书质量的提高。

二、国统区教科书的状况

（一）国立编译馆与国定本教科书

1. 国立编译馆的由来

清末民初的历届政府，对教科书实行"审定制"，政策比较宽松，使教科书得以繁荣发展。南京国民政府成立后，逐步加强了对中小学教科书的审查和控制。1928年，教育部下设教科书编审处，专门负责审查各书局送审的教科书。1931年6月，教育部裁撤教科书编审处。1932年6月成立了国立编译馆，中小学教育图书审查事宜由国立编译馆负责。[2]

1933年，国民政府教育部成立中小学教科用书编辑委员会，特约一批专家着手中小学教科书的

[1] 石鸥，吴小鸥. 中国近现代教科书史：上册[M]. 长沙：湖南教育出版社，2012：426.
[2] 国民政府教育部教育年鉴编纂委员会. 第一次中国教育年鉴[M]. 上海：开明书店，1934：132.

编撰工作。这些被民间称之为"国定本"的部编教科书，由于当时缺乏印刷发行机构而未能印行。[1]1942年，为方便教科书的编辑，该教科用书编委会更名为教科用书组且并入国立编译馆，负责编辑各科教科书。自此，国立编译馆除审定教科书外，还增加编辑教科书的职能。1943年国定本教科书发行，其编写由国立编译馆负责，直到1949年。

国立编译馆是民国时期官方编审教科书的学术机构，其宗旨是"发展文化，促进学术暨审查中等以下学校用书"[2]。在民族危难之际，国立编译馆延聘人才，编辑审定各类教科书，积极引导和促进了民国中后期教育的发展，使其在极端困难的情况下仍为国家培养了大批人才，保证并支持了抗日战争和国家建设的需要。

【国立编译馆简介】

国立编译馆是中国国民政府教育部负责文化书籍及教科图书编译与审查的学术机构。1932年6月，国立编译馆在南京成立，首任馆长为辛树帜。

该馆工作分编译和审查两大部分，编译部分包括编译各科名词、专著及教科图书等，审查部分包括审查教育部令各书局呈送的学校用教科图书及标本仪器等。成立之初，设编审、总务两处。编审处又分设人文、自然两组，各设主任一人，由专任编译兼任，主理各组编译及审查事宜；各设专任编审、特约编审及编审员若干人，分任编审及审查事宜。总务处设主任一人，由专任编译兼任，总理总务事宜。1933年7月，将专任编审改为专任编译，特约编审改为特约编译，编审员改为编译。同年11月，取消编审处，仍设自然、人文两组，改总务处为事务组。

1938年迁往重庆。1942年，将教育部中小学教科用书编辑委员会及中国教育全书编纂处并入。1946年迁往北平。1949年4月，馆务停顿。同年撤至台湾。

编译的著作有《哲学丛书》《世界史丛书》《中国文化丛书》及大中小学教科书多种。[4]

2. 国定本教科书的出台

国定本教科书是民国时期国立编译馆编撰的教科书，它在近现代中国教科书发展史上具有承前启后的地位和作用。从1933年酝酿产生到1943年正式发行，国定本教科书经历了先部颁试行，再国定推广的过程。

1938年国民政府颁布了抗战救国纲领，强调政府对教科书的统一管理。蒋介石在1942年5月致函教育部部长陈立夫的信函中建议"以后凡中小学教科书应一律限期由部自编，并禁止各书局自由编订"[3]。国定教科书分三部分：自编，由国立编译馆专任编审负责；约编，有若干科目，由该馆特约国内有名学者编纂；征编，即另有若干科目，由私人编辑，经教育部征选。1943年7月，国定本教科书开始出版，教育部限令自1943年秋起各级学校开始采用国定本统一教本，以保证教科书质量。据

[1] 国民政府教育部教育年鉴编纂委员会. 第二次中国教育年鉴[M]. 上海：商务印书馆，1948：355.

[2] 国立编译馆. 国立编译馆一览[M]. 南京：国立编译馆，1934：4.

[3] 中国第二历史档案馆. 中华民国史档案资料汇编：第五辑第二编 教育[A]. 南京：江苏古籍出版社，1997：458.

[4] 殷铭佳. 民国时期国立编译馆的名与实[D]. 上海：上海外国语大学，2016.

统计：国立编译馆所编的国定本教科书共11种，其中初级小学2种，即《国语常识》《算术》；高级小学5种，即《公民》《国语》《自然》《地理》《历史》；初级中学4种，即《公民》《国文》《地理》《历史》。国定教科书在战后1946年7月开始修订时，全部落款为国立编译馆主编。[1]

根据王有朋主编的《中国近代中小学教科书总目》，就中学化学教科书而言，国立编译馆编辑的有：

第一，国立编译馆主编，程守泽编辑，《初级中学化学》。该书有三个版本：其一，中华书局出版，1947年7月第1版；其二，商务印书馆出版，1948年8月第1版；其三，正中书局出版，1948年8—9月。

第二，国立编译馆主编，程守泽编辑，《初中化学（最新修订本）》，上海五联社出版，1948年6月。

第三，国立编译馆主编，程守泽编辑，《初级中学化学实验教程（最新修订本）》。该书有三个版本：其一，上海五联社出版，1948年6月；其二，正中书局出版，1948年7月第1版；其三，上海胜利出版公司出版，1948年8月第1版。

只是上述几本书，笔者没有见到，所见的是国立编译馆主编、程守泽编辑的《初级中学　化学实验教程》原本，世界书局出版。

（1）国立编译馆主编、程守泽编辑的《初级中学　化学实验教程》。

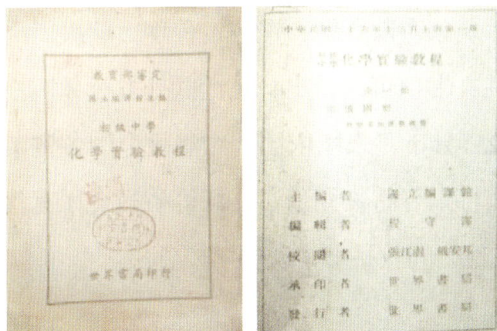

4-2-1

图4-2-1　国立编译馆主编，程守泽编辑，《初级中学　化学实验教程》，世界书局出版，1947年12月第1版

（2）国立编译馆主编的《化学命名原则》。

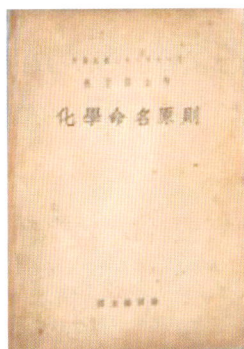

4-2-2

图4-2-2　国立编译馆主编，《化学命名原则》，国立编译馆出版，1933年11月

本书由教育部与国立编译馆合聘之化学名词审查委员会委员，根据1932年8月教育部所召集之化

[1] 吴小鸥，石鸥. 烽火岁月中的启蒙：试析民国时期国立编译馆中小学教科书编审[J]. 中国人民大学教育学刊，2012（3）：166-180.

学讨论会大会议决案编订，呈送教育部，于1932年11月26日部令公布之。本书由四部分组成：定名原则、元素、无机化合物、有机化合物。[1]

（二）"七联处"与国定本教科书的供应

抗日战争时期，由于我国东北及东南沿海地区被日军占领，尤其是中小学教科书编印基地上海的沦陷，国民党政府西迁，大后方的教科书印刷运输都感困难，普遍出现"书荒"。"即使愿出高价，书店仍然无法供应（中小学教科书）。"[2]这样导致了国民政府新制定的教育方针根本无法贯彻执行，"党化教育"难以强化。

国民政府为了控制教科书出版发行，于1943年4月成立了由正中书局、商务印书馆、中华书局、世界书局、大东书局、开明书店、文通书局联合组成的"国定中小学教科书七家联合供应处"，简称"七联处"。国民政府规定从是年秋季起，各级学校开始采用部编统一教本，以保证教科书质量。所有小学各科教科书，以及中学公民、国文、历史、地理教科书均由七联处负责供应，其余各科则由各校自行选用审定本。同时，因各书局资金厚薄及分局多寡不一，规定七家书局按议定的比例共同印行"国定本教科书"，其中正中书局、商务印书馆、中华书局各占23%，世界书局占12%，大东书局占8%，开明书店占7%，文通书局占4%。[3]

不可否认，七联处的成立，使得大后方的"书荒"现象得以缓解，在一定程度上解决了抗战时期国统区教科书的供应问题。从七联处与教育部的来往义书中可以看出，在七联处发行体制推行一年之后的1944年，七联处的供应范围仅限于全国13省251县市，未能依照合约满足全国各省市的需要。为使国定本教科书在某些地区能够得到推行，教育部只好特许湖南、浙江等省教育厅有就地翻印的权利。即便如此，还有部分书局悄悄翻印自己的或他人的教科书，以供学校急用。

（三）国统区的化学教科书

在化学教科书方面，除了翻译国外教材外，张江树教授等根据当时的国情以及抗日的要求，自编了不少中学化学教材，如《中学化学》、《初中化学》（上、下册）、《初中化学实验教程》、《高中化学》（上、下册）、《高中化学实验教程》、《国防化学补充教材》等。另外，王鹤清、阎玉振也编写了高中化学课本和化学实验课本等等。

据不完全统计，从1937年到1942年出版的化学书籍有近80种。[4]这些书有的是教科书，有的是参考书，大都风行一时，深受各地师生的欢迎。具体说：

[1] 国立编译馆. 化学命名原则[M]. 南京：国立编译馆，1933：序言.

[2] 贺金林. "七联处"与1940年代的教科书发行[J]. 广东社会科学，2010（3）：136-141.

[3] 魏冰心. 国定教科书之供应问题[J]. 教育通讯（复刊），1946，1（13）：14-15.

[4] 谭勤余. 抗战时期我国科学出版物[J]. 东方杂志，1943（3）：39.

1. 初级中学化学教科书

（1）沈鼎三编的《初级中学学生用　开明化学新教本》。

4-2-3

图4-2-3　沈鼎三编，《初级中学学生用　开明化学新教本》，开明书店出版，1939年8月第1版，1946年第2版

本书的特点有：

第一，本书是根据1936年教育部颁布的初级中学化学课程标准编写而成的，分上、下两册，专供初级中学学生使用。

第二，本书中的化学名词都是根据教育部公布的化学命名原则进行命名的。

第三，本书在讲解知识点时总是从生活中常见的现象入手，循序渐进，并且辅以相关实验，最终得出结论。

第四，当时正值抗日战争时期，每一个国民都有必要了解化学与国防的关系，本书尤其注重这一点，所以编者将化学与国防的相关内容适当地加入了此书。

第五，本书在每一章的最后设有本章总结和练习题，以便学生记忆和复习，还加入了补充读物，以培养学生的阅读兴趣。

第六，本书为了详细介绍实验又避免文字过多，给学生造成

【沈鼎三简介】

沈鼎三（1910—1980年），浙江海宁人。沈鼎三早年就读于仰山小学，后在愚移中学读书，1932年毕业于浙江大学，获化学工程学士学位。先后任教于广西省立第二女子中学、桂林高级中学、江苏盐城省立高级应用化学职业学校、上海中学、健行大学等。编著有《开明初中化学教本》《化学初步》《大学化学》等，为各地大、中学校采用。还写作许多科普文章，发表在《中学生》《新少年》杂志上。

抗战军兴，转而从事染料工业。创办东禾染整厂、东成染整厂，并首创靛蓝连续染色机，安装试产成功后，推广全国。抗战胜利后，回上海办大可染料厂，潜心研制出达到国际先进水平的染料，打入国际市场。中华人民共和国成立后，历任上海中国染料工业公司生产部经理和中心试验室副主任、上海化工研究院第五研究室和染料研究室副主任、上海染料涂料研究所副主任、技术顾问兼情报室主任。多年来，共编译了有关染料生产情报150余万字，并主持编写化工部《染料命名方案》及《染料中间体的技术规格标准与分析方法》等书。

沈鼎三在20世纪50年代因参与研制活性染料"旗红"获得成功，受到国家高层领导表扬和奖励，连续数年应邀赴京参加国庆观礼。1952年加入中国民主建国会，并曾当选中国染料学会理事和上海化工学会理事。1978年，他因研究国外最新型活性染料有重大发现，受到化工界重视。中国很多著名的染料专家都出自沈鼎三先生的培养。

阅读负担，将实验注意事项放在脚注部分。

第七，本书每册的最后都附有练习题，以供学生进行总复习。

（2）钟焕邦编的《初中化学》。

图4-2-4　钟焕邦编，《初中化学》，艺文书社出版，1939年

（3）李嘉谟、李邵谟编著的《初级中学　化学》。

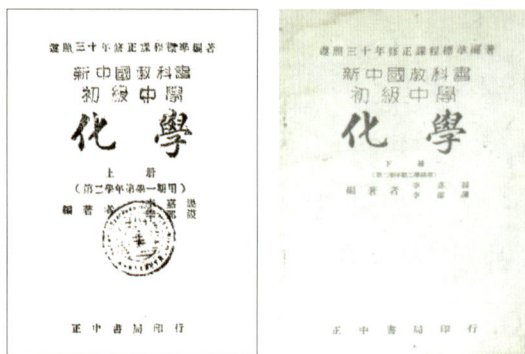

图4-2-5　李嘉谟、李邵谟编，《初级中学　化学》，正中书局出版，1943年8月第1版

本书的特点如下：

第一，本书根据当时最新的初级中学化学课程标准编写而成，全书共约八万字，分为上、下两册，一共有28章，专供初级中学二年级上、下两学期使用。

第二，本书以日常生活中常见的事物，或者以实验现象为出发点，先使学生对每一事物或每一现象产生浓厚的兴趣，然后徐徐进入主题。

第三，教师在讲授时，可先就日常或者实验现象提出问题，然后引入教材，以引起学生的学习兴趣。

第四，本书对于化学与衣食住行的关系描述很详细，而对于化学与国防和工业的关系的描述尤其详细，甚至还列有单独的一节去专门讲述，如果涉及抽象的理论或者复杂的计算时，都尽量删除，以使此本教材不成为高中化学的缩本。

第五，本书注重科学本国化，即对于我国天然矿产资源、现有规模较大及较有希望的化学工业，叙述特别详细。

第六，本书叙述均由浅入深，便于教学。对于重要的定义或者定律都设有实验，使学生容易理解和记忆，也可免去教师讲解的困难和学生学习时的乏味。

第七，本书中标明了与之有关系的其他教材，以加强教材之间的联系。

第八，本书所列实验都简单易操作，所用的仪器药品大部分都是实验室里必备并容易购得的。

第九，本书所用名词是根据教育部颁布的化学命名原则改订本进行命名的。每本书的最后，都附有中英文名词索引，以便学生查阅。

第十，本书每一章的最后都附有若干习题，让学生能够根据教材知识介绍生活现象，同时这也有利于学生的复习。

第十一，本书在章末没有列出本章纲要，教师可以让学生在学习完一章后，自己作总结，以培养学生的总结观念。

第十二，本书插图丰富，能弥补文字叙述的不足。

据不完全统计，该书自1943年出版以来，先后重印达数百版，比如1943年重庆第1版，1945年四川第1版，1947年北京第1版，1947年上海第154版，1948年天津第166版，1951年台湾第15版等。

透过该书众多的版本可以看到该书的许多亮点：第一，使用时间较长。第二，使用数量巨大，先后重印多达数百版。例如，1947年4月在上海印刷的版本为121版，而1947年10月印刷的版本已达154版，在半年的时间里重印数量达33版。第三，使用范围较广。其中，1943—1945年主要是在国统区的学校使用；1945—1949年覆盖全国的中学；1949年以后，台湾地区的学校还在继续使用。以上足以说明该书在当时的影响力和传

【李嘉谟简介】

李嘉谟（1905—2008年），云南大理人，云南省知名教育家。1921年赴日本留学，学习并掌握了当时世界上最先进的电气化学工业知识技能。1929年回国后，即投身教育事业，为国家培养人才。1930年4月，云南省创建省立第一工业学校（后改称昆华高级工业职业学校），李嘉谟受聘于该校，先后被任命为该校的教务主任、代理校长、校长等职。

1950年3月，李嘉谟被派到龙渊中学任校长，同年又调任昆明师范学校校长。1950年6月28日，中央人民政府委员会第八次会议任命李嘉谟为西南军政委员会文化教育委员会委员。1956年，李嘉谟调至云南省科学技术普及协会工作。1950年12月，李嘉谟被推选为云南省第一届人民代表大会代表。1954年，云南省召开了第一届云南省政治协商会议，李嘉谟任政协委员，并且连任五届直至1987年因年龄过限而不任政协委员。2008年5月24日，李嘉谟与世长辞，享年103岁。

【李邵谟简介】

李邵谟（1912—1984年），云南大理人，李嘉谟胞弟。1934年由国立上海暨南大学理学院化学系毕业后回到云南，即投身于家乡的教育事业。先后任省立昆华师范学校、昆华中学、昆华高级工业职业学校专任化学教师、教导主任，兼任正中书局总局特约编撰人。1943年8月至1949年5月，任云南省立大理中学校长。后奉调云南省教育厅督学。中华人民共和国成立后，任云南省立昆华商业职业学校校长等职。除《初级中学 化学》外，尚著有《化学实验教程》。

4-2-6

图4-2-6　李嘉谟

第二节　化学教科书的维持与巩固

播力。

纵观整个民国时期，本书是唯一一部由云南人编纂且通过教育部审定并在全国广泛使用的初中化学教科书，它的出现标志着云南本土教育家在民国中学教科书的编纂中占有了一席之地。

（4）包墨青、于占之编的《初中化学》。

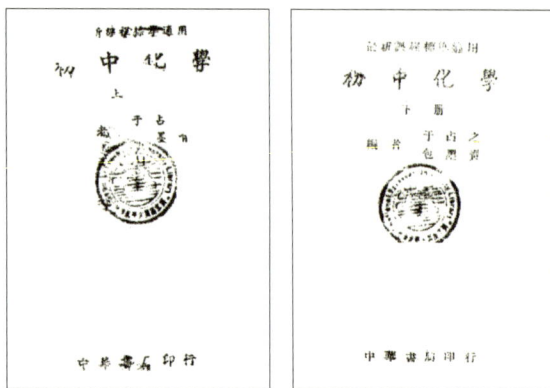

图4-2-7 包墨青、于占之编，《初中化学》，中华书局出版，1944年12月

全书一共分为上、下两册，共二十二章。

上册为第一至九章。前四章从生产生活中最常见的物质这一宏观角度入手，从空气组成、水分子、燃料燃烧和食盐的成分等方面进行学习，之后引出这些物质的微观世界下分子、原子和化学反应方程式的学习，从食盐引出离子的概念，并涉及溶液的电离、酸和盐的学习。第七至九章进行元素及其化合物的学习，分别学习了硫、氮、磷、砷元素的代表物、性质及应用。

下册为第十至二十二章。进一步学习元素及其化合物，分别学习了硅、硼、铁、镍、铬、锰、铅、锡、锑、铜及贵金属、碱金属、铝元素的代表物、性质及应用。学习过程从典型非金属到典型金属元素。最后又回归生活，将理论与实践结合，重新看待食物、补品、工业用品和国防，不断增强化学与生活的联系，同时又学习化学对生产生活应用的价值。

（5）徐子威、周文、宋承均编著的《初中新化学》。

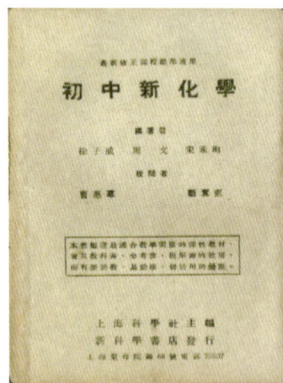

图4-2-8 徐子威、周文、宋承均编著，《初中新化学》，新科学书店出版，1941年9月第2版

和其他教科书不一样的是，该书的封面上直接表述了其优点：

本书编辑最适合教学需要的弹性教材，兼有教科书、参考书、题解书的效用，而有便于教、易于学、切于用的优点。

该书的封底比较详细地介绍了其特点：

遵照教育部所颁新标准，根据十余年教学经验，才编选了最适合需要的弹性教材，书中理论与实践，均以现代日常生活上所常见的事为出发点，示教插图极为丰富；关于定律和定义的叙述，力求浅显；理论与事实的说明，力求透彻；用字与选词的斟酌，力求审慎。每章复习题，可作纲要的提示与概念的整理；练习题，可运用已得知识，训练思考力，提高解题力；升学会考试题，可使学生作应考的准备，教师作命题的参考；补充资料，可使教学者减少翻检辞书之劳。上海许多著名的公私立中学历年采用以后，都较为满意。[1]

（6）闵世型编的《初中新化学》。

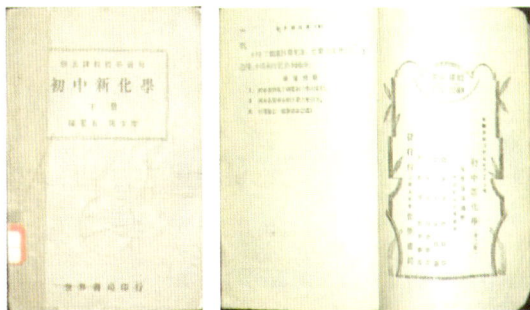

4-2-9

图4-2-9　闵世型编，《初中新化学》，世界书局出版，1946年第5版

全书分上、下两册，共有二十八章，插图66幅。该书在1948年进行了修订。

本书在内容处理上比较突出的是：结合日常生活来讲述有机化学的特点，安排了四章内容来讲述，即"酒、醋、酱""油脂、肥皂和甘油""纤维工业""营养素的种类及其功用"。

另外，与多数化学课本一样，本书的最后一章是国防化学常识。具体内容有：第一，毒气的种类和中毒的症状（神经系中毒性毒气、催泪性毒气、喷嚏性毒气、窒息性毒气、糜烂性毒气）；第二，防毒口罩和防毒面具（制造防毒口罩的药品和防毒口罩的制法，防毒面具的构造）；第三，纵火弹和烟幕弹（二者之成分）；第四，消防和急救（扑灭纵火剂、消灭空气中之毒气、地面上的液体或固体毒质、衣服被毒、食物及饮料中毒处理法、急救的方法）。

（7）舒重则重编的《化学（修订本）》。

4-2-10

图4-2-10　舒重则重编，《化学（修订本）》，商务印书馆出版，1948年7月修订第1版

[1] 徐子威，周文，宋承均. 初中新化学[M]. 上海：新科学书店，1941.

本书分上、下两册，共二十八章，插图54幅。

重编例言中叙述了编写本书的缘由及本书特点：

第一，本书初系韦镜权、柳大纲二君依照民国二十二及二十五年教育部颁布之课程标准所编，其后虽略有修改，然与三十年修正之课程标准仍不甚符，今特遵照新修正之标准完全重编，供初级中学化学科教学之用。

第二，本书教材之排列次序，因求前后联络起见，虽与部颁标准微有出入，然大体仍与标准一致。

第三，本书所采用教材，以日常生活习见者为主，凡与国防及工业有关者随处插入，竭力减少抽象理论及复杂计算，使学生容易了解。

第四，本书极注意前后之联络，将错杂散漫之化学现象，纳入一定系统之内，以主要元素作骨干，融会贯通，使学生有明确概念，可收触类旁通之效。

第五，本书之叙述，力求浅显生动，俾教师容易讲授，学生乐于阅读，免误信化学为干燥无谓之学科，亦不致成为高中化学之缩本。

第六，本书各章之末，均附有练习题，应用本书材料，即可解答，以资学生练习领悟。

第七，本书所用理化学名词及度量衡名词，完全以教育部公布者为准。

第八，本书教材专供教室中讲授，至于学生实验，另编有专书备采用。

第九，本书共有二十八章，依课程标准，每二周讲授五小时，学生实验一小时，预计可于一学年授完。[1]

与原来的相比，修订本删去了课程标准未作要求的周期律、放射性等内容，新增"酸碱盐电离"和"化学和国防"两章；有机化学部分根据修正课程标准的要求，将有机物的系统化分类介绍改为更贴近生活的酒、醋、酱、油脂、肥皂、食物等代表性物质的介绍。

（8）赵东樵、黄培心编著的《标准初中化学（增订本）》。

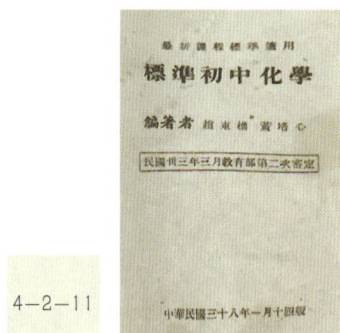

图4-2-11　赵东樵、黄培心编著，《标准初中化学》，琴庄仪器图书馆出版，1949年1月第14版

【赵东樵简介】

赵东樵（1888—1974年），字新业，湖南湘乡人。科普教育专家。1914年毕业于湖南高等师范学校，先后在长郡、长高、宁乡驻省中学、湘江师范、明德、衡湘、周南、广益、文艺、兑泽、妙高峰、含光、复初等校教授物理、化学30多年，注重实验。抗战胜利后，组装简单仪器、模型，在长沙市创办琴庄仪器图书馆。

编辑的教科书有：《标准初中化学》《标准初中物理学》《理化问题详解》。[2]

[1] 舒重则. 化学：修订本[M]. 上海：商务印书馆，1948.

[2] 万里. 湖湘文化大辞典：上卷[M]. 长沙：湖南人民出版社，2006.

（9）黄培心编的《标准初中化学（增订本）》。

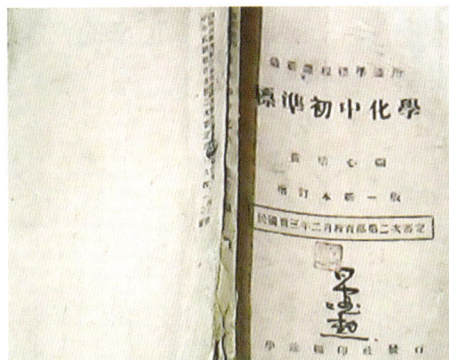

4-2-12

图4-2-12 黄培心编，《标准初中化学（增订本）》，学余编印社出版，1949年9月第1版

【黄培心简介】

黄培心（1902—1965年），湖南长沙人。高中毕业后在北平邮政局工作，四年后考入武汉大学。大学毕业后在武汉、广州、上海工作过一段时间，1929年以后主要在长沙、湖南省第一师范、周南女中、长郡中学、省立一中、大麓中学任物理、化学教员。1939年随学校迁兰田，抗日战争胜利后回到长沙，中华人民共和国成立后在湖南师范学院任教。20世纪20年代自学世界语，后在长沙从事世运，建立世界语组织，开办讲习班。他博学多才，精通英、德、法、日、俄和世界语。

（10）孙豫寿编的《中国初中教科书　化学》。

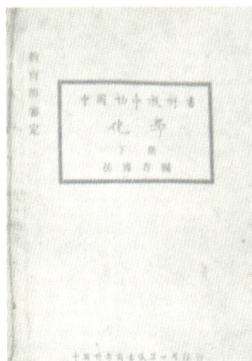

4-2-13

图4-2-13 孙豫寿编，《中国初中教科书　化学》，中国科学图书仪器公司出版，1937年5月第1版，1948年2月第12版

该书分为上、下两册。该书编辑上的特点：每章在内容讲完之后有一个对该章内容总结性的提要，以便于学生归纳和复习，接着是数量不等的练习题，以应用和巩固所学知识。

（11）陈有良编的《中学补充教材　初中化学纲要》（全一册）。

4-2-14

图4-2-14 陈有良编，《中学补充教材　初中化学纲要》（全一册），华美图书公司出版，1947年10月第1版

与陈有良本人1941年编的同名教材《初中化学纲要》相比，这本书有如下特点：

一是性质上由原来的"辅助教本"改为"中学补充教材"；二是出版社由原来的"华北科学社"改为"华美图书公司"；三是内容更加丰富，由原来的十一章扩充为四十五章。

（12）陈有良编的《中学补充教材　化学计算法》。

图4-2-15　陈有良编，《中学补充教材　化学计算法》，格致科学社出版，1946年5月第1版，1948年8月第3版

本书将中等学校化学科计算问题分为十二类，每类必先言要项，简要说明演算所运用之理论；次述方法，分别列出计算步骤；再则举例，逐一详加解答；末附各类之习题；书末更附一总习题，以资复习。该书系作者本十年来教学经验所得编成，可供高中学生自修、准备毕业会考、大学入学考试及初中教师选材参考之用，诚坊间不易多见之善本。另外，本书还附有历年国内各大学入学试化学计算题。[1]

（13）蒋揖冰编的化学实验课本《勃康化学实验》。

图4-2-16　蒋揖冰编，《勃康化学实验》，世界书局出版，1940年8月第1版，1946年4月第3版

此外，这一时期的初中化学教科书还有：

赵廷炳编著，《初中化学实验》，开明书店出版，1937年8月第1版；

居小石、高季可编著，《初中化学实验教程》，中华书局出版，1937年12月第1版；

李嘉谟、李邵谟编著，《初级中学化学实验教程》，正中书局出版，1945年9月第1版；

金立藩、江贞慧编著，《最新初中化学》，文怡书局出版，1946年7月；

甘景镐、倪松茂编著，《新修正标准初中化学》，大东书局出版，1946年8月；

---

[1] 陈有良.中学补充教材：化学计算法[M].广州：格致科学社，1946.

周毓莘编著，《初中化学》，大东书局出版，1947年7月第13版；

金立藩编著，《初中化学实验》，文怡书局出版，1947年8月；

濮齐奋编著，育发化学实验室主编，《育发初中化学示教实验》（育发中学化学实验丛书），育发化学公司出版，1948年3月。

2. 高级中学化学教科书

（1）王箴编的《更新高级中学教科书 化学》。

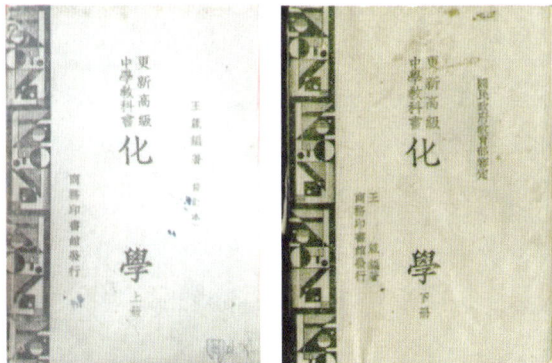

图4-2-17 王箴编，《更新高级中学教科书 化学》（上册），商务印书馆出版，1938年第1版

图4-2-18 王箴编，《更新高级中学教科书 化学》（下册），商务印书馆出版，1940年8月第1版，1947年12月第3版

本书在编辑大意里交代了本书的写作依据、适用范围、内容设置等特点：

第一，本书编制依照二十五年四月（1936年4月）教育部颁行之修正高级中学课程标准，供高级中学校教科书之用。

第二，本书教材皆经审慎选择，注重易于明了之理解及适于国情之实用，以期阐明利用自然之方法及养成实际应用之能力。

第三，本书共分四十五章。前二十章（上册）以化学上之基本原理为主，后二十五章（下册）以重要之元素及其化合物为主，使学生得知化学之根本知识。应详者详，应略者略，并力求材料新颖，意义清晰及文字简明。

第四，本书以周期系为中心，将理论及实用各方面之教材适宜配列而使前后衔接。

第五，本书对于示教特别重视，所选实验（用小字排）务求手续简单，印象深刻及兴趣浓厚，以养成学生敏锐之观察，并引起学生透彻之了解。

第六，本书对于方程式之写法尤为详尽，俾学生能明了反应之内容而免除强记之烦苦。

第七，本书采用参考引证法，使学生能将所学教材互相比较而收证同辩异之益。

第八，本书分章纯出自然。每章皆附有问题，以能引起学生之思考力者为主。其页数较多者，将问题分列数处，以便学生随时温习。

第九，本书对于化学与人生之关系，不论物质或现象，皆触类旁通，加以叙述。

第十，本书对于化学与国防、工业、农业、医药、卫生、家庭等之关系在相当范围内皆竭力阐明。吾国工厂之情形及原料之产布等亦常涉及。

第十一，本书各章大半皆有最新之参考材料附于其末；以辅参考书籍（附录一）之不足。此种材料皆选自高级中学校应有之杂志，程度篇幅不太深长，颇合学生参考之用。

第十二，本书对于化学计算法举例详加说明，极易了解使用。

第十三，本书将原子之结构提前讨论，使学生对于元素之化合，原子价之来源及离子化之发生等易得合理之解释及明确之观念。

第十四，本书所用之化学名词皆依教育部公布之化学命名原则，有确切之系统。

第十五，本书附有插图甚多，或可补充说明之不足，或可引起学生之兴趣。并承上海水泥公司、久大精盐公司、天利淡气制品厂、天原电化厂、永利化学工业公司等惠赐照片，特此声明致谢。

第十六，本书中次要之教材各有星号附于每节之前，以资识别，俾在教学时因时间关系可以斟酌损益。[1]

4-2-19

图4-2-19　王箴

【王箴简介】

王箴（1899—1994年），曾用名铭彝，江苏江阴人。我国著名的化学家、化学教育家。1918年毕业于上海大同学院。1920年在北京清华学堂毕业后被派往美国留学。他坚信"科学救国"，勤奋好学，成绩优异。1923年获美国麻省罗宛尔纺织工学院染化学士学位。1924年获密执安大学化学硕士学位。1926年获康奈尔大学哲学博士学位。

1926年回国后参与南京中央工业试验所筹建工作，并担任研究指导。1932年起从事教学工作，历任厦门大学教授兼化学系主任，浙江大学化工系教授，之江大学教授兼化学系、化工系主任，交通大学化学系教授，沪江大学化学系教授。

王箴通晓英、德、法、俄、日五国文字，长期写作不辍，曾编著《化学汇解》、《更新高中化学》（上、下两册）、《大学普通化学》（上、下两册）、《化学初步》、《化工辞典》等大学中学教材、化学入门书、工具书等，促进了我国化学教育事业的发展。

中华人民共和国成立后，他先后在上海市纺织系统、化工系统担任技术领导工作。他是第三届全国人民代表大会代表、第三届全国政协第三次会议特邀人士。

1923—1925年，王箴在美国与庄长恭、傅鹰等筹建中华化学会，担任第一至第四届中华化学会会长。1932年中华化学会改为中国化学会，王箴既是发起人之一，又是领导成员之一。他发起组织化学化工学会并长期担任领导工作，对中国化学事业的发展作出了贡献。中国化学会于1986年5月赠给他"建会元勋，一代师表"的荣誉奖状，以表彰他从事建会、教学工作50周年的功绩。[2]

[1] 王箴.更新高级中学教科书：化学　上册[M].上海：商务印书馆，1938.
[2] 沉痛悼念著名化学家、化学教育家、《化学世界》荣誉主编王箴先生逝世[J].化学世界，1994（9）：502-503.

（2）勃拉克、康南特著，顾均正译的《最新实用化学》。

4-2-20

图4-2-20　勃拉克、康南特著，顾均正译，《最新实用化学》，开明书店出版，1937年7月第1版，1940年第2版

本书分上、下两册，共有三十六章。

在原序中，作者指出本书特点如下：

本教科书一方面利用青年学生爱好戏剧的心理，一方面就他们环境中的日常事物，设法刺激其好奇心，而试图引起其研究化学的兴趣。书中罗列了许多在讲台上可以操作的实验，使教师随时表演，并提出学生每日生活中关于化学的各种实例，以促使他们注意。

这是无可讳言的事实：近年来中等教育已经逐渐发达，而大多数中学生在毕业以后，即不继续升学，所以他们在中学校里读完本书以后，将不再有研究化学的机会。因此本书在编写时，特别审慎，文字务求简洁，说明务求畅达；凡所收入的事实、定律和学说，都是当今立足于社会的公民所必备的常识。至于取材之新颖，尤可自信。本书材料已充分增加，凡学毕本书之读者，应大学入学考试，已绰有余裕。

关于金属，本书着重于冶金的一般方法及其在近代生活上的实际用途。关于提炼、性质、用途以及化合物等的较为重要的说明，本书竭力避免百科全书式的记载。

本书编入若干复习问题，以帮助全书各部分的联络。每章末尾的问题和习题分成了明显的三

【顾均正简介】

顾均正（1902—1980年），浙江嘉兴人。现代科普作家、出版家、文学翻译家。1919年7月毕业于浙江嘉兴一中。在农村小学教学4年，并自学英文。1923年考入商务印书馆编译所当编辑，先在理化部编撰理化读物，后调《少年杂志》《学生杂志》任编辑。1926年应上海大学文学系主任陈望道之邀，在该校讲授世界童话。1928年到开明书店工作，历任编校部主任、编辑部主任。

20世纪30年代后，他的业余编译创作转向理化方面。他以工作为转移，开始关注理、化方面的科学文章，翻译出版了科普方面的作品，同时发表一些有关科学方面的小文章。中华人民共和国成立后，随开明书店迁往北京，主持开明编务。他致力于青少年自然科学读物的出版事业，仍坚持写一些科学小品。1952年，转入中国青年出版社任副社长兼副总编辑。

历任民进中央委员会委员、常委，民进北京市委副主任委员，全国政协委员和第五届副主席，全国科普创作协会第一届副理事长，中国出版工作者协会第一届理事等。

类：第一类最容易，均为书本上的基础问题；第二类是比较深些的问题；第三类是计算问题。[1]

图4-2-21　顾均正

（3）张江树、章涛编著的《高级中学　化学》。

图4-2-22　张江树、章涛编著，《高级中学　化学》（第二册），正中书局出版，1944年2月第1版

书中叙述了本书特点：

第一，本教材完全根据教育部三十年（1941年）所颁修正高级中学化学课程标准的规定。

第二，凡和本国有关的材料，尽量加入。国外材料必要时加以采用。

第三，本书小字和附注材料较多，备教师作调整时间和程度之用。

第四，高中化学是继初中化学而教，故书中往往有叙述在后而引用在前的材料，并非编者前后不相呼应，实予学生

【张江树简介】

张江树（1898—1989年），又名雪帆，江苏常熟人。物理化学家、教育家，中国物理化学与胶体化学奠基人，我国物理化学学科主要带头人之一，与北京大学黄子卿并称"南张北黄"。

1918年毕业于南京高等师范专科学校（南京大学前身）数学理化科。1926年获哈佛大学理学硕士学位。1932年参与创建中国化学会，任该会第八至十届理事会理事，是最早的创办人之一，被誉为"建会元勋"。

1945年张江树编写出版中国第一本物理化学教材《理论化学实验》，后编著《物理化学与胶体化学》等教材多部。1956年被国家评定为首批一级教授。他长期担任着全国高等工科院校化学教材编审委员会主任、《辞海》化学分科主编，为发展祖国教育事业和推进我国化学科学，倾注了毕生精力，为后人留下了宝贵的财富。

[1] 勃拉克，康南特. 最新实用化学[M]. 顾均正，译. 上海：开明书店，1937.

以温故的机会，并藉以衔接及打通高初中的教材。

第五，本书对化学译名原则，有较详的叙述和实例，并于每一译名的初次应用处，将英文原字注出。

第六，本书习题较多，所以使学生解答时，得以为切实的科学训练，希望教师予以特别注意。

第七，本书用章、节、段三项法编辑，如[1，5，3]，即表示第一章第五节第三段，以便学生和教师之查阅。

第八，本书编辑，由中央大学师范学院理化系第一级，黄世明、黄荣显、许子衍、钱骥、陈为忠诸君襄助，俾与实地教学实验相合。[1]

4-2-23

图4-2-23　张江树

（4）周志瑞编著的《高中化学实验》。

4-2-24

图4-2-24　周志瑞编著，《高中化学实验》，新智科学社出版，1939年第1版

[1] 张江树，章涛. 高级中学：化学　第一册[M]. 南京：正中书局，1944：编辑大意.

【章涛简介】

章涛（1907—2001年），又名志琛，号寿川，藻溪镇人，副研究员、高级工程师。

早年以优异成绩考入天津南开中学，立志科学救国。1929年自费赴日本留学，1930年春考入东京京都大学建筑系。后因家庭经济困难，同年4月回国，7月考入浙江大学化工系。1934年到天津黄海化学工业研究所工作，从事明矾石综合利用研究。1937年抗日战争全面爆发后，曾任南京政府兵工署技术司第六科技术员，1939—1941年被派往香港从事检验防毒面具工作两年，后调回重庆。1942年春回乡至解放初期，先后在平阳中学、浙南中学、温州欧海中学任教。1942—1944年，浙江省建设厅明矾管理处在平阳北港筹办明矾试验厂，章涛受聘任该厂总工程师。

中华人民共和国成立后，先后在沈阳、上海、温州等地从事明矾石综合利用的研究和开发工作。先后在《浙大化工》《中日化工》《化学工业》等刊物上发表《浙江平阳土法生产明矾调查报告》《明矾石热介速率测定》《明矾石酸法浸取明矾和硫酸铝试验》《钾氮混合肥料分离试验》等多篇论文，是我国最早从事明矾石资源综合利用的研究专家，对我国钾肥工业发展作出贡献，在国内享有盛誉。

此外，这一时期的高中化学教科书还有：

金立藩编著，《最新高中化学实验》，文怡书局，1939年2月出版；濮齐奋编著，育发化学实验室主编，《育发高中化学示教实验》，育发化学公司，1948年3月出版；戴安邦编辑，《高级中学化学实验教程》，四川省政府教育厅出版，出版年代不详；周虞廷编著，《高中化学》，北平（编者刊），1938年出版；魏福嘉编著，《高中新化学》，世界书局，1939年第1版；朱昊飞、吴冶民编著，《朱吴两氏高中化学（修正本）》，世界书局，1942年7月第2版；于占之编著，《大时代高中化学》，兼声编译社，上册1942年8月第1版，下册1943年1月第1版；勃拉克、康南特著，龚昂云译，《最新实用化学》，世界书局，1942年12月出版；黄德溥编辑《高中化学》，中华书局，1946年出版；勃拉克、康南特著，顾均正译，《最新实用化学（改订本）》，开明书局，1947年出版；顾均正译，《化学》，东北书局，1949年4月第1版；山东省立第六联合中学编印，《高中化学》，山东（编者刊），出版年代不详。

抗日战争胜利后，教育工作开始恢复正常。在中学化学教育方面，根据1948年修正的课程标准，初中的化学和物理合并为"理化"，每周总计16学时。高中化学学制一年，每周10学时。

总的来看，民国时期，初中化学教科书较多地采用韦镜权、柳大纲编纂的《复兴初级中学教科书　化学》和孙豫寿编的《化学》（上、下册），而高中化学教科书则多用薛德炯、薛鸿达编译的《最新实用化学》和《勃康最新实用化学》（上、下册）等。这本美国人勃拉克和康南特所编的《实用化学》在我国中学使用甚多，相关译本竟有11种之多，可以认为是对近代中学化学教育影响最大的化学教科书之一。[1]该书原名*Practical Chemistry：Fundamental Facts and Applications to Modern Life*，1920年初版，1929年修订。1936年经增订后改名为*New Practical Chemistry：Fundamental Principles Applied to Modern Life*，1946年修订，对应中译本名为《最新实用化学》或《新订实用化学》《最新实用生活化学》。现列举几种版本如下：

①徐作和译的《最新实用化学》。

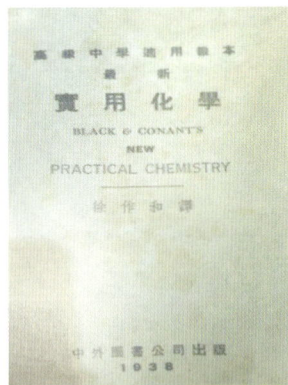

图4-2-25　徐作和译，《最新实用化学》，中外图书公司出版，1938年

[1] 郭震，钟晓媛. 近代化学教科书的发展与研究[J]. 化学教学，2018（4）：8-12.

②周文编译的《最新实用生活化学》。

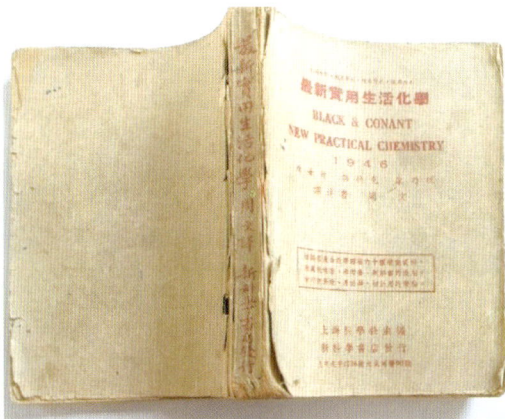

图4-2-26　周文编译，《最新实用生活化学》，上海科学社出版，1946年

该书封面上表述了本书的特点：

第一，增编最适合教学需要的十种补充资料；第二，兼具教科书、参考书、题解书的效用；第三，实有便于教，易于学，切于用的优点。

③蒋揖冰译的《实用化学》。

4-2-27

图4-2-27　蒋揖冰译，《实用化学》，世界书局出版，1947年6月第11版

④陈宝珊、金立藩译的《最新实用化学》。

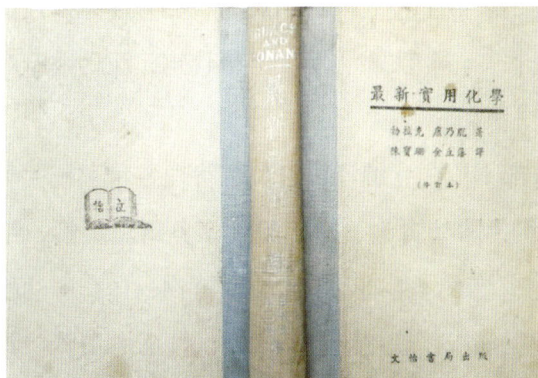

4-2-28

图4-2-28　陈宝珊、金立藩译，《最新实用化学》，文怡书局出版，1943年9月

第二节　化学教科书的维持与巩固

⑤龚昂云译的《最新实用化学》。

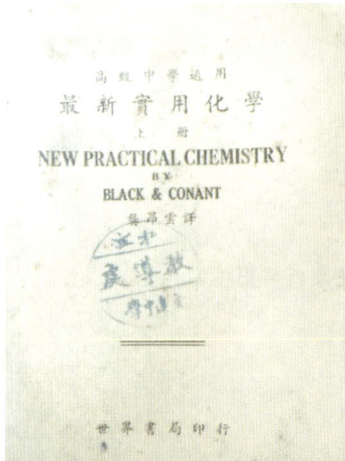

图4-2-29　龚昂云译，《最新实用化学》，世界书局出版，1947年2月

另外，不少大学附中还自编、出版了化学教材和学生实验用书。由于国民党政府的腐败以及战争的影响，教育的恢复和发展极为缓慢。

三、汪伪政权的化学教科书

汪伪国民政府又称汪伪政权，是抗日战争期间以汪精卫（本名汪兆铭）等投靠日本的中国国民党党员为首建立的政权，其以"中华民国国民政府"为名，实际上是日本在侵华战争期间扶持的傀儡政权之一。

汪精卫集团为标榜自己建立的伪政权是继承民国法统的"合法"政府，政府的内部组织结构也尽可能仿效原南京国民政府，但其所控制的范围，仅限于江苏、浙江、上海、江西、湖北、广东等省、市，是日军占领下的各种汉奸政权的大杂烩，其本质是日军的傀儡政权，协助侵华日军对中国人民进行奴役和掠夺。但经过精心装扮的汪伪政权，与同时期其他伪政权相比，具有很大的欺骗性：第一，在政治上，它标榜继承中国国民党的党统，有一套完整的政治纲领；第二，在组织上，它具有比较完备的政权形态；第三，在对外关系方面，表面上也显现出相对的"独立性"。汪伪政权一经建立，各机构便粉墨登场，行使职权，出版公报，订立法律法规。至1941年，汪伪政府对中央机构进行调整合并，以便更好地为侵华日军服务。[1]

汪伪政府模仿原民国政府，成立了教育部，教育部下设国立编译馆，负责管理各种学校关于图书编译事务。教育部有教材编审委员会，下设三个组，即编辑组、审定组、事务组。以编辑组为例，本组分公民、国文、外国语、数学、理化、史地、艺术、生理、卫生、动植物、体育、幼稚教育等十一股。各股由编审一人或二人负责分任之。根据安排，理化股由仲子明、汪冬心负责。具体由汪冬心负责审定中学《化学》教科书。

就中学化学课程而言，根据1940年8月9日汪伪政府教育部训令，初中二年级第二学期开设化学课程，

[1] 全勤，金鑫荣. 汪伪政府公报：中央卷　47册[M]. 南京：南京大学出版社，2013：220.

每周4学时。（注：初中生每日上课自习及课外运动总时数规定为8小时，每星期以48小时计算。）[1]

高中二年级全年开设化学课程，其中，高二第一学期每周6课时，第二学期每周7课时。（注：高中学生每日上课自习及课外运动总时数规定为9小时，每星期以54小时计算。）[1]

汪伪政府出版了一系列教科书，相关的编辑、审查、出版发行由（伪）教育总署编审会统一完成，其中包含5种化学教科书，分别是3种初中化学教科书，2种高中化学教科书。

（一）初中化学教科书

（伪）教育总署编审会编的《初中化学》

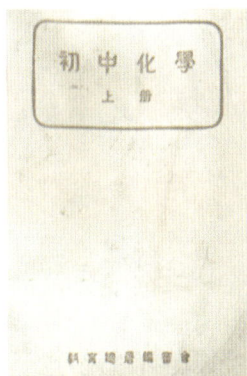

4-2-30

图4-2-30　（伪）教育总署编审会编，《初中化学》，（伪）教育总署编审会出版，1937年

本书分上、下两册，主要特点如下：

第一，本书对于主要术语、基本原理，都在可能的范围内，尽量搜罗，并用简明清新的词句，深入浅出，使学生易于领悟。这可以作为进修高深化学的桥梁，学生在学习的过程中千万不要因为内容的简易而忽略内涵的高深。

第二，本书对于化学与日常生活联系的事物，皆触类旁通，加以讨论。

第三，本书对于国家产出，特别注意内容的传递，让学生知道发展国产技术的重要性，以及化学和工业的连带关系。

第四，本书所列问题，俱能引人入胜，每一问题的解答，更能使学生切实了解实际事物，并增进其运用学理，以解决实际问题的能力。

第五，本书所采用的教学方法，以实验和发现为主，但鉴于国内各地学校设备的情形，因此没有编写实验栏目，并避免用反复器械的教材，希望教学者务必因地制宜，多使学生通过实验观察现象，让学生有充分科学训练的机会。

第六，本书对于有机化学教材，选择其有关日常生活的内容编入，其余内容概括或省略。对于衣料和食物，都采用最新的学说和研究成绩，使学生有正确的了解。

此外，还有2本初中化学教材：（伪）教育总署编审会编的《初中化学》（上、下册），（伪）

---

[1] 全勤，金鑫荣.汪伪政府公报：中央卷　47册[M].南京：南京大学出版社，2013：220.

教育总署编审会出版，1939年12月。（伪）教育部编审委员会编纂的《初中化学》（上、下册）。该书有三个版本：新亚印书馆出版，1940年8月第1版；华中印书局出版，1942年1月；中国联合出版公司出版，1943年12月。

（二）高中化学教科书

（伪）教育总署编审会编的《高中化学》

图4-2-31　（伪）教育总署编审会编，《高中化学》，（伪）教育总署编审会出版，1939年8月

本书的编辑大意里交代了本书的内容及特点：

第一，全书一共分为三十章。前二十多章叙述了化学的基本理论和非金属，有机化合物和金属的要点；最后三章叙述了元素的概论及分类，放射性及原子构造的新概念。

第二，本书取材将实用与理论并重，对于单质及化合物的制备、性质及用途，叙述十分详尽，并且对自然现象和日常生活与化学之间的联系，以及军事化学等都有详细的阐述，能够让学习者了解化学对于生产生活及社会的关系；此外，也间接叙述了我国及世界化学工业的现状，我国当时所提倡的化学工业。

第三，本书通过归纳法进行叙述，例如与定律有关的事实，将还未熟悉或明确的概念，先不提出具体的定律，而阐释有关的事实，逐渐深入了解定律的内容。

第四，本书教材，前后照应，关于高深的原理及最新理论的说明，都阐述得深入浅出，力避艰晦，其他涉及的参考的地方，也都附有底注。教师阅读时可以免去查看其他书籍的辛苦，学生读起来，也可无师自通。

第五，本书所用的化学名词，全部以教育部公布的化学命名原则为准。

第六，本书每章的最后，附有多个重要问题，以便学生练习，借资记忆。

第七，本书的开头附有最新万国原子量表，结尾附有化学名词对照表，以便检查。[1]

总的来说，汪伪政府是出于为己正名的政治目的办事的，学校教育上也尽可能抄袭、模仿原南京国民政府的做法，化学教科书在内容设置、编排方式等方面与原国民政府的化学教科书没有什么差别，其使用范围仅局限于他们控制的区域。

---

[1] （伪）教育总署编审会. 高中化学[M]. 南京：（伪）教育总署编审会，1939.

结　语

　　鸦片战争以后的晚清到民国时期，是中国社会由传统向现代转型的关键时期。有感于落后就要挨打的残酷现实，众多有识之士呼吁变法图强，师夷长技以制夷。学校教育必须改革，尤其是必须加强自然科学的教育。我国的学校教育也开启了从传统逐步走向现代之旅。

　　化学与国计民生关系非常密切，无论是家庭及社会，还是工业及战争，化学应用都非常广泛，乃现代文明之磐石。正因为如此，化学教育在学校教育中地位逐步上升。就化学教科书而言，它受社会变迁、学制确立、课程标准的制定、学科自身的发展等众多因素的影响。从晚清到民国时期，化学教科书也经历了从无到有，从翻译到自编，从全盘引进到本土化探索的过程，走过了艰难的发展道路。清末民初，傅兰雅、徐寿、虞和钦、虞和寅等人致力于西方化学教科书和化学著作的翻译，他们为西方化学教科书的引入作出了突出的贡献。然而，外国的化学教科书所植根的土壤和文化背景终究与我国不同，它们没有顾及我国中学化学教学实际，所选取的内容有些与我国的国情也不相符。因此，为了实现化学学科本土化，我国开始了自编化学教科书的探索。各民营出版机构，如商务印书馆、中华书局、文明书局、世界书局、文化学社、开明书店、正中书局等，在教科书审定制的鼓励下，积极参与化学教科书的编写出版工作。一些著名化学专家和学者，如杜亚泉、郑贞文、韦镜权、柳大纲、张树江、朱昊飞、吴冶民等都参加了民国中学化学教科书的编写，他们为提高自编化学教科书的质量贡献了自己的智慧。正因为如此，民国时期化学教科书从简单粗糙逐步走向成熟细致，迎来了繁荣与发展。概括起来，这一时期化学教科书的发展有以下特点。

一、教科书的编审：从自发、自愿到逐步规范

（一）教科书的编辑群体整体素质较高

　　化学教科书是舶来品。最早的化学教科书出现在教会学校和新式洋务学堂。新学制以后，尤其是中华民国成立以后，才在中小学全面普及。这一时期化学教科书的作者大致分为三类。

　　第一类，西方的传教士，如毕利干、嘉约翰、傅兰雅等人。他们是晚清最早的化学教科书的编辑者。他们大多学识渊博，自觉自愿致力于中西文化交流，向中国传播西方的自然科学知识和文化。

　　第二类，曾出国留学或出国考察的学者。清末民初以后，我国化学教科书开始了自主编写的尝

试，其编辑者当中大多在欧美或日本留学过，或出国考察过，接受过西方教育和影响，不少人在西方获得过化学专业相关的博士或硕士学位，如徐建寅、何燏时、虞和钦、马君武、杜亚泉、郑贞文、吕冕南、沈星五、刘拓等人。一方面，他们的国学功底比较扎实；另一方面，他们对西方先进的科学技术知识和西方文化有比较深入的了解，因而能够较好完成化学教科书的编写工作。他们是化学教科书编辑的主流。

第三类，少数尽管没有出国留学，但在国内接受过比较好的教育，或长期从事学校化学教学及相关工作的人，如黄素封、吴冶民、傅寿康等。

（二）教科书内容设置和编排方式逐步规范、科学

晚清早期的化学教科书重点关注的是学科自身的知识性和规律性，更多的是以学术著作的形式呈现化学的事实性知识。教材内容驳杂，呈现方式单一，理论知识和实验没有分开，也没有根据学生的年龄特点按年级分册，教科书基本要素不全。

清末民初以后，随着学制的不断完善，化学课程标准的陆续颁布，使得化学教科书的编制有章可循。教科书的编辑者们逐步意识到：教科书不仅仅是学科知识的载体，教科书既是教本，也是学本；既要便于教，也要便于学。因此，教科书的内容设置和编排方式逐步丰富多样、规范、科学。

首先，受新的教育思潮的影响，根据新学制的要求，以及学生的年龄特征、认知水平、接受能力等，分年级、分册编辑，便于学生掌握。

其次，根据课程标准规范教学内容，使内容体系逐步完善。纵观民国时期不同版本的初中化学教科书，其内容大致由三个部分构成，即非金属、金属、有机化合物。以元素化合物知识为纲，将物质按其构成进行分类叙述，同时在非金属部分加入化学概念和理论知识，以及相关化学用语；在此基础上，继续分类介绍金属及其化合物的性质，以元素周期律作为总结；有机化学部分从具体物质入手，介绍了与当时生产、生活关系密切的几大类有机物。高中化学教科书，其基本框架与初中类似，均以元素化合物知识为主线，穿插介绍化学概念和理论。内容上与初中多有重复，但在程度上进行了扩展和加深。[1]当然，也存在初中、高中化学教科书同质化现象比较严重的不足。

再次，实验操作与理论知识的讲述分开，有单独的化学实验教科书。此外，教科书编写者还开始关注教授方法和学习辅导，在化学教科书出版的同时，配以化学教学参考书、化学教学辅导书等的出版。

最后，教科书编排方式逐步丰富，结构逐步定型。以商务印书馆1934年出版的《复兴高级中学教科书 化学》为例。教科书形式结构包括：万国原子量表、编辑大意（或凡例）、目录、正文、附录（英汉对照表）等部分。书中各章后面都配有数量不等的练习题。练习题的主体是问答题，还有少数计算题和解释题。另有少数化学教科书附上了当时知名大学的入学考试题。

[1] 郭震. 近代中国化学教科书的出版与内容特点分析[J]. 课程·教材·教法，2014（2）：99-105.

另外，为了帮助学生更好地理解教科书内容，一般的教科书里配有大量的插图，图文并茂。插图类型有：人物肖像图、实物图、实验装置和操作示意图、工业生产示意图等。例如：商务印书馆1933年出版的，由韦镜权、柳大纲编著的《复兴初级中学教科书 化学》（上、下册），全书共有三十二章，共有81幅插图。其中，第34幅图是国立中央研究院工程研究所的电炉炼钢示意图，第51幅图是上海天原电化厂的氯化氢吸收器的照片。[1]

（三）教科书的审查：从自由到审定再到国定

教科书传承国家主流意识形态，维持社会的稳定，促进学生的发展。教科书的质量直接影响到人才培养的质量。因此，教科书的审查非常重要。一般来说，教科书的审查大致可以分为自由制、审定制、国定制三种。回首这一时期我国教科书的发展，我们发现：

首先，晚清对传教士编辑的教科书是放任自流的，包括后来的洋务学堂，其教科书的编制也是自由的。

其次，到了1904年，清政府颁布了《奏定学堂章程》，开始实行教科书审定制。中华民国建立后，审定制几经完善，特别是1927年后，南京国民政府先后颁布了《教科图书审查条例》《教科图书审查规程》《审查教科图书共同标准》等文件，制订了24条审查教科书的质量标准，规范了教科书的审定制度。教科书审定制一直沿用到1937年。

再次，1937年以后，由于日本帝国主义的疯狂侵略，国难当头，全民抗战。包括教育在内的各项事业遭受严重打击，学校教科书供应也非常紧张。为挽救民族危机，统一救国思想，国民政府实行教科书国定制。教科书国定制是特定历史时期的产物，它在宣传国家抗战主张，凝聚人心，积聚力量等方面发挥了积极作用；同时，也在一定程度上缓解了战争时期学校教科书供应短缺的问题。当然，它也有自己的局限性，即更多地承担了政治工具性的功能，不利于教科书自身的发展。

二、教科书的出版发行：从民间主导到国家干预

（一）教科书的出版发行：以民间为主，而且地区差异较大

据统计，从晚清到民国，我国共有56家出版机构出版过化学教科书。从初期的墨海书馆、博济医局等，到后来的清国留学生会馆、教科书译辑社、商务印书馆、中华书局、文明书局、开明书店、会文学社、文化学社、普及书局等等，尽管政府早期有京师同文馆、江南制造局翻译馆、官书局，后来有正中书局等官方机构参与化学教科书出版，但总的来说，民营出版机构占据了化学教科书的绝大部分市场。据王有朋统计：1903—1949年，我国共出版化学教科书134种，其中仅商务印

---

[1] 韦镜权，柳大纲. 复兴初级中学教科书：化学[M]. 上海：商务印书馆，1933.

书馆一家就出版了27种，占总数的20.1%。[1]

同时，受区域政治、经济、文化发展不平衡的影响，教科书的出版地区差异较大。清末化学教科书的出版集中在广州、上海、北京三地。民国以后，形势发生了变化，化学教科书的出版集中在上海、北京、南京、重庆四地。据人民教育出版社的资深编辑郭震教授统计：这一时期，在上海出版的化学教科书有90种，占总数的67%；在北京出版的化学教科书有26种，占总数的19%；重庆的有7种，南京的有5种，其余各地均在3种以下。[2]上海是海派文化的发源地，在当时的中国可以说是经济实力超群、文化教育事业发达。有名的出版机构，无论是早期的墨海书馆、江南制造局翻译馆，还是后来的商务印书馆、文明书局、中华书局、世界书局、开明书店，其总部都设在上海。所以，上海理所当然地成为化学教科书出版的"领头羊"。

（二）国家干预教科书的出版发行

无论是晚清还是民国，政府都想加强对教科书的干预和控制。早在1906年，晚清政府在学部设立了编译图书局，其目的是想将部编教科书作为审定之本在全国发行，以统一各学堂的教科用书。尽管学部编译图书局做了大量工作，但其所编教科书因质量确实太差而遭受社会上的批评和指责，同时也没有得到晚清政府的认可。从某种程度上说，晚清政府对教科书的干预是失败的。

1927年，南京国民政府成立以后，大力推行"党化教育"，逐步加强了对教科书的干预和控制。1932年成立了国立编译馆，开始筹划国定本教科书的编写。1943年，国民政府成立了由正中书局、商务印书馆、中华书局、世界书局、大东书局、开明书局、交通书局联合组成的"国定中小学教科书七家联合供应处"，开始在各地中小学发行国定本教科书，其供应范围涉及全国13个省251个县市。尽管没有覆盖全国，从某种意义上说，南京国民政府对教科书的干预在一定程度上是成功的。

三、教科书的评价：从定性到定量，艰难起步

科学、客观的教科书评价，有利于教科书品质的提升。化学教科书是由西方传教士引入中国的，在使用之后便有了对它的评价。

早期对化学教科书的评价是定性的分析。一批知名的化学专家和学者，如杜亚泉、郑贞文等，主要针对化学教科书的全盘引进，盲目信从，模仿痕迹比较明显，以及同质化现象比较严重等问题展开。例如杜亚泉在他编译的《化学新教科书》中指出："我国译化学书，已三四十年，然至今

---

[1] 王有朋. 中国近代中小学教科书总目[M]. 上海：上海辞书出版社，2010.

[2] 郭震. 近代中国化学教科书的出版与内容特点分析[J]. 课程·教材·教法，2014（2）：99-105.

日，仍为世界之化学，而非我国之化学。"[1]他认为应该加强化学教科书的本土化建设，在教科书的内容及相关实例的呈现上要体现我国国情。另外，在教科书审查环节，相关人员依据政府颁布的教科图书质量标准来审查，审查的过程广义上也可以说是一种评价的过程。

后来，一些学者也采用调查等方式，对化学教科书进行定量的评价。例如：1936年冬，金陵大学化学系教授戴安邦任意抽选了一部分分散于全国各地的中学，向化学教师就化学教育状况进行函调，其中第四项内容为：所用的化学课本与实验教本，以及对所用教材的意见。调查函发出后，收到了154所学校的反馈，约占发出数的一半。这154所学校分布于21个省、市（共有学生56462人），其中，高级中学103所（包括公立学校41所，私立学校62所），初级中学29所，师范学校22所。[2]所调查的154所学校中化学教科书的选用情况具体如下：

（一）初中化学教科书的选用情况

表1　初中化学教科书及选用校数 [3]

编著者	教科书名称	出版社	选用校数
郑贞文、郑尊法	《新撰初中化学》	商务印书馆	4
韦镜权、柳大纲	《复兴初中化学》	商务印书馆	42
钱梦渭	《初中化学》	世界书局	2
朱昊飞	《初中化学》	世界书局	9
赵廷柄	《初中化学》	开明书局	15
程祥荣	《新标准初中化学》	开明书局	16
周毓莘	《化学》	大东书局	3
蒋拱辰	《初中化学》	中华书局	6
黄德溥	《初中化学》	中华书局	3
王鹤清	《化学》	北平文化学社	2
王义珏	《建国初中化学》	正中书局	15
常伯华	《简师化学》	正中书局	4
吕冕南	《初中化学》	北新书局	2
阎玉振	《初中化学》	理科丛刊社	1

从表1中我们可以看到民国时期（1936年）初中化学教科书的选用情况。

从出版社的角度看，商务印书馆无疑是最大的赢家。154所中学中，选择商务印书馆出版的初中

[1] 吉田彦六郎.化学新教科书[M].杜亚泉，译.上海：商务印书馆，1907.
[2] 戴安邦.中国化学教育之现状[J].科学，1940，24（2）：89-109.
[3] 赵匡华.中国化学史：近现代卷[M].南宁：广西教育出版社，2003：220-221.

化学教科书的共有46所学校，占总数的29.9%。排第二位的是开明书店，有31所学校选择其出版的初中化学教科书，占总数的20.1%。接下来依次是：被19所学校选择的正中书局，被11所学校选择的世界书局，被9所学校选择的中华书局。

从作者的角度看，韦镜权、柳大纲的《复兴初中化学》有42所学校选用，高居榜首。其次，程祥荣的《新标准初中化学》有16所学校选用。再次，赵廷柄的《初中化学》和王义珏的《建国初中化学》都有15所学校选用，二者并列第三，排名第五位的是朱昊飞的《初中化学》，有9所学校选用。

（二）高中化学教科书的选用情况

表2　高中化学教科书及选用校数 [1]

编著者	教科书名称	出版社	选用校数
沈星五	《高中化学》	北平文化学社	3
赵沅合	《化学通论》	北平文化学社	1
黄德溥	《高中化学》	中华书局	5
吴冶民	《高中化学》	世界书局	8
朱昊飞、吴冶民	《高中化学》	世界书局	25
郑贞文	《复兴高中化学》	商务印书馆	26
王鹤清、阎玉振	《高中化学》	北平文化学社	3
吴静山	《勃康氏实用化学》	世界书局	18
东吴附中教员	《勃康氏实用化学》	文怡书局	1
孙豫寿	《勃康氏实用化学》	商务印书馆	11
郭宗谦	《勃康氏实用化学》	北平科学社	1
徐作合	《勃康氏实用化学》	沪江化学社	2
余兰园	《勃康氏实用化学》	—	1
王鹤清	《高中实用化学》	理科丛刊社	5
杨春洲	《默罕氏今日的化学》	商务印书馆	1
孙豫寿等	《斯密氏高等化学通论》	商务印书馆	1
周名棠、赵沅合	《默罕氏化学通论》	北平文化学社	2
吴瑞年	《基本化学》	东方图书公司	2
曹惠群、窦维康	《近世无机化学》	大同大学	1
黄素封	《师范化学》	正中书局	4
—	翻版或原版英文化学课本	—	16

表2在一定程度上反映了民国时期（1936年）高中化学教科书的选用情况。

从出版社的角度来看，排名第一的是世界书局，共有51所学校选用它们出版的高中化学教科书，占总数的33.1%。第二名是商务印书馆，有39所学校选用它们的高中化学教科书，占总数的25.3%。接下来依次是：北平文化学社，有9所学校选用；中华书局和理科丛刊社，分别有5所学校选用；正中书局，有4所学校选用。另有16所学校选择翻版或原版的英文化学课本。

从作者的角度来看，名列榜首的是郑贞文的《复兴高中化学》，有26所学校选用。第二名是朱昊飞、吴冶民的《高中化学》，有25所学校选用。接下来依次是：吴静山译的《勃康氏实用化学》，有18所学校选用；孙豫寿译的《勃康氏实用化学》，有11所学校选用；吴冶民的《高中化学》，有8所学校选用；黄德溥的《高中化学》和王鹤清的《高中实用化学》，各有5所学校选用。另外，共有34所学校选用不同人翻译的《勃康氏实用化学》。

各个学校化学教科书的选用情况，大致可以反映各化学教科书受欢迎的程度，在一定程度上反映了该化学教科书的质量。

调查表明：商务印书馆出版的化学教科书质量高，深受大家喜爱，初中阶段被选用情况排名第一，高中阶段被选用情况排名第二。世界书局的化学教科书质量也很高，高中阶段被选用情况排名第一，初中阶段被选用情况排名第四。其他的如开明书局、中华书局、正中书局、北平文化学社、理科丛刊社等出版的化学教科书也非常不错。当然，也有仅局限于一个学校使用的化学教科书，说明其影响力不够。

当然，总的来说，这一时期对化学教科书的评价比较简单、粗浅，更多的是从编辑者的角度，从教的角度展开的，忽视了从学生学的角度来评价。教科书评价刚刚起步。

回首中国近代化学教科书的发展，对教科书建设有以下感悟和启示：

首先，教科书要引领时代精神。清朝末年，随着洋务运动的发展，西方先进科学技术的教育备受人们关注，开民智、鼓民力，提高国民的科学素养，改变国民愚昧无知的状况成为当时的主旋律。化学教科书的出现与发展正是顺应了当时民族救亡图存的现实需求。所以，教科书不仅仅是承载知识层面的内容，更重要的是引领学生的精神发展。

其次，教科书要培养爱国情怀。晚清时期，我国的化学及化学教育还十分落后。引进的化学教科书存在理论的指导作用难以充分发挥，教科书中所列举的矿物产地、化工生产案例与我国的经济建设不相匹配等问题。后来从民国自编化学教科书开始，编者注意结合国情，介绍相关金属元素的产地，以便学生能够了解我国物产的分布和化学工业的现状和地位，以激发其爱国之心和努力学习的志向。

最后，教科书要具有国际视野。对发达国家的教育优势，要秉承谦逊的学习态度，不能因循守旧、墨守成规，特别是在全球化发展的今天，应该坚持包容、开放的态度，与教育发达国家多沟通、多交流，汲取其精华，剔除其糟粕，取长补短，不断完善和提升教科书的品质。

后 记

"立国之本在于教育，教育之良否，教科书关系最巨。"教科书是学校教育中的重要文本，是一个国家和民族文化传承的主要工具。20世纪90年代以来，国内一些学者开始关注教科书研究。其中代表人物首推首都师范大学石鸥教授。石鸥教授高举教科书研究大旗，依托首都师范大学筹建了教科书博物馆，并率先在全国高校中成立了全国第一个专门的教材研究机构——"中国基础教育教材研究院"。进入21世纪后，石鸥教授带领他的团队围绕教科书历史、教科书理论、教科书评价等领域，开展全面深入的研究，取得了丰硕的成果，在海峡两岸暨香港、澳门等地乃至东南亚地区产生了广泛的影响。《百年中国教科书图文史（1840—1949）》（13册）正是其团队的最新研究成果之一。

本书是《百年中国教科书图文史（1840—1949）》（13册）之一的化学分册，以"左图右史"的方式呈现了从鸦片战争（1840年）到新中国成立前（1949年）百年间中国学校化学教科书的发展与变迁，探讨了化学教科书内容设置和编排方式等方面的特点及影响因素，以期为当下化学教科书的建设提供借鉴。

本书的撰写始于2019年，历经五年即将问世，首先我要感谢我的博士生导师、恩师石鸥先生，是恩师引领我进入教科书研究领域，而且多年来一直不断地鼓励、关心、支持、教导我。恩师严谨的治学态度、对教育事业孜孜不倦的追求深深地感染和激励着我，在本书的形成过程中也给了我悉心的指导和帮助。在此由衷地感谢恩师，能够成为您的学生，真是三生有幸！

其次，本书得以完成，我要诚挚地感谢我的合作者首都师范大学教师教育学院吴晗清副教授和黄燕宁副教授。诚挚地感谢他们二位对全书初稿的修改、润色和完善工作。尤其感谢吴晗清副教授，他是教育学博士、心理学博士后，在化学教育、化学学习心理、中美化学教育比较等领域的研究上具有深厚的学术造诣。此外，他社会兼职颇多，社会服务广泛，是中国教育报刊社、人民教育出版社的特聘专家，北京师范大学、西南大学的兼职硕导，清华大学附中、北京大学附小、华南师大附中、长沙麓山国际实验学校等中小学的学科教学指导专家。只可惜天妒英才，造化弄人，还没等到他为之付出大量心血的本书出版，吴晗清副教授却因劳累过度而英年早逝。本书的顺利出版也是对吴晗清副教授最大的致敬，愿他在天国安息！

在本书即将附梓之际，我还要衷心感谢广东教育出版社的领导和专家，尤其是感谢杨敏珊、罗石峰、林桥基和林鸿锦编辑为本书出版所付出的辛勤劳动。

  本书写作过程中，参阅了大量的文献，借鉴和引用了很多学者的研究成果。除了在文中注释的参考文献之外，如有遗漏，敬请见谅，对此一并表示深深的感谢！

  诚然，中国近代教科书图文史研究是一项艰巨的任务，由于我们掌握的资源有限、学识水平不够，其缺点和错误在所难免，恳请各位专家学者、同仁及读者批评指正。

2024年7月于浏阳河畔

（方成智，湖南农业大学教育学院教授、硕士生导师，湖南省教育学专业委员会常务理事）